"十四五"职业教育国家规划教材

"十二五"职业教育国家规划教材
经全国职业教育教材审定委员会审定

高等职业教育教学改革融合创新型教材·旅游类

LÜXINGSHE JIDIAO
YU YINGXIAO SHIWU

旅行社计调与营销实务

第四版

刘丽萍 鲍文玉 主编 ｜ 钱小梅 顾竑 副主编

东北财经大学出版社
Dongbei University of Finance & Economics Press

大连

图书在版编目（CIP）数据

旅行社计调与营销实务 / 刘丽萍，鲍文玉主编. —4版. —大连：东北财经大学出版社，2022.8（2023.7重印）
（高等职业教育教学改革融合创新型教材·旅游类）
ISBN 978-7-5654-4592-7

Ⅰ．旅… Ⅱ．①刘… ②鲍… Ⅲ．①旅行社-企业管理-高等职业教育-教材 ②旅行社-市场营销学-高等职业教育-教材 Ⅳ．F590.63

中国版本图书馆 CIP 数据核字（2022）第 128638 号

东北财经大学出版社出版
（大连市黑石礁尖山街217号　邮政编码　116025）
网　　址：http：// www.dufep.cn
读者信箱：dufep@dufe.edu.cn

大连天骄彩色印刷有限公司印刷　　东北财经大学出版社发行
幅面尺寸：185mm×260mm　　　字数：308千字　　　印张：15
2022年8月第4版　　　　　　　　2023年7月第2次印刷
责任编辑：魏　巍　宋雪凌　　　　　责任校对：张晓鹏
封面设计：冀贵收　　　　　　　　　版式设计：原　皓

定价：39.00元

富媒体智能型教材出版说明

"财经高等职业教育富媒体智能型教材开发系统工程"入选国家新闻出版广电总局新闻出版改革发展项目库,并获得文化产业专项资金支持,是"国家文化产业资金支持媒体融合重大项目"。项目以"融通""融合""共建""共享"为特色,是东北财经大学出版社积极落实国家推动传统媒体与新媒体融合发展的重要举措之一。

"财济书院"智能教学互动平台是该工程项目建设成果之一。该平台通过系统、合理的架构设计,将教学资源与教学应用集成于一体,具有教学内容多元呈现、课堂教学实时交互、测试考评个性设置、用户学情高效分析等核心功能,是高校开展信息化教学的有力支撑和应用保障。

富媒体智能型教材是该工程项目建设成果之二。该类教材是我社供给侧结构性改革探索性策划的创新型产品,是一种新形态立体化教材。富媒体智能型教材秉持严谨的教学设计思想和先进的教材设计理念,为财经职业教育教与学、课程与教材的融通奠定了基础,较好地避免了传统教学模式和单一纸质教材容易出现的"两张皮"现象,有助于教学质量的提高和教学效果的提升。

从教材资源的呈现形式来说,富媒体智能型教材实现了传统纸质教材与数字技术的融合,通过二维码建立链接,将VR、微课、视频、动画、音频、图文和试题库等富媒体资源丰富呈现给用户;从教材内容的选取整合来说,其实现了职业教育与产业发展的融合,不仅注重专业教学内容与职业能力培养的有效对接,而且很好地解决了部分专业课程学与训、训与评的难题;从教材的教学使用过程来说,其实现了线下自主与线上互动的融合,学生可以在有网络支持的任何地方自主完成预习、巩固、复习等,教师可以在教学中灵活使用随堂点名、作业布置及批改、自测及组卷考试、成绩统计分析等平台辅助教学工具。

富媒体智能型教材设计新颖,一书一码,使用便捷。使用富媒体智能型教材的师生首先下载"财济书院"App或者进入"财济书院"(www.idufep.com)平台完成注册,然后登录"财济书院"输入教材封四学习卡中的激活码建立或找到班级和课程对应教材,就可以开启个性化教与学之旅。

"重塑教学空间,回归教学本源!""财济书院"平台不仅仅是出版社提供教学资源和服务的平台,更是出版社为作者和广大院校创设的一个自主选择和自主探究的教与学的空间,作者和广大院校师生既是这个空间的使用者和消费者,也是这个空间的创造者和建设者,在这里,出版社、作者、院校共建资源,共享回报,共创未来。

最后,感谢各位作者为支持项目建设所付出的辛劳和智慧,也欢迎广大院校在教学中积极使用富媒体智能型教材和"财济书院"平台,东北财经大学出版社愿意也必将陪伴广大职业教育工作者走向更加光明而美好的职教发展新阶段。

东北财经大学出版社

第四版前言

在全域旅游和文旅融合发展的新时代，旅游业涌现出了许多新业态，从传统的"食、住、行、游、购、娱"六要素发展到新型的"商、养、学、闲、情、奇、文、体、农"九要素，从走马观花式的大众化旅游发展到研学旅行、旅拍、冲沙、潜水等从游客需求出发的个性化旅游，旅游业在主客共享的时空中不断重构，在与文化、科技、体育、生态、娱乐、康养等领域的融合中不断满足着人们对美好生活的期待。

伴随着虚拟现实、智慧景区等各种文旅消费新场景的出现，旅游消费习惯与心理更加多元化，市场对旅游人才的需求已从传统的单一型向文化创意、设计开发、科技创新等综合型、实战型、创新型的复合型人才转变。党的二十大报告提出："要坚持教育优先发展、科技自立自强、人才引领驱动，加快建设教育强国、科技强国、人才强国，坚持为党育人、为国育才，全面提高人才自主培养质量，着力造就拔尖创新人才，聚天下英才而用之。"从中可以看出，人才是第一资源，社会对人才的需求越来越迫切，职业教育的重要地位和作用越来越凸显。正是基于这样的背景，在东北财经大学出版社的大力支持下，《旅行社计调与营销实务》展开了第三次修订工作。

本书是"国家示范性高等职业院校建设项目"的重要成果之一，更有幸被评为第一批"十二五"职业教育国家规划教材、辽宁省职业教育"十四五"首批规划教材，可以作为应用型本科院校、高等职业院校本专科旅游专业学生的教材和参考用书。本书遵循以职业能力为导向、以素质教育为基础、以学生为主体、以项目为载体、以实训为手段的设计思路，结合实际工作场景，将全书内容分为本地游计调与营销、国内游计调与营销、出境游计调与营销3个模块、17个项目。具体来说，本次修订具有以下特点：

第一，深挖思政元素，落实立德树人。

教育部2020年印发的《高等学校课程思政建设指导纲要》中明确提出，"立德树人成效是检验高校一切工作的根本标准。落实立德树人根本任务，必须将价值塑造、知识传授和能力培养三者融为一体、不可割裂"。本书在修订过程中，紧紧抓住立德树人这一根本任务，从国情教育和新时代中国特色社会主义思想浸润两个基本维度展开论述，注重弘扬中华优秀传统文化和社会主义先进文化，注重体现"德技并修""职业素养和能力提升"等新时代职教人理念，将课程思政落实到每一个教学模块之中。例如，在每一个项目目标下增加了有关素养提升的目标，同时配套了丰富的思政案例并以二维码的形式呈现。

此外，本书结合《"十四五"旅游业发展规划》，深刻践行党的二十大精神，以文塑旅、以旅彰文，推进文化和旅游融合发展。在行业拓展、相关案例等资料内容的选取上，注重体现文旅融合、红色旅游、乡村旅游、旅游演艺等旅游元素，深入挖掘家国情怀、大国自信、乡村振兴等思政元素，引导学生深入理解旅游作为载体在中华优秀传统文化、革命文化和社会主义先进文化方面的传播价值，帮助学生树立正确的世界观、人生观、价值观，坚定中国特色社会主义道路自信、理论自信、制度自信、文化自信。

第二，立足岗位要求，校企双元育人。

本书由优秀的专业教师及行业企业专家共同修订，编写团队结合旅行社行业的新技术、新规范、新要求，对完成旅行社计调与营销工作岗位所需要的知识、能力、职业道德等进行了梳理和分析，内容编排紧扣企业岗位能力要求，充分体现产教融合、校企合作、育训结合，为学生开展项目实训提供路径和抓手，满足岗课对接要求。其中，"模块一　本地游计调与营销"以本地游计调与营销活动为载体，细分能力训练项目，具体内容包括市场调研、市场分析、目标市场选择、产品设计、营销策略制定、产品采购、接待服务等子项目，通过学习与实训达到理解理论知识和掌握本地游计调与营销能力的目标；"模块二　国内游计调与营销"以国内游计调与营销活动为载体，在已经形成的本地游计调与营销能力训练项目的基础上，设计完成国内游计调与营销服务过程，通过编写项目报告、进行ppt展示等活动，达到综合能力训练的目标；"模块三　出境游计调与营销"以出境游计调与营销活动为载体，在本地游与国内游计调与营销能力训练项目的基础上，让学生熟悉出境游计调与营销服务的过程，即学生组成团队，每个团队选择一条常规出境旅游线路，通过项目实训，分析出境游市场环境、产品特色、产品销售、产品采购、发团服务等内容，达到具备出境游计调与营销服务能力的目标。

第三，配套教学资源，实现寓教于乐。

本书力争充分满足"互联网+职业教育"的发展需求，形成了一套独具特色的立体化教学资源，主要包括"在线课堂""拓展学习""随堂测验""思政园地"等，并用二维码的形式呈现，以加深学生对相关知识的了解和掌握，实现寓教于乐。

《旅行社计调与营销实务》（第四版）由刘丽萍、鲍文玉任主编，钱小梅、顾竑任副主编。主要编写分工如下：刘丽萍编写导言，模块一的模块示例、项目1至项目4；鲍文玉编写模块一的项目5至项目7，模块二的模块示例、项目8至项目10；钱小梅编写模块二的项目11至项目12，模块三的模块示例、项目13至项目17；顾竑负责全书二维码资源的收集、整理和校对。全书由刘丽萍总纂定稿。

在修订过程中，大连新希望国际旅行社有限公司于英智总经理为本书提供了丰富的实践案例；同时，我们还参考了大量国内外专家、学者的研究成果及相关文献，并得到了东北财经大学出版社魏巍编辑的具体指导和帮助，以及相关人员的鼎力支持，在此一并致谢。

由于编者能力和经验有限，书中难免有疏漏与不妥之处，敬请广大读者不吝赐教，以便再次修订完善。

编　者
2023年7月

目　录

数字资源目录

导 言

一、旅行社概述

旅行社是指从事招揽、组织、接待旅游者等活动，为旅游者提供相关旅游服务，开展国内旅游业务、入境旅游业务或者出境旅游业务的企业法人。旅行社是一种服务性企业，是我国旅游业三大支柱产业（旅游交通业、饭店业和旅行社业）之一。

（一）旅行社的性质

旅行社的性质主要体现在以下几个方面：

1.依托性

旅行社拥有的生产资料有限，主要是依托各类旅游吸引物和旅游供给设施。

2.服务性

从行业性质来讲，旅行社属于服务业，其主要业务是为旅游者提供服务，包括吃、住、行、游、购、娱六个方面。旅行社可以为旅游者提供单项服务，也可以将各项服务组合成包价旅游产品提供给旅游者。旅行社的服务性是经济效益和社会效益的双重体现，是一个国家、一个地区形象的代表之一，因此旅行社行业也被称为"窗口行业"。

3.营利性

营利性是所有企业的共性，也是旅行社的根本性质。旅行社是一类自主经营、自负盈亏的企业，其最终目的是追求利润最大化。

4.中介性

旅行社主要依附于客源市场、供应商和其他协作单位来完成自身的生产销售职能，因此它是一种中介性的服务企业。也就是说，旅行社是旅游消费者与旅游服务供应商之间的桥梁与纽带，因此它具有中介性。

（二）旅行社的职能

旅行社最基本的职能是满足旅游者在旅行和游览方面的需求，同时协助交通、酒店、餐馆、游览景点、娱乐场所和商店等旅游服务供应部门或企业将其旅游服务产品销售给旅游者。具体地讲，旅行社的职能主要包括以下几个方面：

1.生产职能

旅行社的生产职能是指旅行社设计、开发和组装各种旅游产品的职能。旅行社像工厂里的装配线，以批量购买的方式按照优惠价格从其他旅游服务供应部门或企业购进旅游产品的各种基本要素，然后根据旅游市场的需求，对这些要素进行设计、组装和加工，同时融入旅行社自身的理念和特色，形成具有不同特色和功能的包价旅游产品，最后出售给旅游消费者。旅游者也可以不经过旅行社，直接向各旅游服务供应部门或企业购买，并组装成同样的包价旅游产品。然而，旅游者往往因购买数量较少而难以从旅游服务供应部门或企业那里获得优惠的价格，从而导致旅游者组装的包价旅游产品的价格高于旅行社的报价。另外，就产品质量而言，由于旅行社长期从事旅游经营业务，积累了丰富的经验，享有较高的声誉，因此旅行社能够向旅游者提供价格公道、质量上等的旅游产品。

2.销售职能

旅行社除了在旅游市场上销售本旅行社设计和生产的包价旅游产品外，还经常在旅游服务供应部门或企业与旅游者之间充当媒介，代旅游服务供应部门或企业向旅游者销售单项旅游服务产品。例如，旅行社代旅游者从某航空公司购买飞机票，为旅游者安排在市中心的某家酒店住宿等。这些代办业务构成了旅行社的单项旅游服务产品，是旅行社的重要经营业务之一。

3.组织协调职能

旅游活动不仅涉及交通、住宿、餐饮、游览、娱乐、购物等旅游服务供应部门或企业，还涉及海关、公安、旅游行政管理等政府机关。为了确保旅游活动的顺利进行，旅行社必须在不同旅游企业及其他相关部门之间进行大量的组织和协调工作。在确保各方利益的前提下，衔接和落实旅游活动中的各个环节。旅行社产品的质量和旅游者对旅行社及其产品的满意度，在很大程度上取决于旅行社的组织协调能力。

4.分配职能

旅行社的分配职能主要体现在两个方面：一方面，旅行社为了使旅游者对整个旅行过程感到满意，必须在不同旅游服务项目之间合理分配旅游者付出的旅游费用，以维护旅游者的利益；另一方面，在旅游活动结束后，旅行社必须根据事先同各相关部门或企业签订的协议和各相关部门或企业实际提供服务的数量、质量合理分配旅游收入。

5.提供信息职能

旅行社作为旅游产品的重要销售渠道，始终处在旅游市场的最前沿，熟知旅游者的需求变化、市场动态及发展趋势。一方面，旅行社应向旅游者提供相关旅游产品的信息，以方便并促使旅游者购买；另一方面，旅行社应将旅游者的需求信息及时提供给各有关部门或企业，以便各有关部门或企业调整产品结构和改善经营管理。

（三）旅行社的基本业务

旅行社的基本业务是旅行社具体职能的体现。从操作流程来看，旅行社的基本业务包括市场调研与市场分析、市场细分与目标市场选择、产品开发与线路设计、产品销售与客源招揽、服务采购与售后处理等。

1.市场调研与市场分析

旅行社在开发设计产品之前，要进行充分的市场调研，包括旅行社市场环境（如宏观环境、微观环境等）调研，旅行社市场需求信息（如旅游者规模、旅游动机、消费行为等）调研，旅行社市场供给信息（如旅游吸引物、旅游设施、旅游服务、旅游目的地的可进入性等）调研等，并对调研信息进行分析，这样才能使旅行社产品适销对路，使旅行社在市场竞争中处于有利地位。

2.市场细分与目标市场选择

任何一个企业都不可能满足全部消费者的所有需求，只能满足市场上某一部分消费者的某种需求。因此，旅行社只有在市场细分的基础上选择特定的目标市场，才能更好地实现经营目标。

3.产品开发与线路设计

旅行社的产品开发与线路设计业务包括产品设计、产品试销、产品批量投放市场和产品效果检查评估四项内容。首先，旅行社在市场调研的基础上，依据对旅游市场需求的分析和预测，结合本旅行社的业务特点、经营实力及各种旅游服务供应的状况，设计出能够对旅游者产生较强吸引力的产品；其次，旅行社对设计出来的产品进行小批量的试销，以考察旅游者对该产品的喜爱程度；再次，当产品试销成功之后，旅行社可以将产品批量投放市场；最后，旅行社应定期对投放市场的各种产品进行检查和评估，并根据检查和评估的结果对产品进行完善和改进。

4.产品销售与客源招揽

产品销售与客源招揽业务包括制定产品销售战略、选择产品销售渠道、确定产品销售价格和开展产品促销活动四项内容。首先，旅行社应根据自身所处的内外部环境，制定产品销售战略；其次，针对产品的目标市场，选择适当的产品销售渠道；再次，综合考虑产品成本、市场需求状况、竞争者状况等因素，确定各项产品的销售价格；最后，确定和实施产品促销战略并选择适当的促销手段，以便将旅行社产品的信息传递到客源市场中，激起旅游者的购买欲望。

5.服务采购与售后处理

服务采购是旅行社计调的主要工作，涉及交通、住宿、餐饮、景点和娱乐等方面。此外，组团旅行社还需要向接待旅行社采购接待服务。旅游活动结束后，旅行社应及时向游客收集反馈意见，并提供售后服务，这样可以使旅行社在经营过程中逐渐提高知名度，扩大影响力。

二、旅行社计调概述

（一）旅行社计调的概念

旅行社计调是旅行社内部专职为旅行团、散客安排接待计划，统计与接待相关的信息，并承担与接待相关的旅游服务采购和有关业务调度工作的一种职位类别。

（二）旅行社计调的分类

1.按业务范围划分

组团类计调：负责与地接社、酒店、航空、铁路、车队等合作单位对接，负责日常文件、合同的分类归档，协助相关部门分析团队流量及流向，策划新产品等。

接待类计调：负责落实团队在食、住、行、游、购、娱等方面的具体事宜，以确保旅游活动按接待计划进行等。

2.按地域范围划分

国内部计调：可分为省内线计调与省外线计调。

国际部计调：可分为亚洲部计调、欧洲部计调、美洲部计调和非洲部计调等。

（三）旅行社计调部门的主要业务

从广义上讲，旅行社计调业务既包括为业务决策而进行的市场调查、信息提供、统计分析、计划编制等工作，也包括为实现计划目标而进行的统筹安排、协调联络、服务采购、计价报价、组织落实、业务签约、监督检查等工作。从狭义上讲，旅行社计调业务主要是指旅行社在招揽客源后，为安排各种旅游活动所提供的间接性服务，包括编制和下发旅游接待计划，选择合作旅行社和委派导游，安排食、住、行、游、购、娱等事宜和跟踪团队，以及为落实这些服务而与其他旅游企业和有关部门建立合作关系等。

具体来说，旅行社计调部门的业务主要包括以下几个方面：

1.信息统计

计调部门应向旅行社决策部门提供旅游需求信息，以及供应商及相关部门的服务信息。计调部门可设置信息资料员岗位，信息资料员的具体职责包括：

①收集、整理旅游行业的各种信息。

②将汇编的信息资料下发给有关部门，并编号存档。

③向旅行社决策层提供信息资料分析报告。

④收集旅游团（者）的反馈信息并制作列表。

计调部门还应根据本部门的业务要求编制各种业务计划，统计旅行社的各种资料并做好档案管理工作。计调部门可设置计划统计员岗位，计划统计员的具体职责包括：

①承接并向有关部门及人员分发旅游团（者）的接待计划。

②承接并落实各地旅行社发来的接待计划。

③统计旅行社旅游业务月、季报表，编写接待人数月、季报告。

④向旅行社决策部门、财务部门提供旅游团（者）在餐饮、住宿、交通等方面的业务统计及分析报告。

⑤编写旅行社年度业务计划。

2.产品设计

在产品设计的过程中，关注并研究旅游者的需求变化是一个重要前提。计调部门直接与旅游者、合作旅行社、旅游服务供应商等客户打交道，能够掌握有关目标市场的真实信息和第一手资料，从而为旅行社产品的设计提供了可靠的依据。

3.宣传促销

计调部门需要选择和联络合作者，对外报价和接受报价；传播并反馈各种信息，协调与相关部门的关系；全面介绍旅行社及旅行社推出的产品，做好宣传和销售工作。

4.服务采购

计调部门应负责落实旅游团（者）的飞机、车、船等交通票据，订房、订餐及采购旅游景点，选择合作旅行社等。

5.旅游接待

计调部门应根据旅游团（者）的旅游线路及预订的各种服务项目、抵离日期等编制接待计划，通知本地接待部门、相关地接社及酒店做好接待准备，待旅游团（者）到达后，由各相关单位协作完成旅游团（者）所到各地的接待任务，直到旅游团（者）的旅游活动全部结束。

6.财务管理

财务管理也是计调部门的工作内容之一。计调人员在工作中会与旅游服务供应商、导游、各地合作旅行社发生财务关系，因此计调部门必须做好财务管理工作，处理好财务关系，这也是旅行社取得良好效益的保证。

三、旅行社市场营销概述

（一）旅行社市场营销的概念

旅行社市场营销是指旅行社以旅游者的需求为导向，以实现旅游产品交换为目的，以竞争为手段，为实现旅行社的经营目标而进行的一系列活动。旅行社以旅游者为中心，在旅游市场调研、旅游环境分析、旅游者分析的基础上，选择目标市场，设计开发适销对路的旅行社产品，并通过恰当的营销手段和科学的营销管理，实现旅行社、旅游者和社会"三赢"的目标。

（二）旅行社市场营销的基本内容

旅行社市场营销的基本内容包括以下几个方面：

1.产品策略

现代旅行社市场营销强调一切经济活动都应从旅游者的需求出发，根据旅游市场的需求编制旅行社产品规划，开发新产品。产品策略即旅行社根据自身的优势和特点，在激烈的市场竞争中适时地推出自己的产品和服务；同时，根据产品的生命周期积极研制和开发新的旅行社产品和服务，真正做到"人无我有，人有我新，人新我特"，从而在激烈的市场竞争中处于主动地位。

2.定价策略

建立合理的价格体系，充分发挥经济杠杆的作用，是旅游企业市场营销工作中最重要的一环。旅行社产品的价格也必须以价值为基础，旅行社应根据自己的经营目标采取多种定价方法和策略。定价策略主要包括价格制定政策和价格管理政策。价格制定政策主要是指对现有产品制定适宜的价格，以及在恰当体现旅游市场中的供求关系和市场诸要素的变动情况之后，对旅行社产品的价格所做的必要调整。价格管理政策主要是指从维护旅游消费者和生产者各自利益的角度出发，对旅行社产品的价格从制定、执行到调整所做的各种监督和管理措施。

3.分销渠道策略

在商品经济高度发达的今天，绝大多数产品都要经过或多或少的中间环节，才能到达消费者手中。因此，旅行社产品通过什么途径传递到旅游消费者手中，也是旅游市场营销工作的一项重要内容。有效的分销渠道策略能够使旅行社产品更快、更便捷地进入目标市场，能够节省旅行社产品的销售成本，有利于更好地满足旅游者的需求。

4.促销策略

促销的目的不仅是向旅游消费者出售其需要的旅行社产品，而且可以刺激旅游需求，挖掘潜在的旅游消费者，不断扩大市场占有率。在旅游业发达国家，旅游企业在产品促销过程中积累了丰富的经验，包括人员推销和非人员推销两个方面。人员推销即由推销员挨户进行面对面的推销；非人员推销即以文字、广播、图像等大众媒介为工具进行的推销。

项目测评

不定项选择题

1.旅行社的性质包括（　　）。

A.依托性　　　　　　　　　　B.服务性

C.营利性　　　　　　　　　　D.中介性

2.旅行社的职能包括（　　）。

A.生产职能　　　　B.销售职能　　　　C.组织协调职能

D.分配职能　　　　E.提供信息职能

3.按业务范围划分，旅行社计调可分为（　　）。

A.接待类计调　　B.国内部计调　　C.组团类计调　　D.国际部计调

4.旅行社市场营销的基本内容包括（　　）。

A.产品策略　　　　　　B.定价策略

C.分销渠道策略　　　　D.促销策略

5.旅行社为旅游者提供相关旅游服务，主要包括（　　）。

A.国内旅游　　　　　　B.入境旅游

C.出境旅游　　　　　　D.旅游咨询

6.从操作流程来看，旅行社的基本业务可以划分为（　　）等。

A.市场调研与市场分析　　B.市场细分与目标市场选择

C.产品销售与客源招揽　　D.产品开发与线路设计

E.服务采购与售后处理

7.旅行社计调业务事关旅游者的消费满意度，它包括（　　）。

A.统筹安排、协调联络　　B.采购咨询、计价报价

C.组织落实、业务签约　　D.监督检查、售后服务

◄ 思考题

1.旅行社计调与营销人员应该具备哪些素质？

2.旅行社计调部门的主要业务是什么？

3.如何理解旅行社计调人员与营销人员共同完成了旅行社产品的生产和销售？

模块一 本地游计调与营销

1

模块概述

　　本地游计调与营销业务主要指地接旅行社为旅游者提供旅游产品，实施地接服务。本模块以本地游计调与营销活动为载体，通过综合案例引导，实施情境项目细分训练，包括市场调研、市场分析、目标市场选择、产品设计、营销策略制定、产品采购、接待服务等内容，在加深对理论知识理解的同时，强化实践操作。

模块结构

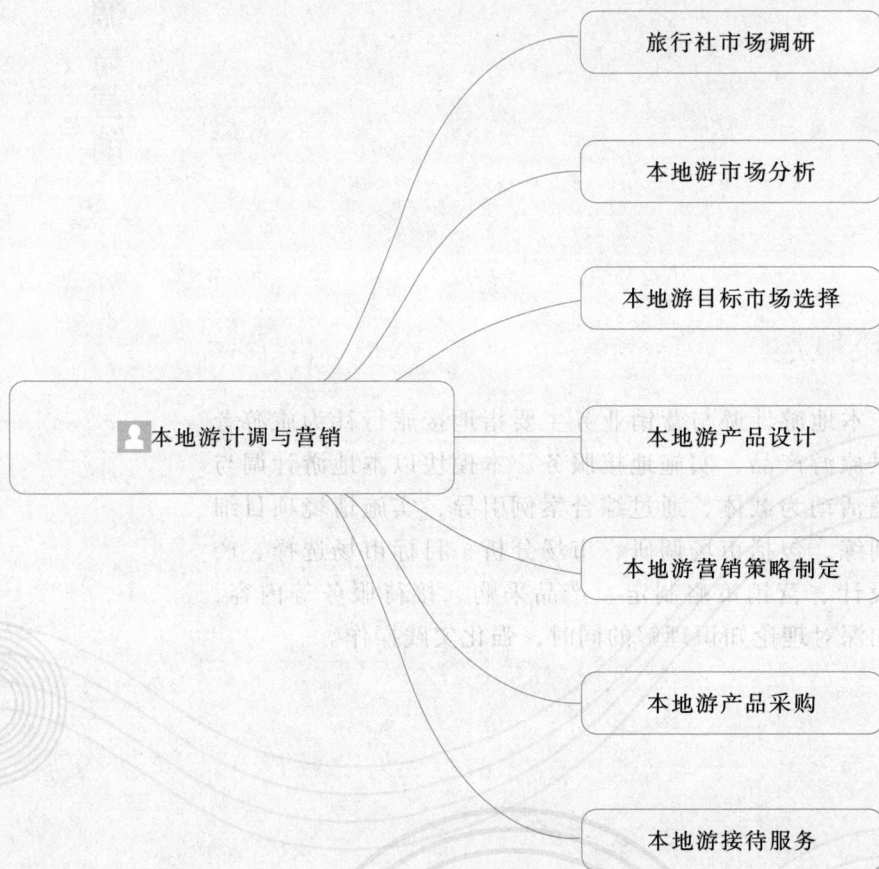

本地游计调与营销

- 旅行社市场调研
- 本地游市场分析
- 本地游目标市场选择
- 本地游产品设计
- 本地游营销策略制定
- 本地游产品采购
- 本地游接待服务

◎ 模块示例

大连本地游产品设计

背景分析：

滨城大连历来是中外游客夏季避暑的胜地，从每年5月下旬的赏槐会开始，一直到国庆节长假结束，为大连旅游市场的旺季。进入10月下旬，海水凉了，人潮退了，旅游市场也随着气温的下降而进入淡季。

旅行社计调与营销：

大连夏之河旅行社决定开发大连淡季旅游市场，并且瞄准了大学生这个旅游群体。选择这个旅游群体的原因有以下四点：第一，大学生是一个庞大的潜在旅游群体，他们有充足的时间参与旅游活动，如果开发的项目符合大学生的需求，那么不仅可以帮助大学生拓展知识面，丰富实践经验，而且可以促进不同高校大学生之间的联系，培养和提高大学生的社会交往能力。第二，在秋冬淡季，旅游产品的价格相对便宜，大学生容易接受。第三，开发淡季旅游市场，不仅可以提高旅游资源的利用率，而且可以使旅行社获得一定的收益。第四，信息在大学生之间传播的速度非常快，不仅可以提高对大连旅游的宣传力度，而且有利于树立大连旅游形象。

一、市场调研

为了更好地满足大学生群体的旅游需求，旅行社成立了市场调研组。调研组利用两个月的时间，采取问卷调查的方式，对大连21所高校的部分大学生开展了实地调研。

（一）大连市高校大学生秋冬旅游意向调查

大连市高校大学生秋冬旅游意向调查问卷见表1-1。

表1-1　　　　　　　　大连市高校大学生秋冬旅游意向调查问卷

亲爱的大学生朋友们，你们好！现面向在校大学生做秋冬旅游意向调查，请在与您相符的选项上画"√"，感谢您对此次调查的配合！
1.您会在秋冬季节外出旅游吗？ A.肯定会　　　　　　B.会考虑　　　　　　C.不会考虑
2.您外出旅游的频率是： A.经常　　　　　　　B.偶尔　　　　　　　C.从未
3.您获得旅游信息的渠道是： A.报纸杂志　　　　　B.电视广播　　　　　C.网络 D.亲戚朋友　　　　　E.其他
4.您喜欢周末出去旅游吗？ A.喜欢　　　　　　　B.不喜欢　　　　　　C.什么时候都可以
5.您喜欢和谁一起出游？ A.同学　　　　　　　B.家人　　　　　　　C.朋友　　　　　　D.其他

6.您对外出旅游餐饮的价格要求是：

A.高档昂贵　　　　　　　　B.经济实惠　　　　　　　　C.没有要求

7.您对外出旅游住宿的要求是：

A.豪华客房　　　　　　　　B.普通客房　　　　　　　　C.青年旅社

8.在秋冬季节您能接受的旅游价格是：

A.200元以下　　　　　B.200～499元　　　　　C.500～999元　　　　　D.1 000元及以上

9.您愿意扩大交友范围吗？

A.很愿意　　　　　　　　　B.不怎么愿意　　　　　　　C.没兴趣

10.您想要体验其他高校的学习生活环境吗？

A.很想　　　　　　　　　　B.会考虑　　　　　　　　　C.不想

11.如果有机会参加高校之间的交流会，您会参加吗？

A.肯定会　　　　　　　　　B.不一定　　　　　　　　　C.不会

12.您更关注以下哪类话题（可多选）？

A.时事新闻　　B.就业问题　　C.人生哲理　　D.环境保护　　E.专业学术　　F.其他

调研人：大连夏之河旅行社计调员

本次调研共发放问卷660份，调查对象分布在大连不同高校的不同专业，以保证调研的代表性、真实性和准确性。

（二）大连旅游资源调查

大连作为中国最佳旅游城市之一，具有丰富的旅游资源：

国家5A级旅游景区——大连老虎滩海洋公园、金石滩国家旅游度假区；

中国第一座海底通道式水族馆——圣亚海洋世界；

国家级风景名胜区、国家级自然保护区、国家级森林公园——旅顺口（包括旅顺博物馆、旅顺军港、老铁山）；

大连市标志建筑——星海广场；

国内一流的主题公园——发现王国主题公园。

（三）大连旅游酒店调查

大连友好美居酒店：友好广场附近；标准间设施，智能家居。

园林酒店：劳动公园附近；标准间设施，独立卫生间、数字电视、空调。

二、市场分析

对此次调查问卷稍加整理，可以得到表1-2。

表1-2　　　　　　　大连市高校大学生秋冬旅游意愿调查问卷整理表

题　目	答　案	所占比例
1.您会在秋冬季节外出旅游吗	会考虑	80%
2.您外出旅游的频率是	偶尔	80%
3.您获得旅游信息的渠道是	亲戚朋友	50%
4.您喜欢周末外出旅游吗	喜欢	70%
5.您喜欢和谁一起出游	朋友	50%
6.您对外出旅游餐饮的价格要求是	经济实惠	80%
7.您对外出旅游住宿的要求是	普通客房	80%
8.在秋冬季节您能接受的旅游价格是	200~499元	40%
9.您愿意扩大交友范围吗	很愿意	90%
10.您想要体验其他高校的学习生活环境吗	很想	60%
11.如果有机会参加高校之间的交流会，您会参加吗	肯定会	60%
12.您更关注以下哪类话题	就业问题	45%
	时事新闻	24%
	专业学术	24%

调查显示：

第一，季节因素对大学生出游的影响不大，80%的大学生会考虑在秋冬季节出去旅游。2021年，大连普通高等学校在校学生数达32.5万，这是一个相当庞大的群体，因此大连淡季旅游市场有大量潜在客源可以挖掘。

第二，大学生对周末出游很感兴趣，只是缺少机会，我们开发的项目正好能够满足大学生周末出游的需求。

第三，90%的大学生很愿意扩大交友范围，60%的大学生很想体验其他高校的学习生活环境。针对大学生的这些心理特点，我们特别开发了以交流会为主要内容的旅游活动，给大学生一个面对面交流的机会，从而扩大他们的交友范围。

第四，秋冬季节是大连旅游市场的淡季，因此这个时期旅游产品的价格相对便宜，大学生作为低收入群体，这样的价位对他们更有吸引力；同时，大学生对住宿、餐饮的要求不是很高，中低档次的酒店就可以满足他们的需求。

因此，大连夏之河旅行社推出了大连本地游项目——"大连秋冬学子游"。

三、产品设计

大连夏之河旅行社针对该旅游项目开发了以下特色产品：

（一）行程

大连秋冬学子游行程单见表1-3。

表1-3   大连秋冬学子游行程单

时间	行程（不含往返车费）	餐饮	住宿
第1天	晚上接站，观赏大连市内夜景	晚餐：20元/人（中山广场）	园林酒店
第2天	上午：名校交流会 下午：旅顺（白玉山、旅顺日俄监狱旧址博物馆、中苏友谊纪念塔、军港公园、旅顺胜利塔）、星海广场	早餐：15元/人（园林酒店） 午餐：20元/人（星海附近） 晚餐：20元/人（星海附近）	园林酒店
第3天	上午：老虎滩海洋公园 下午：送站	早餐：15元/人 午餐：20元/人	

（二）计价、报价

1.计价

住宿费：160元/人（80元/人×2晚）。

景点门票费：120元/人。

餐费：110元/人。

导游服务费：30元/人。

合计：420元/人。

2.报价

最终报价为480元/人。

（三）交流会地点

大连理工大学、大连海事大学、东北财经大学任选其一。

（四）温馨提示

1.天气

秋季，适宜穿夹克衫、薄毛衣、牛仔裤。

冬季，适宜穿羽绒服、毛衣、毛裤、保暖性好且便于旅行的鞋。

2.药品

带止泻药和治疗过敏的药物。

四、营销推广

产品开发完成以后，需要进行一系列营业推广活动。

（一）网络宣传

将广告发布在QQ群、微信群、校园网以及各大高校论坛等大学生常接触的网站上。

（二）报纸宣传

将广告刊登在当地报纸上。

（三）找校园代理

通过校园代理直接将旅游信息传达给大学生，并给予校园代理一定的报酬。

（四）派发传单

在各大高校内将旅游信息通过派发传单的形式传播出去。

五、产品采购

大连夏之河旅行社为了满足"大连秋冬学子游"的服务供应需求，一方面，根据预订旅游者的数量采购旅游服务，与酒店、景点、旅游纪念品店等签订合同；另一方面，选派优秀的导游提供服务。

六、售后服务

为了更好地满足大学生的旅游需求，提高旅行社的服务水平，大连夏之河旅行社专门制定了游客投诉制度及处理反馈制度。

（一）投诉渠道

（1）当面投诉。

（2）电话投诉：（0411）81234567。

（3）邮件投诉：dlxzh@163.com。

（二）回复时间

（1）当面投诉要现场解决。

（2）电话投诉在一个工作日内解决。

（3）邮件投诉在两个工作日内解决。

（三）处理方法

对所有投诉实行"一站式"服务：

（1）耐心倾听投诉的原因：受理投诉的人员要耐心倾听、认真记录，不要急于辩解，更不能反驳。

（2）由于工作人员的失误导致游客投诉时：首先，应诚恳地道歉；然后，满足游客的合理需求，并对游客的投诉表示欢迎。

（3）由于游客的误解导致投诉时：首先，对游客的投诉表示欢迎；然后，解释原因，消除误会。

（4）由于工作人员未履行合同而给游客造成精神或财产损失时：首先，对游客表示同情和慰问；然后，真诚道歉，并给予游客相应的补偿。

（5）投诉问题处理完毕后，应及时对投诉人进行跟踪回访。

七、后续开发

大学生喜欢接触新鲜事物，因此，要想延长旅游产品的生命周期，必须不断开发出新的产品。为此，旅行社又开发了以下两种特色产品：

（一）大学生毕业纪念游

针对多数大学生最后半年离校实习的情况，旅行社特别开发了"大学生毕业纪念游"项目。这种毕业纪念游一生可能只有一次机会，想必每个大学生都不想错过，为此也可能会奢侈一次，涉足一些高消费旅游产品，如滑雪、温泉等。大学生可以借此机会巩固友谊，回忆大学的美好时光。

（二）大学生DIY旅游

如今，多数大学生都已经考取了驾照，针对这一情况，旅行社开发了"大学生DIY旅游"项目，为大学生在本地提供租车服务，让其自己选择、组合旅游产品；根据大学生的具体需求提供导游、代购景区门票、安排食宿等服务，真正实现无拘无束的DIY旅游方式。

项目1 旅行社市场调研①

◎ **项目目标**

以本地游计调与营销活动为载体，通过本项目的学习与训练：

1.掌握开展市场调研活动的程序和方法。

2.能够设计调查问卷、撰写调研报告。

3.培养市场调研能力、资料整理能力、数据统计能力、资料分析能力、系统思考能力、团队合作能力、沟通交往能力等。

4.能够自觉践行社会主义核心价值观，具备科学、严谨、求实的职业素养。

项目知识

市场调研是指在现代市场营销观念的指导下，以满足顾客的需求为中心，运用科学的方法，系统地、客观地收集、整理和分析旅行社市场营销活动方面的信息，以了解旅行社的营销环境与市场状况，为旅行社的经营决策提供依据的活动。

一、市场调研计划的制订

该阶段的主要任务是制订市场调研计划。市场调研计划是旅行社进行市场调研的行动纲领，它的主要内容包括：明确调研目的和调研对象，确定调研方法，划分调研步骤，安排调研人员，预估调研费用等。

市场调研计划的结构和内容可根据具体情况而定，不过一般都包括以下几个方面：

（一）调研目的

调研目的是指市场调研活动所要达到的预期结果。也就是说，为什么进行调研和通过调研达到什么目标、发挥什么作用、解决什么问题。

（二）调研内容和范围

调研内容和范围是指根据调研目的，确定所需信息资料的内容和数量。

信息资料的来源，是指获取信息资料的途径。市场调研所需的资料，可以从企业内部和企业外部两个方面得到。如果企业已经建立了市场营销信息系统，则可以通过数据库得到信息资料。除此之外，还要确定收集信息资料的地区范围。如果调研对象遍及全国，就要在全国范围内收集资料；如果调研对象集中在某个地区，则在该地区

---

① 以下关于旅行社市场调研的基本内容与方法既适用于本地游，也适用于国内游和出境游，因此这部分内容在模块二和模块三中将不再赘述。

范围内收集资料即可。本地游市场调研的内容一般是由本地游市场调研目的决定的，主要包括以下三个方面：市场环境调研、市场需求调研、市场供给调研。

1.市场环境调研

（1）政治与法律环境调研。这主要是了解与旅游客源地和旅游目的地有关的法律和法规的状况，包括国家或地区有关旅行社、旅游保险、环境保护、出入境等方面的法律和法规等。

（2）经济环境调研。这主要是了解旅游客源地和旅游目的地的经济发展速度、消费者收入水平和消费水平、物价水平以及通货膨胀等情况。

（3）人口环境调研。这主要是从不同层面（如游客的年龄、性别、职业、收入、社会地位、生活方式、地域分布等）研究旅行社目标市场的特点，并作为市场细分的标准；重点研究目标市场的偏好、购买行为以及对不同营销方式的可能态度等，以测定市场发展潜力。

（4）竞争情况分析。这包括本旅行社市场占有率分析和竞争对手状况分析。本旅行社市场占有率分析，即通过比较本旅行社的销售量和所有竞争对手的总销售量，计算本旅行社的市场占有率，并通过销售趋势分析，了解本旅行社未来几年市场占有率的变动情况；竞争对手状况分析，即了解竞争对手的产品及营销方案，据此制定本旅行社的营销策略。

（5）营销可控因素分析。这包括对旅行社的产品、价格、销售渠道以及促销情况的调查研究。

2.市场需求调研

市场需求在很大程度上决定了市场供给，因此收集和分析旅游者的需求信息，是本地游市场调研的核心内容。市场需求调研的内容主要包括以下三个方面：

（1）旅游者规模及构成调研。这主要包括：旅游客源地的经济发展水平与人口特点，旅游者的可自由支配收入和闲暇时间，旅游者的数量和消费构成，旅游者对旅游目的地及旅游产品的总体评价等。

（2）旅游动机调研。旅游动机是推动人们进行旅游活动的内在动力。常见的旅游动机主要有健康娱乐的动机、好奇探索的动机、审美教育的动机、社会交往的动机、宗教信仰的动机以及商务动机六大类。

（3）旅游者消费行为调研。这主要是调研旅游者的消费偏好、消费习惯、消费特点和购买行为等。

购买者——哪些人构成了旅游市场？

购买对象——他们购买了什么旅游产品？

购买目的——他们为什么要购买这些旅游产品？

购买组织——谁参与购买过程？

购买行动——他们以什么方式购买旅游产品？

购买时间——他们什么时候购买旅游产品？

购买地点——他们在哪里购买旅游产品？

3.市场供给调研

从旅游经营者的角度看，旅游供给要素主要包括旅游吸引物、旅游设施、旅游服务和旅游地的可进入性等。市场供给调研的内容主要包括以下四个方面：

（1）旅游吸引物调研。在自然界和人类社会中，凡是能够激发旅游者的旅游动机，吸引旅游者产生旅游行为的自然现象、人文景观和社会现象，都可以称为旅游吸引物。旅游吸引物的质量和数量在很大程度上决定了旅游者对旅游目的地的选择。

（2）旅游设施调研。旅游设施是指为旅游者提供服务所凭借的物质条件，它可以分为旅游基础设施和旅游上层设施。旅游基础设施是指主要为当地居民提供服务，同时也为外来旅游者提供服务的设施，包括供水系统、供电系统、供暖系统以及城市交通系统等；旅游上层设施是指主要为外来旅游者提供服务的设施，包括旅游饭店、娱乐设施等。

（3）旅游服务调研。旅游服务是旅游产品的核心部分。旅游服务调研的内容主要包括售前服务（如旅游咨询服务、代办签证、办理入境手续、代购保险等）、售中服务（即为旅游者提供的食、住、行、游、购、娱等服务）以及售后服务（如送达机场或港口服务、办理出境手续、托运服务等）。

（4）旅游地的可进入性调研。旅游地的可进入性是指旅游者进入旅游目的地的难易程度，主要表现为旅游者进入旅游景点、参与旅游活动所付出的时间和费用。调研内容主要包括旅游交通基础设施和交通工具状况、地方政府的政策、旅游签证手续的繁简程度以及出入境检查程序等。

（三）调研方法

用简洁的文字说明所采用的调研方法的主要特点，以及与其他方法相比的优点和局限性；将要采取的抽样方案的主要内容和步骤；样本量的大小和可能达到的精度；采取何种质量控制方法；收集数据的方法；问卷的形式及设计方法；数据处理和分析方法等。

1.间接调研

间接调研又称文案调研，是指通过收集旅行社内部和外部各种现有的数据和资料，从中选取与市场调研课题有关的内容进行分析研究的一种调研方法。这种方法常被作为本地游市场调研的首选方法。

数据和资料的来源主要有：旅行社内部积累的各种资料，如政策、法规以及一些内部文件；国家机关公布的统计资料、政策、法规，以及一些内部资料；旅游行业协会和其他旅游组织提供的资料；旅行社之间交流的有关资料；国内外公开出版物，如报纸、杂志等刊登的新闻及调研报告等。

该方法的优点在于所花费的时间较少，费用不高，能够为旅行社市场营销提供大量的信息；缺点在于信息量太大，需要对信息进行认真甄别与遴选。

（1）文献资料筛选法。根据旅游市场营销的目的与要求，有针对性地查找有关资料，从中筛选出与旅行社市场营销有关的信息。

（2）报刊剪辑分析法。这是指调研人员从各种报刊中收集旅游市场营销信息的方法。旅行社应积极订阅与旅游相关的报纸和杂志，同时应该充分利用广播、电视、网络等媒介收集情报，以及时发现市场机会，夺取和占领市场。

（3）情报联络网法。这是指旅行社在全国范围内或国外某些地区设立情报联络网，使商业情报资料收集工作的范围呈网状触及四面八方的方法。采用这种方法时，旅行社一般会派遣专门人员在重点营销地区设立固定的情报收集点，或同旅游相关部门以及有关情报中心定期互通情报，以获得有关旅行社市场供求趋势、旅游者购买行为、价格情况等方面的信息。这种方法一般适用于大型旅游集团。

2.直接调研

在线课堂1-1

直接调研

直接调研又称实地调研，是指在周密的设计和组织下，调研人员直接向被调研者收集原始资料的一种调研方法。实地调研主要包括询问法、观察法和实验法。调研人员可根据调研目的、调研要求、调研资金及其他物质条件，灵活选择其中一种方法或将几种方法组合运用。

（1）询问法。询问法是指调研人员将事先拟定的调研项目或问题以某种方式向被调研者提出，要求被调研者进行回答，由此获取信息资料的调研方法。

①面谈法。这是指调研人员直接向被调研者询问有关问题，以获取信息资料的方法。调研人员会根据事先拟好的问卷或调研提纲所列的问题，依次进行提问；有时亦可采用自由交谈的方式进行。调研人员在使用面谈法进行调研时，可以与一个人面谈，也可以同时与几个人面谈，听取被调研者的意见，观察被调研者的反应。面谈法的优点是灵活性较大，不受任何限制；可以简单地谈，也可以深入地谈；问题涉及的范围可能很广，也可能很窄；问卷回收率较高且质量易于控制。面谈法的缺点是调研成本较高，调研结果受调研人员业务水平和被调研者回答问题真实与否的影响很大。

②电话询问法。这是旅行社计调与营销领域常用的一种调研方法，即调研人员依据事先拟定的问题，通过电话向被调研者询问，以获取信息资料的方法。电话询问法的优点是可以在短时间内调查较多的被调研者，成本也较低，并且能够以统一的格式进行询问，所得信息资料便于统计处理。电话询问法的缺点是调研范围受到限制，不易得到被调研者的合作，不能询问较复杂的问题，调研难以深入。

③邮寄询问法。这是指调研人员将事先设计好的问卷邮寄给被调研者，被调研者将问卷填好后按规定的时间邮寄回来的方法。邮寄询问法的优点是调研范围不受任何限制；被调研者有比较充裕的时间来考虑需要回答的问题，从而使答案更准确；被调研者不会受到调研人员的影响，所填信息较为客观、真实。邮寄询问法的缺点是问卷回收率较低，容易影响样本的代表性。

（2）观察法。观察法是指调研人员到各种现场进行观察和记录，以获取信息资料的调研方法。采用观察法时，调研人员既可以亲自到现场观察，也可以利用照相机、录音机、摄像机等仪器对现场情况进行间接观察。

观察法的优点是被调研者往往是在不知不觉中被调查的，因此收集到的资料较为客观、可靠、生动、详细。观察法的缺点是只能观察到事实的发生，观察不到影响行为的内在因素，如旅游者的情感、态度等，需要与面谈法、电话询问法等其他方法结合起来使用。

（3）实验法。实验法是指调研人员将被调研者置于特定的控制环境中，通过控制某个变量，以发现变量间的因果关系的调研方法。

实验法又可分为实验室实验和现场实验两种方法。其中，现场实验是指在市场上进行小范围的实验，即把旅行社的新产品先投放到有代表性的目标市场上进行试销，以此了解目标市场旅游者的反应，收集相关的反应信息，然后对反应信息进行分析、预测，最后决定是否进行全面推广。

实验法的优点是易于控制，所得资料客观性较强；缺点是时间较长，费用较高，较难选择合适的实验对象。但从总体上来说，实验法是一种科学的方法，所得的实验结果具有较高的参考价值。旅行社欲改变其产品的包装、价格、广告、分销渠道等时，均可以采用实验法进行调研。

（四）调研进度和经费预算

详细列出每个阶段所需的天数以及起止时间。每个阶段的时间都应稍稍留有余地，但也不能拖得太长。详细列出每一项所需的费用，通过认真估算，实事求是地给出每一项的预算和总预算。

（五）附录

附录包括调研项目负责人及主要参加者名单（可以简单介绍一下团队成员的专业特长及分工情况）、抽样方案及技术说明、市场调研问卷及有关技术说明、数据处理方法、所用软件的说明等。

二、市场调研问卷的设计

旅行社在开展市场调研时，不仅要制订周密的市场调研计划，选择合适的调研方法，而且要善于运用各种调研技术，这样才能获得完整、准确、有用的资料。市场调研问卷设计技术、抽样技术以及预测技术，是本地游市场调研中的基本技术。

市场调研问卷，又称市场调研表，是市场调研的基本工具，是指以书面问答的形式了解调研对象的反应和看法，由此获得资料和信息的一种调研方式。市场调研问卷的设计是旅行社市场调研过程中的一项基础性工作，直接关系到市场调研成功与否。

（一）市场调研问卷设计的原则

1.主题明确

市场调研问卷应主题明确、重点突出，没有可有可无的问题。

2.结构合理

市场调研问卷的问题应有一定的逻辑性，符合被调研者的思维过程。

3.通俗易懂

市场调研问卷应使被调研者一目了然，并且愿意合作。所以，市场调研问卷的语气应亲切，避免使用专业术语，对敏感性的问题应采用一定的技巧，从而使问卷具有合理性和可答性。

4.长度适宜

市场调研问卷的长度要适宜，设计的问题不要过繁、过多，回答问题的时间以30分钟以内为宜。

5.便于统计

市场调研问卷的设计应方便事后的整理和统计工作。

（二）市场调研问卷的格式

市场调研问卷一般包括以下几个组成部分：

1.问卷说明（开场白）

问卷说明包括调研目的、填表须知、交表时间、交表地点及酬谢方式等内容。问卷说明应强调调研工作的重要性，消除被调研者的疑虑，以取得被调研者的信任和支持。

2.调研问题

调研问题是市场调研问卷的核心部分，即依据旅行社的调研任务设定的，要求被调研者回答的一系列问题。

3.被调研者的情况

被调研者的情况包括年龄、性别、职业、国籍、受教育程度、收入等，以备研究之用。

4.调研者的情况

在问卷的最后，应附上调研人员的姓名、调研日期等，以核实调研人员的情况。

（三）提问方式

提问方式有两种，即封闭式提问和开放式提问。

1.封闭式提问

封闭式提问是指问卷的问题带有预设的答案，被调研者只能从中选择一个或几个答案。这种提问方式便于统计，但对回答的内容有一定的限制，缺少弹性。封闭式提问主要有以下几种方法：

（1）二项选择法。调研人员就一个问题提出两个答案供被调研者选择，如"是"或"否"、"有"或"无"等。

［例］您是否去过海南旅游？（请您在同意选项后面的括号中画"√"）

A.是（ √ ）　　　　　　B.否（ ）

（2）多项选择法。调研人员就一个问题给出三个以上答案，被调研者可以任意选择其中一个或几个答案。

［例］您游览过北京的哪几个景点？（请您在同意选项后面的括号中画"√"）

A.长城（ √ ）　　　　B.颐和园（ ）　　　　C.天坛（ ）

D.故宫（ √ ）　　　　E.鸟巢（ ）

（3）程度评价法。调研人员就一个问题给出程度不同的答案，被调研者从中选择一个认同的答案。程度评价法可以采用文字形式，也可以采用表格形式。

［例1］（文字形式）请问您对此次旅游行程安排的感受如何？（请您在同意选项

后面的括号中画"√")

    A.很满意（   ）   B.比较满意（ √ ）   C.一般（   ）

    D.不太满意（   ）   E.很不满意（   ）

    [例2]（表格形式）请问您对此次旅游行程安排的各项服务（详见表1-4）的感受如何？（请您在同意选项后面的括号中画"√"）

表1-4   某旅行社安排的各项服务

服 务	满意程度				
	很满意	比较满意	一般	不太满意	很不满意
食			√		
住		√			
行	√				
游					√
购					√
娱				√	

2.开放式提问

所谓开放式提问，是指对回答的内容限制不严格，被调研者可以根据自己的情况自由回答。由于这种提问方式的答案不唯一，因此不易统计，也不易分析。

（1）自由回答法。调研人员提出问题且不准备答案，由被调研者根据问题用文字形式自由表达。采用这种方法可以获得较多的资料，但难以整理和统计。这种方法主要用于深度谈话和直接访问，在市场调研问卷中不宜多用，一般在正文结尾处提出一个问题。

    [例] 请给出你印象最深的一个旅游目的地。

    ————————————————。

（2）语句完整法。提出一个不完整的句子，由被调研者完成该句子。

    [例] 当你要去旅游时，你想去——————————————

（3）词句联想法。调研人员列出一些词语或句子，每次一个，由被调研者说出或写出他最先联想到的内容。

    [例] 当你听到以下内容时，首先会想到什么？

    迪士尼乐园————————————————。

    中国近代史体验游————————————————。

（4）顺位法。调研人员就一个问题准备若干个答案，让被调研者根据自己的偏好程度确定先后顺序。

    [例] 在此次旅游行程中，请您针对满意程度按照由高到低的顺序填上序号。

    A.游览（2）   B.价格（4）   C.导游服务（3）

    D.住宿（1）   E.购物（5）

三、市场调研的实施

该阶段的主要任务是收集与市场营销相关的信息，并对所收集的信息进行整理和分析。

（一）选择调研人员

在选择调研人员时，应考虑调研的性质、收集信息的方法，尽量选择熟悉旅行社经营环境的调研人员。调研人员应身体健康，具有热情开朗、善于交流的特点，还要有一定的文化素养和相关的实践经验等。

（二）收集市场营销信息

这是市场调研活动实质性的工作阶段。该阶段耗用的时间最长、花费最大，并且最容易出现错误。该阶段的工作主要包括以下两个方面：

1.实地调研以获得一手资料

在旅行社的营销实践活动中，为了明确本企业营销活动中存在的问题，决策过程中所需要的众多重要资料都必须通过实地调研获得。

2.收集现有二手资料

运用二手资料可以在清楚了解历史背景的同时节省收集资料的时间和成本，还能与一手资料进行对比性分析，但是在运用二手资料时必须充分考虑到二手资料可能存在的不足。

四、市场调研报告的撰写

（一）整理和分析市场营销信息

市场营销信息收集完毕后，调研人员应当使用恰当的统计分析方法，对收集到的信息进行整理和分析，并得出全面的、合乎逻辑的结论。

（二）撰写市场调研报告

调研人员应当根据信息分析结果撰写市场调研报告，并对市场调研报告是否引起了企业营销决策者的重视、是否被采纳、采纳的程度如何，以及采纳后的效果如何等进行追踪调研和及时反馈。

本地游市场调研报告一般由导言、正文、结论和附录四部分组成。

（1）导言。这主要介绍市场调研项目的基本情况，并对调研目的和意义进行简单说明。

（2）正文。这是市场调研报告的主体部分，主要包括市场调研的内容、运用的方法以及对调研过程和分析结果的详细说明。

（3）结论。这是指从本次市场调研中得出的结论，同时对旅行社的营销决策提出参考性建议。

（4）附录。这主要包括用来论证和说明正文有关情况的资料，如资料汇总统计表、原始资料来源以及调研结果的局限性和误差范围等。

市场调研报告是对调研成果的总结和调研结论的说明。市场调研报告应具有针对性、真实性、科学性、创新性，这样才能在被采用后产生良好的实际效果。

认知拓展

一、市场调研的类型

根据调研目标和要求的不同，市场调研可以分为探测性调研、描述性调研、因果性调研和预测性调研四种类型。

（一）探测性调研

探测性调研是指当旅行社的市场调研人员对所面临的问题不太清楚或尚未确定具体的调研内容时而进行的试探性的、小规模的、低层次的调研活动。例如，某旅行社在旅游旺季出现客源下降的现象，但又不知道具体原因是什么，在这种情况下，就可以采用探测性调研先找出可能存在的原因，再做进一步的市场调研。探测性调研的基本目的在于提供一些资料，以帮助调研人员认识和理解所面对的问题。

（二）描述性调研

在进行市场调研时，如果问题已经比较清楚，需要寻找问题的答案，则可以采用描述性调研。也就是说，描述性调研是对客观事物或现象进行如实描述，从中找出问题出现的原因。本地游市场调研多采用描述性调研。例如，对一家旅行社目标客户的年龄构成、地域分布、收入状况的调研，通常采用描述性调研。

（三）因果性调研

因果性调研是指调研人员为了发现旅行社营销活动或营销环境中出现问题的原因，以及各种现象或问题间的因果关系而进行的调研。在描述性调研过程中，调研人员会发现众多因素之间是相互关联的，但究竟是哪个因素在起决定性作用，还必须通过因果性调研来确定。因此，因果性调研要以描述性调研的结论为前提条件，针对某一现象的产生收集资料，运用逻辑推理和统计分析的方法找出各因素之间的因果关系。

因果性调研可以分为定性调研和定量调研两种类型。定性调研的主要任务是识别对旅行社市场变化有重要影响的关键因素，定量调研的主要任务则是测定影响旅行社经营情况的一切数量关系。

（四）预测性调研

预测性调研是指为了预测未来一定时期内某个因素的变动趋势及其对旅行社市场营销活动的影响而进行的市场调研，即在收集和整理信息的基础上运用科学的预测方法，分析市场在未来一定时期内的变化情况。预测性调研的主要目的是掌握市场机会，制订有效的营销计划。根据决策性质和资源条件的不同，预测性调研的方式也不同，可以根据专家和有经验人士的意见对事物的发展趋势做出判断，也可以在描述性调研或因果性调研的基础上进行分析和计算，从而预测未来的变化。

二、抽样调研技术

由于市场调研项目涉及的旅游者较多，同时受到调研经费的限制，因此旅行社往往采用抽样调研的方式获取有关信息。抽样调研即从调研总体中抽取一部分单位作为样本，通过对样本进行调研得出的结果来推断总体。根据抽样机会是否相等，抽样调研可分为随机抽样和非随机抽样两种类型。

（一）随机抽样

随机抽样是指按照随机原则从总体中抽取样本的抽样方法。随机抽样时，样本的确定不受人们主观意志的支配，是完全随机抽取的，因此总体中的每个个体都有被抽取的机会。

1.简单随机抽样

这是随机抽样中最简单的一种方法，即对总体不进行任何分类，完全按照随机原则从总体中抽取样本。当总体十分庞大，且总体中每个个体的差异不大时，可采用简单随机抽样。

2.等距随机抽样

采用简单随机抽样产生的样本在总体中的分布极有可能是不均匀的，对某些调研项目来说，可能会影响到结果的可靠性。等距随机抽样即根据一定的抽样距离，从总体中抽取样本。抽样距离的大小等于总体数量除以样本数量。

（二）非随机抽样

非随机抽样是指不遵循随机原则，由调研人员根据自己的主观意志抽取样本的抽样方法。

1.任意非随机抽样

这是一种纯粹以便利为基础的抽样方法。采用任意非随机抽样的基本假定是总体中的任何个体都是同质的，因此选择哪一个个体做样本都是一样的。

2.判断非随机抽样

这是指由调研人员根据自己的主观判断选择调研样本的抽样方法。判断非随机抽样要求调研人员必须对总体的有关特征相当了解。例如，调研人员若想知道一份关于广告的调研问卷的设计是否得当，就可以对一些他认为对广告有一定了解的人士进行调研。采用判断非随机抽样时，应避免抽取"极端型"样本，应选择"普通型"样本，以提高样本的代表性。

3.配额非随机抽样

这是指把一定数量的具有"控制特性"的样本分配给调研人员，由调研人员在配额内自由选择样本的抽样方法。

非随机抽样的优点是简便易行，能及时获取信息，费用低；缺点是对调研对象缺乏了解，样本的代表性差，调研结果不一定可靠。因此，非随机抽样一般用于非正式调研。

项目实训

实训项目1-1：旅行社市场调研实践

实训地点：多功能实训室、资料室、网络实训室、校外实训基地（合作旅行社）、校园、某旅游景点。

实训内容：以学校所在地淡季旅游产品的开发为中心，对旅游资源、旅游者需求、旅游服务设施等进行调研。

实训目的：

1.掌握市场调研的步骤，既能进行实地调研，又能通过电话、网络等进行间接调研。

2.能设计符合规范的、有实际指导意义的旅行社市场调研问卷。

3.根据设计好的问卷，采用访问法实施调研活动，并对调研数据进行整理、分析，撰写市场调研报告。

实训组织：

1.每6人组成1个小组。

2.在老师的指导下，由组长负责，分别进行直接与间接的市场调研。

3.在调研过程中，每个人负责不同的调研任务。

4.实地调研在课后完成。

验收成果：

1.市场调研问卷。

要求：问卷的问题不少于10个，以封闭式提问为主，开放式提问为辅。

2.市场调研报告。

要求：以文字叙述为主，适当插入表格或图片，1 500～2 000字。

项目测评

◀ 不定项选择题

1.旅行社市场调研的主要内容包括（ 　　）。

A.市场环境调研 　　　　　　　　B.市场需求调研

C.市场供给调研 　　　　　　　　D.特色服务调研

2.市场调研问卷设计的原则包括（ 　　）。

A.主题明确 　　　　　　　　　　B.结构合理

C.通俗易懂 　　　　　　　　　　D.长度适宜

E.便于统计

3.调研人员将被调研者置于特定的控制环境中，通过控制某个变量，以发现变量间的因果关系的调研方法称为（　　　）。

A.实验法　　　　　B.观察法　　　　　C.对话法　　　　　D.间接法

4.市场调研的类型有（　　　）。

A.探测性调研　　　B.描述性调研　　　C.因果性调研　　　D.预测性调研

5.旅游者消费行为调研，主要是调研旅游者的（　　　）。

A.消费偏好　　　　B.消费习惯　　　　C.消费特点　　　　D.购买行为

随堂测验1-1

项目1

◀ 思考题

1.旅行社市场调研在旅行社经营活动中有什么重要作用？

2.简述市场调研人员的素质要求。

3.市场调研问卷的设计应遵循哪些原则？

4.旅行社市场调研的内容有哪些？

本地游市场分析

◎ **项目目标**

以本地游计调与营销活动为载体，通过本项目的学习与训练：

1.能够分析旅行社的宏观环境、微观环境及其给旅行社带来的机遇与威胁。

2.能够针对本地游市场环境提出营销建议。

3.能够分析影响旅游者购买行为的因素，并选择相应的营销策略。

4.具备严谨的数据分析能力和良好的信息素养，增强服务本地区域经济发展的社会责任感。

项目知识

旅行社的经营活动是在一定的市场环境下进行的，因此旅行社必须认真分析和研究市场环境，寻找可利用的市场机会，避免可能造成的威胁，减少经营风险。研究市场环境和分析旅游者需求，是旅行社制定经营战略的前提。

旅行社市场环境是指影响旅行社市场经营活动的所有不可控制因素的总和，包括宏观环境和微观环境。

一、本地游市场环境分析

（一）宏观环境分析

宏观环境是指影响旅行社经营的外部大环境。它既包括国际环境也包括国内环境，旅行社对它既不能控制又不能影响，它却对旅行社经营的成功与否起着重要作用。分析宏观环境的主要目的在于找出旅行社的营销机会和风险，调整和部署企业的营销战略。宏观环境包括人口环境、经济环境、社会文化环境、生态环境等因素。

1.人口环境

市场是由具有购买欲望和购买能力的人构成的，因此旅行社市场营销活动的最终对象是旅游者。人口环境通常包括人口数量、人口分布、人口结构等因素。人口环境对旅行社市场营销活动的影响会直接反映到消费需求的变化上。

（1）人口数量。人口数量不仅会影响基本生活资料的需求量，而且会影响旅游需求等非基本生活资料的需求量。这是因为无论企业生产或经营什么产品，最终都是为了满足"人"的需求。

某一地区人口的总量及其增减变化，对企业来说喜忧参半。一般情况下，人口数量与市场容量和消费需求成正比，因此人口数量的增加为旅行社扩大市场规模和创造市场机会提供了可能。但是人口过多过快增长也会影响经济的发展并使购买力下降，进而抑制旅行社的发展。例如，非洲很多国家人口过度增长，但因购买力不强，所以旅游人数仍然不多，旅游人数占其总人口的比例很少。

（2）人口分布。

①人口城市化。一般而言，城市居民比乡村居民的旅游需求旺盛。其原因如下：城市居民收入较高，经济条件较好；城市交通发达，旅游信息灵通；城市生活节奏快，迫使人们通过旅游来调节生活。2021年我国常驻人口城镇化率为64.72%，比2020年末提高0.83个百分点，未来还将继续提高。如何利用人口城市化的特点开展旅行社市场营销活动，是旅行社面临的一个重要问题。

②人口地域分布。从地理学的角度来看，我国东西南北中各地的地理环境不同，经济发展水平同，人们的生活习惯不同，人们的旅游需求也不同。所以，抓住旅游者的心理特征，有针对性地确定目标市场，有利于营销活动的成功。

（3）人口结构。

①年龄结构。旅行社的很多产品与年龄直接相关，如青少年研学旅行、大学生毕业游、蜜月旅行、夕阳红旅游线路等。旅行社既应该注重学生市场，设计新颖、丰富的旅游活动，也应该针对老年市场，推出符合老年人需求的各种旅游服务项目，还要重视经济稳定、收入较高的中年市场，从其实际需求出发，举办多姿多彩的旅游活动。

②性别结构。携程发布的《2022"她旅途"消费报告》显示，2021年女性人均旅游花费高于男性33%，超六成家庭旅行度假由女性主导，无论是目的地、预算，还是行程安排，女性都发挥着关键作用。因此，旅行社可以针对女性消费者的特点推出一些符合女性需求的活动，如购物之旅、健美之旅等。

③职业结构。企业主和商人业务繁忙，出差机会多；科技工作者、医生和教育工作者等外出进行学术交流的机会多；职员多在假日外出旅游。旅行社应针对不同的职业群体采用不同的营销策略。

④家庭结构。家庭规模的变小以及家庭数量的增加，都为旅行社产品的开发创造了市场机会。此外，在不同的发展阶段，由于家庭人数、经济条件和子女成长等因素的变化，个体的旅游需要也会发生很大的变化。

2.经济环境

经济环境是影响旅行社市场营销活动最基本、最重要的因素，它直接关系到旅行社的经营状况。一个地区的经济环境会对旅行社产生直接的影响，通货膨胀、失业和经济衰退甚至会使旅行社遭受致命的打击。经济环境主要包括经济规模、经济发展阶段和汇率等因素。

（1）经济规模。经济规模包括国民总收入、人均国民总收入和收入分配、个人收入等有关购买力的变量。

①国民总收入。国民总收入是指一个国家或地区所有常住单位在一定时期内获得的初次分配收入总额。它是反映一个国家或地区整体经济发展水平的重要指标。一般

情况下，旅游收入与国民总收入同步增长。从旅游经济学的角度来看，客源地的国民总收入越高，旅游需求量就越大；旅游目的地的设施及接待条件越好，对旅游者的吸引力就越大。

②人均国民总收入和收入分配。人均国民总收入即国民总收入除以年均人口。人均国民总收入与消费者的购买能力密切相关。人均国民总收入高，则消费者的购买力强，旅游消费市场的潜力也大。

不过，人均国民总收入只是一个平均水平，各国收入的分配方式不同，收入的均等程度也就不同。因此，要把握一个国家或地区的旅游需求程度，仅仅看人均国民总收入指标是片面的，还要注意收入分配问题。同理，旅行社市场营销人员不能仅仅依据人均国民总收入来制定营销策略，还要分析不同收入层次消费者的消费结构。

③个人收入。个人收入是指一个国家一年内个人得到的全部收入，包括工资、租金收入、股息和社会福利等。可自由支配收入是指个人或家庭收入中扣除应纳所得税、社会保障性消费、日常生活必须消费以及预防意外开支的储蓄之后剩余的收入。个人收入，尤其是可自由支配收入，直接决定了旅游者的购买能力。

一个家庭的收入越少，家庭收入中用来购买食物的支出所占的比例就越大；随着家庭收入的增加，家庭收入中用来购买食物的支出所占的比例将会下降。因此，人们只有拥有足够的可自由支配收入，才会选择旅游消费。

（2）经济发展阶段。不同的国家，国情不同，经济发展状况不同，人们对旅游这一现象的认识和接受程度也不同。经济比较发达的国家交通便利、通信发达、设施完善，因此外出旅游的人较多；同时，发达的经济可以提高本国的吸引力，吸引其他国家或地区的人来此旅游。相反，贫穷的国家交通不便、设施落后，即使风景很美，游客也会望而却步；同时，当地居民的当务之急是解决温饱问题，受经济条件的限制，外出旅游的人也不会很多。因此，了解一个国家或地区所处的经济发展阶段，有利于旅行社计调与营销部门开展业务，能够使旅行社在市场营销过程中做到有的放矢，进而取得良好的效果。

目前，我国正处于经济起飞阶段，居民的旅游消费需求不断增加，市场潜力巨大。此外，我国东部、中部和西部三大地区之间存在着较大的经济差异，不同省份（或城市）的经济发展程度也不同，因此不同地区消费者对旅游产品的需求程度和购买能力也有所不同，这就需要旅行社市场营销人员根据不同地区消费者的特点，制定不同的营销策略。

（3）汇率。汇率是指一国货币与另一国货币的比率，汇率的变动会对国际旅游市场需求产生重要影响。当本国货币升值时，居民出国旅游需要支出的货币就会减少，因此居民的出国旅游需求就会增加；反之，当本国货币贬值时，居民出国旅游需要支出的货币就会增加，因此居民的出国旅游需求就会减少。

汇率是旅行社经营过程中必须正视的问题。随着我国出入境旅游的不断升温，国内旅行社和国外旅游经营商的业务联系日益密切，旅游外汇业务越来越多。旅行社计调和营销人员必须把握国际形势和国家宏观经济政策，正确预测汇率走势，及时调整产品报价。

3.社会文化环境

社会文化环境是指人类群体在世代相传的过程中所形成的价值观念、社会态度、伦理道德、风俗习惯等被社会所公认的各种行为规范。社会文化环境包括文化程度、风俗习惯、宗教信仰等因素。

（1）文化程度。文化程度的影响主要表现在两个方面：

一是影响旅游者的消费结构、购买行为和审美观念。文化程度高的消费者，追求生活质量，有强烈的旅游需求。他们对报纸杂志、电视广播、旅游网站等宣传工具的接触比较多，这对旅行社的广告促销非常有利。他们对旅游产品的要求较高，偏爱博物馆、绘画馆、科技馆和名人故居等知识含量较高的旅游景点。

二是影响旅行社的市场营销活动和计调业务的运作。在文化程度低的国家进行市场调研或与旅游者交换意见比较困难，当地旅行社行业规模小，产品多为"复制粘贴"，很难找到合适的代理商和市场调研人员，促销方式也会受到一定的限制。

（2）风俗习惯。风俗习惯是人们长期自发形成的习惯性的行为模式。风俗习惯体现在社会生活的各个方面，包括婚丧习俗、饮食习惯、节日习俗和商业习俗等。不同的民族，风俗习惯不同；同一个民族分布在不同地区，风俗习惯也可能不同。风俗习惯影响着旅行社市场营销活动的各个环节，影响着计调提供服务的内容。例如，旅游团队中如果有回族游客，计调在采购餐饮服务时就应选择能够提供清真食品的饭店，这也是旅行社人性化服务的具体表现。

（3）宗教信仰。宗教信仰会直接影响人们的生活态度、价值观念，进而影响人们的消费行为。许多宗教节日为人们出游创造了机会，也是旅行社推销产品的大好时机。例如，每年在伊斯兰教历的第12个月，数以百万计的穆斯林会聚集在沙特阿拉伯的麦加，参加一年一度的朝觐，这是伊斯兰教最盛大的宗教活动。旅行社在开拓国际市场时，一定要注意不同国家或不同民族宗教信仰的差异，否则，不仅会浪费人力、财力，还可能产生民族矛盾。

4.生态环境

生态环境与人类的生存及发展密切相关，然而无论是在发达国家，还是在发展中国家，生态环境问题都已成为制约经济和社会发展的重大问题。1992年，全世界1 700名科学家联名发表了一份名为《世界科学家对人类的警告》的报告，指出人类的活动已经对地球内部造成了最严重、不可逆转的破坏，如果不加以制止，那么地球最终将无法适合人类居住。25年后，全世界超过15 000名科学家再次发出警告，提醒人们警惕地球面临的危机。

保护生态环境是人类共同的愿望，这对旅行社来说虽然有压力，但也是机会。一方面，如果旅行社在营销过程中能够充分考虑到生态环境保护问题，并将生态环境保护意识贯穿于产品设计、服务的全过程，就可以在生态环境保护方面较竞争者受到更

思政园地1-1

以"绿水青山就是金山银山"理念打造生态旅游画廊

多消费者的拥护，从而建立竞争优势；另一方面，旅行社可以将生态旅游产品作为企业的主攻方向，这里蕴含着巨大的商业机会。

（二）微观环境分析

微观环境直接影响着旅行社为目标市场服务的能力。微观环境主要包括旅游中间商、旅游供应商、竞争者和社会公众等因素。

1.旅游中间商

中间商是生产者与消费者之间的纽带和桥梁，它能够调节生产与消费之间的矛盾。旅游中间商是指在旅游生产者与旅游者之间参与商品流通业务，促使买卖行为发生和实现的组织或个人，包括代理商、批发商、零售商、营销服务机构等。旅游中间商一方面要把有关产品的信息告知现实和潜在的旅游者，另一方面要促使旅游者购买旅游产品。

旅游中间商购买旅游产品的主要目的是在转卖的过程中获取利润。旅游中间商对市场需求情况非常了解，对旅游产品营销渠道的形成和运行起着重要的作用。在旅游界，旅游中间商是一批旅游专门人才，一般都受过专业训练，懂业务、有经验，了解市场，也能掌握消费者的心理。旅游中间商能够为消费者提供最有价值的信息，帮助消费者选择最理想的旅游产品，因此旅游中间商对旅游产品十分挑剔。但从某种意义上来说，旅游中间商可以帮助旅游产品供给者提高产品质量。

随着信息技术和网络的飞速发展，旅游产品生产者和消费者在互联网上直接沟通和交易成为现实，传统旅游中间商的生存面临着巨大的威胁。因此，旅游中间商必须转变职能、调整策略，以适应信息技术和电子商务的发展。例如，发展旅游电子商务，建立专业的旅游网站或在一些大型网站下面设置有关旅游的栏目。

2.旅游供应商

旅游六大要素（食、住、行、游、购、娱）分别由不同的旅游供应商提供，旅行社计调部门负责与旅游供应商进行沟通、洽谈和合作。一方面，计调部门与旅游供应商之间存在相互依赖、相互促进的关系；另一方面，计调部门与旅游供应商之间也存在着利润分配关系。由于旅游供应商的报价直接影响旅行社的采购价格即产品成本，因此搞好与旅游供应商的关系是做好计调工作的前提。

（1）交通运输企业。人们外出旅游，就是在空间位移的过程中实现探新求异的目的。在世界范围内，不同的旅行距离需要使用不同的交通工具，如近距离旅游时乘坐汽车或船舶是首选，中长距离旅游时乘高铁、飞机是最佳方式。

交通设施和服务的好坏关系着旅游者能否顺利进出旅游地。此外，旅游交通费用在旅游团费中所占比重最大，降低交通费用对于降低旅行社产品价格和经营成本具有重要意义。因此，计调人员必须与旅游交通企业保持良好的战略伙伴关系，必要时可通过签订长期合作协议，在获得优质产品的情况下降低采购价格。

（2）住宿服务企业。以酒店为代表的住宿服务企业，同旅行社、交通运输企业并称为旅游业的三大支柱，也是旅游者实现旅游活动的重要基础设施。

酒店的位置、经营性质、星级、设施新旧程度以及市场供求关系决定了酒店客房的销售价格。旅行社计调人员应建立广泛的协作网络，根据市场需求确定相应的合作酒店。需要注意的是，随着信息技术的飞速发展，网络直销和电脑预订系统大大拓展了酒店产品的销售地域，酒店业对旅行社的依赖程度大大降低，这在客观上增加了旅行社计调部门与酒店进行价格谈判的难度。

（3）餐饮服务企业。餐饮是旅游活动的重要组成部分，在旅游消费总额中占有相当大的比重。对现代旅游者来说，用餐既是生活的需要，也是旅途中的莫大享受。餐馆的环境、卫生状况，饭菜的色、味、形，服务人员的举止和装束，餐饮的品种等，都会影响旅游者对旅行社产品的最终评价。旅行社计调人员应当加强与餐饮服务企业的合作，争取在既不降低餐饮标准也不额外增加费用的前提下，尽可能安排特色餐饮，满足客人吃饱、吃好、求新、求奇、求卫生的心理要求。

（4）旅游景区（点）。旅游景区（点）是吸引旅游者前往目的地旅游的重要诱因，属于旅游吸引物的范畴。旅行社计调部门加强与旅游景区的合作特别重要，因为这样做不仅可以获得一定的价格折扣，而且可以共同促销，实现共赢。尤其是在目前市场竞争激烈的形势下，计调部门应及时把握景区价格动向，及时通知外联部门调整产品价格，以赢得市场先机，避免出现与游客签订合同后再加价的尴尬局面。

（5）购物、娱乐服务企业。旅游行程中往往包含着购物和娱乐活动，有些旅游地的购物、娱乐活动本身就属于旅游吸引物的范畴。例如，中国香港被称为"购物天堂"，并因此吸引了大批旅游者来访；云南丽江纳西古乐表演和四川九寨沟藏羌文化表演，都是颇具特色的文化旅游项目。旅行社计调人员在联系购物项目时，应选择诚实守信且能够提供后续质量保障服务的商家；在联系娱乐活动项目时，应首选特色活动项目，这样才能保证产品的质量，提高游客的满意度。

目前，许多旅行社在采购服务时采用定点的方法，使食、住、行、游、购、娱形成一条龙服务，旅行社和旅游供应商之间既相互提供客源又相互优惠，收效颇佳。由于旅游供应商的供货质量、供货价格、供货的及时性与稳定性都会对旅行社的计调与营销活动产生影响，因此旅行社应选择产品品质好、价格合理、信誉良好、效率高的旅游供应商进行合作。旅行社在与主要旅游供应商保持良好合作关系的同时，还应注意保证供货来源的多样化，避免由于过分依赖一家或少数旅游供应商而使自己处于被动地位。

3.竞争者

从购买者决策过程的角度分析，每个企业在向目标市场提供服务时，都会面临四种类型的竞争者，即愿望竞争者、一般竞争者、产品形式竞争者和品牌竞争者。

（1）愿望竞争者。这是指提供不同产品以满足消费者的不同需求的竞争者。例如，某消费者计划去大连旅游，从而不得不暂时放弃买电视机的想法，这样旅游产品经营者与电视机经营者之间就形成了愿望竞争者的关系。

（2）一般竞争者。这是指以不同的方法满足消费者同一需要的竞争者。例如，某消费者计划去大连旅游，可以选择飞机、火车和汽车三种交通工具中的任何一种，这样三种交通工具的经营者之间就形成了一般竞争者的关系。

（3）产品形式竞争者。这是指生产同种产品，但提供不同规格、型号、款式的竞争者。例如，旅游者到达旅游目的地后欲选择酒店，这样不同星级的酒店之间就形成了产品形式竞争者的关系。

（4）品牌竞争者。这是指生产相同规格、型号、款式的产品，但品牌不同的竞争者。例如，旅游者可以选择中国国旅、中青旅、春秋国旅等旅行社为其提供服务，这样不同品牌的旅行社之间就形成了品牌竞争者的关系。

4.社会公众

旅行社的生存与发展依赖于良好的公众关系和社会环境，社会公众对旅行社的计调与营销活动具有实际的或潜在的影响。社会公众是指对企业实现营销目标的能力产生影响的社会团体或个人。对旅行社而言，社会公众包括媒体公众、政府机构、群众组织以及企业内部人员。

（1）媒体公众。媒体公众是指报纸、杂志、广播电台和电视台等具有广泛影响的大众媒体。

（2）政府机构。政府机构是指同旅行社计调与营销活动有关的政府管理机构，如中华人民共和国文化和旅游部等。

（3）群众组织。群众组织主要是消费者权益保护组织、环境保护组织以及其他社会团体。

（4）企业内部人员。企业内部人员是指旅行社营销组织内部的所有管理者和一般员工。

二、本地游市场需求分析

（一）旅游者购买行为

旅行社要想赢得旅游者的青睐，必须首先了解旅游者的所思所想，关注旅游者现在和未来的需求，何时何地购买，由谁来主导购买，吸引旅游者购买的因素是什么，旅游者对旅游营销刺激会做出什么样的反应，以及旅行社如何刺激需求、满足需求，如何在与对手竞争的过程中取得优势地位等。

旅游者在进行旅游决策和购买、消费、评估旅游产品时的种种行为表现，统称旅游者购买行为。旅游者的心理和行为是极其复杂的，旅游者的购买行为必然直接或间接地受到许多心理因素和社会因素的影响。

（二）旅游者购买行为的分类

根据不同的标准，旅游者购买行为可以分为不同的类型。

1.根据旅游者购买目标的确定程度与决策行为分类

（1）全确定型。这是指旅游者有明确的购买目标和具体要求（如旅游产品的类型、数量、价格），他们根据已经确定的目标和要求挑选旅游产品并毫不迟疑地做出购买行为。在这种情况下，旅游者通常不会花费太多时间去选择旅游产品，也不太在意旅游营销人员的介绍和提示，他们购买的旅游产品一般价格适中且经常购买。

（2）半确定型。这是指旅游者对旅游产品有大致的购买意向，但具体目标和要求不明确，他们需要对同类旅游产品进行比较选择后才能做出购买行为。在这种情况下，旅游者一般需要收集各方面的信息，以降低购买风险。

（3）不确定型。这是指旅游者没有明确的购买目标，购买或不购买都是随意的。旅游者在选择不太熟悉且价格较昂贵的旅游产品时，都会出现较大的随机性。

2.根据旅游者的购买目的分类

（1）休闲、娱乐、度假型。这是指旅游者出于放松身心、消除疲劳、减轻精神压力等目的而做出的旅游购买行为。娱乐性强的旅行社产品很受这类购买者的喜欢。

（2）商务、专业访问型。这是指旅游者出于商务经营需要或专业需要（如会议旅游、教育旅游、体育旅游、奖励旅游等）而做出的旅游购买行为。专业性强的旅游产品会受到这类购买者的欢迎。

（3）健康医疗型。这是指旅游者出于健康需要而做出的旅游购买行为。温泉浴、阳光浴、沙滩浴、泥浴、森林浴等旅游产品很受这类购买者的青睐。

（4）探亲访友型。这是指旅游者出于探亲访友的需要而做出的旅游购买行为。例如，出席婚礼、葬礼等。

（5）宗教旅游型。这是指旅游者出于宗教目的而做出的旅游购买行为。宗教旅游在很多国家都比较兴盛，一些旅游目的地也因此而闻名世界。对于有宗教信仰的游客，旅行社应充分考虑他们的特殊需要和禁忌，以免引起游客的不满。

3.根据旅游者的性格特点分类

（1）习惯型。这是指旅游者凭借以往的购买经验和消费习惯而做出的一种反复性的购买行为。这种购买行为是建立在旅游者对某种旅游产品十分熟悉与信任、具有特殊感情的基础上的。这类旅游者选择某类旅游产品时一般不受时尚潮流的影响。

（2）理智型。这是指旅游者在实际购买前已通过收集旅游产品的信息了解了旅游市场行情，经过慎重权衡利弊才做出的购买行为。这类旅游者计划性强、稳重、有主见，熟悉市场行情，乐于收集信息，经验比较丰富，对旅游产品的品质、特征、用途、价格等都有自己的见解，不易受外界因素的干扰。

（3）价格型。这是指旅游者从旅游产品的价格方面考虑而做出的购买行为。这类旅游者有两种类型：一种类型的旅游者专爱购买高价旅游产品，如参加豪华旅游团，他们认为高价不仅意味着高质量，还可以体现自己的经济实力或身份与地位；另一种类型的旅游者则倾向选择价格较为低廉的旅游产品，他们愿意花费较多的精力了解旅游产品的价格及相关信息，希望买到物美价廉的旅游产品。

（4）冲动型。这是指旅游者受现场环境的感染，以直观感觉为主，未经事先考虑而临时做出的购买行为。这类旅游者易受宣传广告和旅游产品外观的影响，喜欢追求新产品。

（5）情感型。这是指旅游者对旅游产品的象征意义特别重视，根据情感需求而做出的购买行为，又称想象型。这类旅游者的想象力和联想力都比较丰富，衡量旅游产品时容易受情感左右，也容易受广告宣传的诱导。

（6）疑虑型。这是指旅游者在购买旅游产品前三思而后行，购买后还疑心上当受骗的购买行为。这类旅游者一般性格内向，言行谨慎、多疑，对营销人员抱有不信任感。

（7）随意型。这是指旅游者在购买旅游产品时无固定偏爱，一般为顺便购买或尝试性购买行为。这类旅游者或者缺乏购买经验，或者缺乏主见，既不苛求也不挑剔，购买行为比较随意。

4.根据旅游者的购买兴趣分类

（1）情调型。这是指旅游者根据旅游产品或旅游服务的情调而做出的购买行为。这类旅游者一般较为关注旅游产品的环境格局，如购物、餐饮、娱乐环境中不同的建筑风格、装饰布局及色调、声音、温度、气味等渲染的独特情调。这类旅游者一般经济基础较好，追求新奇、浪漫的感觉，对于感兴趣的旅游产品不惜高价享用。例如，一些年轻人选择海底婚礼旅游项目，就是一种情调型购买行为。

（2）节日型。这是指旅游者的消费兴趣在节假日期间集中而明显地表露出来的购买行为。例如，在我国的国庆节、春节长假期间，出游人数明显高于以往。

（3）时尚型。这是指旅游者受社会风气及流行趋势的影响而做出的购买行为。这类旅游者追求新奇时髦、标新立异。我国近年来兴起的数字文旅吸引了众多旅游者，这就是一种时尚型购买行为。

（4）娱乐型。这是指旅游者在物质生活基本得到满足后，倾向于精神生活享受而做出的购买行为。这类旅游者购买旅游产品的主要目的是休闲放松、调节情绪、丰富精神生活。大多数购买行为都属于这种类型。

思政园地1-2

国庆风景中最美"中国红"

5.根据旅游者的购买能力分类

（1）经济型。这是指旅游者受经济能力的制约，倾向于购买较为廉价的旅游产品的购买行为。在我国，经济型购买者人数众多，一些旅行社据此设计开发出了质优价廉的产品，走大众化、经济型经营道路，不仅人气很旺，而且效益可观。

（2）标准型。这是指购买能力一般的购买行为。这类旅游者多属于中等收入阶层，如果是旅游团，则一般称为标准团。

（3）豪华型。这是指购买能力强的购买行为。这类旅游者追求个性化需求的满足、上档次的产品和服务、较有知名度的品牌。

（三）影响旅游者购买行为的因素

不同旅游者的购买行为往往千差万别，但是影响旅游者购买行为的因素主要有两类：一类是外部因素，如政治和法律因素、文化因素、社会因素等；另一类是旅游者自身因素，如个人因素、心理因素等。

1.政治和法律因素

一个国家或地区的政治局势和方针政策的变化，会严重影响旅游者的购买行为。

恶性突发事件会使旅游者取消预订的旅游产品，进而影响旅游者对旅游目的地的信任度，以及当地的旅游收入。

为了保护本地区的经济利益，各地政府会制定一系列法律和规定干预社会经济生活，因此政府的法律法规特别是有关旅游业的立法，对旅行社的市场营销活动具有不可忽视的影响。

例如，为了保障旅游者和旅游经营者的合法权益，规范旅游市场秩序，保护和合理利用旅游资源，促进旅游业持续健康发展，大连市制定并出台了《大连市旅游条例》。该条例共六章六十二条，从旅游规划与促进、旅游者与旅游经营、旅游安全与监管、法律责任等方面对旅游市场秩序进行了规范，对促进大连市旅游业的发展具有重要意义。

2.文化因素

文化因素对旅游者购买行为的影响极深，它通过影响社会的各个阶层和家庭，进而影响到每个人及其心理活动。文化因素可从文化、亚文化两个方面进行探讨。

（1）文化。文化作为企业市场营销活动中的一种宏观环境因素，往往决定着一个社会的消费习俗、伦理道德、价值观念和思维方式等。首先，文化可以指导旅游者的学习和社会行为，从而为旅游者的购买行为提供目标、方向和选择标准。其次，文化的渗透性可以在新的区域中创造出新的需求。例如，圣诞节期间，各大酒店都推出了吸引旅游者的圣诞大餐。最后，文化自身所具有的广泛性和普及性使旅游者的购买行为具有模仿性。例如，春节期间中国人会赶传统的庙会。鉴于此，旅行社计调与营销人员在制订营销方案时，必须经常了解文化的变迁，从而掌握旅游者的潜在需求。

（2）亚文化。每种文化都是由更小的亚文化组成的，亚文化为其成员带来了明确的认同感与归属感。亚文化可以按民族、宗教、种族和地域等分类。不同的亚文化构成了不同的细分市场，旅行社可以根据不同细分市场的需要设计产品并制订市场营销计划。

3.社会因素

影响旅游者购买行为的社会因素有三个，即社会阶层、相关群体、角色与地位。

（1）社会阶层。社会阶层主要依据职业、收入、受教育程度和价值观等因素划分。同一社会阶层中的成员，一般具有类似的价值观、兴趣爱好及行为方式；不同社会阶层中的成员，则拥有明显不同的价值观、生活习惯和消费行为。例如，一般商务客人会选择住星级酒店，并选择飞机作为旅游交通工具；一般工薪阶层和青年学生会选择住经济型酒店，并选择汽车、火车作为旅游交通工具。因此，旅行社计调与营销人员必须了解不同阶层成员的特征及心理状态差异。

（2）相关群体。相关群体也称参考群众，是指对旅游者的生活习惯和偏好有直接影响的各种社会关系。相关群体一般包括以下几类：

①主要团体，即与旅游者关系密切、接触频繁，对旅游者影响最大的团体，如家

庭、朋友、同学、邻居等。其中，家庭是社会的组成细胞，也是最常见的消费者购买组织，家庭对旅游者购买行为具有重要影响。一方面，不同家庭成员对旅游购买行为的影响不同。例如，在孩子很小的家庭中，父母一般是购买的决策者；随着子女年龄的增大，子女也会影响家庭的购买决策。另一方面，在家庭生命周期的不同阶段，旅游者的购买行为也不同。例如，新婚夫妇的旅游需求旺盛，对旅游目的地环境的要求较高；在子女未成年阶段，家庭旅游购买行为多集中在近距离的旅游目的地；子女成年后，家庭对旅游产品的选择范围扩大，可进行远距离旅游。

②次要团体，即与旅游者关系一般、接触不太频繁，对旅游者没有持续交互影响的群体，如各种协会、学生会等。

③期望群体，也称渴望团体，即渴望成为团体中的一员，仰慕此类团体成员的名望、地位，狂热效仿其消费模式与购买行为。

相关群体对旅游者购买行为的影响是潜移默化的。具体来说，相关群体对旅游者购买行为的影响主要表现在三个方面：一是相关群体使个人受到新生活方式的影响；二是相关群体使个人的态度和自我观念受到影响，这是因为人们常常希望能够迎合群体；三是相关群体会产生压力，使个人行为趋向一致。

（3）角色与地位。一个人在群体中的位置可以用角色与地位来说明。旅游者的购买行为往往要符合自己的角色与地位。每一个角色都附着一种地位，地位可以反映出该角色在社会中受尊重的程度。例如，大公司的商务谈判代表为显示所在公司的实力，会选择一流的酒店下榻。因此，旅行社应根据旅游者角色与地位的需要正确定位旅游产品，设计出普通团、贵宾团等。

4.个人因素

影响旅游者购买行为的个人因素主要包括年龄、性别、职业、经济状况、生活方式、个性等。

（1）年龄。在不同的年龄阶段，人们会有不同的需求和偏好，其购买行为也会随着年龄的增长而不断变化。在现实生活中，青年旅游者一般偏好刺激性强、时尚新潮的旅游产品，老年人则大多选择休闲性旅游产品。因此，旅行社计调与营销人员必须注意旅游者在不同年龄阶段兴趣的变化情况。此外，年龄还是人的生命周期阶段划分的主要依据，在不同的生命周期阶段，旅游者的购买行为不同。

（2）性别。性别不同，旅游者的购买行为亦有很大的差异。女性比男性更关心产品的安全性；在旅游购物方面，女性比男性更细心，采购的商品更广泛，她们往往上管老，下管小，中间还管丈夫及兄弟姐妹。

（3）职业。职业反映了人们的工作性质和生活经历。不同职业的人，由于工作性质不同，可能会选择不同的旅游产品。例如，教师可能对导游的讲解内容要求较高，医生可能对卫生条件的要求较高。

职业也决定了人们外出旅游的时间段。例如，教师大多选择寒暑假出游；公务员多选择法定节假日出游；商业、娱乐业员工出游则必须避开法定节假日。

（4）经济状况。经济状况决定了个人和家庭购买能力的大小。由于旅游消费是一种弹性较大的消费，因此旅游者的经济状况和社会经济环境等方面的变化都会影响旅游者的购买行为。旅行社计调与营销人员必须了解潜在旅游者的收入变化情况及对旅游支出的态度。当经济景气程度发生变化时，旅行社计调与营销人员必须重新进行市场定位，重新设计旅游产品的构成和价格。

（5）生活方式。生活方式是指人们以活动、兴趣和观点的形式表现出来的生活模式，它是对影响个人购买行为的心理、社会、文化、经济等各种因素的综合反映。旅行社计调与营销人员只有了解旅游者的生活方式，并根据旅游者的偏好建立起一致性关系，才能生产出适销对路的产品。同时，旅行社还可以依据旅游者的偏好，不断调整营销策略，强化旅游产品对旅游者生活方式的影响。

（6）个性。所谓个性，是指一个人独特的心理特征，这种心理特征使个人与环境保持相对一致。个性通常可以用自信心、控制欲、自主意识、交际性和适应性等特征来描述。在能够区分出不同的个性，并且特定的个性同产品或品牌的选择之间存在很强相关性的前提下，个性就可以成为分析旅游者购买行为的有效变量。例如，一家旅行社发现不断增加的旅游者都有很强的自信心、控制欲和自主意识，这就要求旅行社在策划旅游线路的广告时应投其所好。

5.心理因素

旅游者的购买行为通常还会受到心理因素的影响，包括旅游需求、旅游动机、学习、信念和态度等。

（1）旅游需求。旅游需求是指在一定时期内，人们愿意按照一定价格购买的旅游产品的数量。

旅游需求实质上是一种文化需求，是人们在短期内变换生活环境以调节身心健康的需要，是人们在特定生活环境和特定经济条件下对旅游产品或服务的愿望与要求。旅游需求包含了人类各层次需求的内容，如饮食、休息、求知、欣赏美和社交等。

马斯洛需求层次理论将人类的需求按重要程度分为五种：生理需求、安全需求、社交需求、尊重需求和自我实现需求。人们总是首先满足对自己最重要的需求，在最重要的需求得到满足后，人们就会转向满足下一种重要的需求。例如，饥饿的人不会对艺术界的新鲜事感兴趣，也不会注意别人对他的看法或者对他是否尊重，但只要吃饱的需求得到满足后，下一种重要的需求就会随之产生。

旅游需求推动着旅游者去进行必要的旅游活动，并直接或间接地表现在旅游购买活动中，从而影响着旅游者的购买行为。

（2）旅游动机。旅游动机是直接推动一个人进行旅游活动的内在动力，它推动和指导着人们开展旅游活动的心理过程。美国学者罗伯特·麦金托什和沙西肯特·格普特在他们合著的《旅游的原理、体制和哲学》一书中将旅游动机分为四类：

一是身体健康动机，即为解除身体疲劳、减轻身心压力而产生的旅游动机，如度假休息、海滩休闲、温泉洗浴、异地疗养、娱乐消遣、避暑、避寒等动机。旅行社可以打出"健康牌"，招揽"工作紧张"的旅游者。

二是文化动机，即为了解异国他乡的异质文化而产生的旅游动机，如欣赏异地文化或艺术风格等动机。旅行社可以打出"文化牌"，招揽"渴望求知"的旅游者。

三是交际动机，如探亲访友、结交名师等动机。旅行社可以打出"交际牌"，招揽"乐于交际"的旅游者。

四是地位与声望动机，如参加高层次的学术会议或高级别的考察旅行等动机。通过参加这类旅游活动，旅游者可以结识要人、名人，获得尊重，得到某种承认。旅行社可以打出"声望牌"，招揽"希望提高地位与声望"的旅游者。

（3）学习。学习是指由经验而引起的个人行为的变化。人类的行为多源于学习。一些学者认为，人类的学习是驱动力、刺激物、诱因、反应及强化等一系列因素相互作用的结果。

驱动力是指促成行动的一种强烈的内在刺激；诱因是指决定一个人在何时何地以何种方式做出反应的微弱刺激。例如，在炎热的夏天，青藏高原旅游成为热点。某旅行社打出广告——"青藏高原，温凉胜境"，宣传雪山、牧场和民族风情。在这个例子中，温凉是驱动力，高原胜境是刺激物，广告是诱因，购买行为是反应，旅游满意是正向强化，正向强化加深了旅游者对提供"青藏高原，温凉胜境"旅游线路旅行社的良好印象。如果旅游者对此次旅游活动不满意，以后就不会做出相同的反应。

（4）信念和态度。人们通过实践与学习获得了自己的信念和态度，信念和态度反过来又影响人们对旅游产品的购买行为。

信念是指一个人对某些事物所持有的描述性的思想。旅游者是根据自己的信念做出购买行为的。如果旅游者脑海中存在的关于旅游产品的信念是错误的，并且阻碍了购买行为，旅行社就应该进行促销活动，来纠正这些信念。

态度是指一个人对某些事物或观念所持有的相对稳定的评价、感受和倾向。态度会导致人们对某一事物产生好感或恶感、亲近或疏远的情绪。

所以，旅行社计调与营销人员在营销活动中要了解旅游者对旅游产品的信念和态度，尽量使旅游产品迎合旅游者的态度，同时不断提高产品和服务质量，改变旅游者对原有旅游产品的不良态度。

（四）旅游者购买决策过程

在分析了影响旅游者购买行为的各种因素以后，旅行社计调与营销人员还要了解旅游者的购买决策过程包括哪几个阶段，以便有效影响旅游者的购买决策，促使旅游者做出购买行为。

购买决策过程有简单和复杂之分。简单的购买决策过程如习惯型购买决策、冲动型购买决策等；复杂的购买决策过程包括五个阶段，即认识需求→收集信息→评估判断→做出决策→购后评价。显然，购买决策过程早在实际购买前就已经开始，并且在购买后很久还会产生影响。

1.认识需求

购买决策过程始于旅游者对旅游产品的需求。所以，旅行社应了解旅游者的需求，并努力使旅游者认识到这种需求。

2.收集信息

旅游者认识到自己对某种旅游产品的需求后，就会去收集更多的旅游信息。信息的来源也是旅行社计调与营销人员最感兴趣的问题。旅游者的信息来源可分为以下四类：

（1）交往来源，如家庭成员、朋友、邻居等。

（2）商业来源，如旅游产品广告、旅游展览等。

（3）公共来源，如政府机构或大众传媒的非广告信息、专家评述等。

（4）经验来源，如消费旅游产品得来的信息等。这是旅游者认为最可信的信息来源。

3.评估判断

旅游者会对各方面的旅游信息进行分析、整理和评估，从而形成自己的观念和倾向。旅游者十分注重产品的属性、价格、品牌，以及旅行社的口碑等因素，因此旅行社在促销时应多对这些因素加以强化。

4.做出决策

旅游者获知旅游产品信息并进行比较和评估后，就会形成购买意图，但旅游者在形成购买意图之后、做出购买行为之前，还会受到其他人的态度、可预期的环境因素、意外环境因素等的影响。

5.购后评价

旅游者做出购买行为后，并不意味着旅行社市场营销活动的结束。旅行社必须提供所承诺的所有服务，以协助旅游者顺利完成旅游行程，即旅行社要通知旅游者有关旅游事项，包括集合时间、出行时间、详细行程、使用的交通工具、下榻的宾馆，以及需要携带的证件、委派的导游等。

因此，旅行社计调与营销人员在工作过程中，对产品的广告宣传要实事求是，同时应采取积极的措施，以消除旅游者的不满，从而使旅游者相信自己的选择是正确的。

认知拓展

一、旅游者购买行为模式

（一）"需求—动机—行为"模式

需求引发动机，动机引起行为。旅游者的需求受社会因素、文化因素、经济因素等外部因素的影响。同时，旅游购买行为会不定期受旅游者个人因素及心理因素的影响。从产生需求到做出购买行为的过程中，旅游者会主动搜寻相关信息，同时接受来自旅游企业的信息，以帮助自己做出决策。

（二）"刺激—反应"模式

旅行社市场营销的刺激与其他方面的刺激进入旅游者的意识后，旅游者的特征与决策过程会促使旅游者做出反应。旅行社计调与营销人员的任务就是要了解从出现外部刺激后到旅游者做出购买决策前的购买意识中所发生的情况。这种购买行为模式具体如图 1-1 所示。

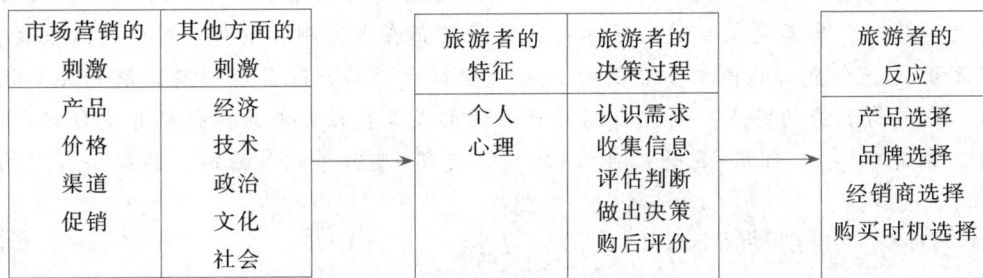

市场营销的刺激	其他方面的刺激		旅游者的特征	旅游者的决策过程		旅游者的反应
产品 价格 渠道 促销	经济 技术 政治 文化 社会	→	个人 心理	认识需求 收集信息 评估判断 做出决策 购后评价	→	产品选择 品牌选择 经销商选择 购买时机选择

图 1-1　"刺激—反应"模式

二、旅游需求状态及其营销策略

（一）旅游需求状态分析

对旅行社而言，旅游需求状态主要是指旅行社在某个目标市场上所占份额的水平。旅游需求状态大致可分为八种类型：

1. 负需求状态

负需求是指目标市场上的大部分潜在消费者不仅不喜欢某个旅游企业及其产品，甚至对该企业及其所提供的产品感到厌恶或害怕。例如，某旅游风景区发生特大安全事故，由于惧怕类似事故再次发生，在较长一段时间内，老顾客不会再次游览该景区，潜在顾客也不敢选择该景区作为旅游目的地。这时，不仅该旅游风景区的市场需求量将迅速减少，旅游者还会对该旅游风景区产生明显的排斥情绪。

2. 无需求状态

无需求状态是指一个地区的消费者对某种旅游产品无动于衷或根本不感兴趣，但并不反感或厌恶。产生无需求状态的情况一般有以下三种：

（1）某种旅游产品不能满足目标市场消费者的需要，这是产生无需求状态的主要原因。

（2）旅游企业的宣传促销不到位，目标市场消费者对该旅游产品了解甚少。

（3）该产品价格过高，超出了人们的购买能力，绝大多数消费者只能敬而远之。

3. 潜在需求状态

潜在需求状态是指某个细分市场上的现有旅游产品不能满足众多消费者的需求，从而出现了市场空档。一般来说，潜在需求的总量较大。若旅游企业提供的某项产品与市场上的其他产品形成互补，且能满足潜在消费者的需要，我们称该产品处于潜在需求状态。这种旅游产品具有以下两个显著特点：

（1）必须是新产品或改进产品，能够填补市场空白。

（2）虽然目前没有大批量购买，但具有良好的发展前景。

案例窗 1-1   自驾游市场的开发

在大众旅游向小康旅游的过渡时期，家庭出游的增长、品质休闲的提升、假日旅游的带动、智慧出行的普及，将持续加速自驾游的增长。在散客化、自由行的大趋势下，自驾是重要的交通方式，自驾游正在成为刚性消费。对旅行社来说，这无疑是一个重要的商机。自驾游作为一项旅游产品，既具有一般旅游产品的性质，也具有自身的特点。研究自驾游产品的形成及特性，能为旅行社开发自驾+乡村、自驾+研学、自驾+避暑、自驾+冰雪、自驾+度假等相关旅游产品提供有益的参考。

资料来源   根据网络资料整理.

4.下降需求状态

每个旅游企业都可能面临目标市场对旅游企业推出的一种甚至几种产品的需求呈下降趋势这一问题。导致旅游需求总量减少的因素很多，如旅游产品陈旧、市场购买力萎缩、新市场的开拓滞后等。要想解决这一问题，首先应分析旅游产品需求量下降的原因，然后采取相应的对策，如改进现有产品，或寻找新的目标市场，或加大宣传促销力度以重新刺激消费等。

5.不规则需求状态

不规则需求状态是指某些旅游产品的市场需求在一年的不同季节，或一周的不同日子，甚至一天的不同时间上下波动很大的一种需求状态。在不规则需求状态下，旅游旺季易造成旅游供给能力的不足，旅游淡季又会导致接待设施的闲置浪费。例如，在国庆节期间，全国许多著名风景区游人如织、交通拥挤、住宿紧张，但国庆节过后，出游人数迅速减少，大量旅游接待设施陷入闲置状态。

6.饱和需求状态

饱和需求状态又称充分需求状态，它是众多旅游企业所追求的一种理想需求状态。某种旅游产品处于饱和需求状态时有两个主要特征：

（1）该产品的销售额已达到旅游企业的既定目标，并且目标市场对该产品的需求仍有扩大的趋势。

（2）随着消费偏好的改变，目标市场对旅游产品的要求越来越高，旅游产品的销售量随时可能下降，因此饱和需求状态只是相对的。

7.超饱和需求状态

当目标市场对旅游企业所提供的某种产品的购买量超出了一定门槛水平时，我们称该旅游产品在此目标市场上处于超饱和需求状态，或称过量需求状态。这里的门槛水平是相对旅游企业的接待能力而言的。在超饱和需求状态下，旅游企业超负荷经营，容易导致产品或服务质量下降，最终影响旅游企业的市场形象。

8.有害需求状态

有害需求状态也称不健康需求状态，是指目标市场对某种不健康的旅游产品或服务有较大的需求量，而这种产品或服务会给旅游企业、社会文化或生态环境造成一定的危害。有害需求状态主要有以下三种情况：

（1）某项旅游产品很受目标市场欢迎，但对目的地的生态环境有明显的破坏作用，会影响旅游者需求的长期满足和旅游企业的长远发展。

（2）目标市场热衷的某项旅游产品或服务是国家明文禁止的。

（3）目标市场所需的旅游产品会给目的地的社会秩序、传统文化或居民的正常生活带来较大的负面影响。

（二）针对不同旅游需求状态的营销策略

旅游企业判断市场需求状态的主要目的是采取有针对性的营销策略，明确市场营销活动的总体方向。上文我们分析了旅游需求状态的八种类型，下面我们将根据引起各种需求状态的主要原因，分别提出不同的营销策略。

1.扭转性营销

扭转性营销的首要任务是开导需求，即分析某种旅游产品不受欢迎甚至令人感到厌烦或害怕的原因，然后通过舆论宣传、重新设计等途径来消除消费者尤其是潜在消费者对企业的误解和偏见，进而逐渐扭转该产品处于负需求状态的局面。这里需要着重指出的是，在面对由旅游安全事故引起的负需求状态时，旅游企业一定要及时并持续地在相关权威媒体上宣传报道事故的补救措施、事后安全管理情况等，加强与社会公众的沟通，尽快消除他们的疑虑，改变社会公众尤其是目标消费者对企业的印象和态度。

2.刺激性营销

所谓刺激性营销，就是创造需求、刺激消费。旅游企业可以采用下列三种营销手段：

（1）针对目标市场的需要，开发设计适销对路的旅游产品，提高产品的功效，以激发旅游者对该产品的兴趣和购买欲望；

（2）加大宣传促销力度，提高目标市场对本企业及本企业产品的认知程度；

（3）加强成本控制，适当降低产品售价，确保其低于目标市场所能承受的门槛价格。

3.开发性营销

开发性营销即旅游企业通过设计、组织新产品或增强产品的功能，开发目标市场上现有产品未能满足的潜在旅游需求，从而占领市场空档。这种营销策略的关键是在市场调研的基础上，准确判断目标市场上尚未满足的旅游需求（包括需求的类型和规模），进而决定新产品或改良产品的开发方向及生产规模。

4.创新营销

创新营销，也称再营销，是指旅游企业凭借各种创新手段重新刺激需求，以增加消费者的购买量，具体包括产品创新、市场创新、宣传促销创新和分销渠道创新。其

思政园地1-3

圣亚演艺全新
力作！"红色
剧本+沉浸式
演出"

中，产品创新主要是指改进旅游产品的功能，增加产品的附加利益；市场创新是指拓展新的目标市场，实现规模效应；宣传促销创新是指提高广告、营业推广、旅游节庆等促销活动的影响力，增强企业与目标市场之间的有效沟通；分销渠道创新主要是指以长期合作的中间商为依托，逐步健全分销网络，努力提高旅游产品的销售额。

5.同步性营销

在不规则需求状态下，旅行社计调与营销人员的主要任务是采取灵活定价等措施，改变旅游者的消费模式，使目标市场的需求平衡化。例如，在旅游旺季，著名的风景名胜区可以适当提高门票价格或限制售票数量，以有效控制旅游者人数，避免超负荷经营现象的发生；在旅游淡季，则应加大宣传力度，并制定灵活的价格策略，以吸引更多的旅游者。

6.维持性营销

饱和需求状态对旅游企业的发展无疑是最有利的，此时旅游企业的营销策略就是设法维持当前的需求水平（在现有接待能力范围内）。常用的方法有三种：一是密切关注旅游者的满意程度，不断提高产品或服务的品质，以维护良好的品牌形象；二是面向老顾客开展各种优惠酬宾活动，并积极征询他们的意见和建议，以培养他们对本企业的品牌忠诚度；三是适时调整市场营销组合，在某一项或几项旅游产品上形成明显的竞争优势，从而有效防止竞争者的介入。

7.低营销

顾名思义，低营销就是以降低市场需求为目的的营销策略。当旅行社提供的某项产品处于超饱和需求状态时，适宜采用这种营销策略，其具体措施与同步性营销中旅游旺季时的措施大同小异。但有一点必须说明，导致两种超饱和需求状态的原因是不同的。前者是因为旅游产品对目标消费者具有很高的满足程度，后者则是由旅游产品的季节性或旅游者出游的集中性引起的。

8.反营销

反营销的任务是破坏旅游者的不健康需求，使企业自身及目的地的社会、文化、生态环境免受其害。为了保证旅游者的需求长期得到满足和企业自身的长远利益，旅游企业应以维护当地居民的正常生活秩序和保护目的地的传统文化及生态环境为前提，一方面积极向旅游者宣传不健康需求的危害性，另一方面不提供不健康的旅游产品或服务，以逐渐消除目标市场的不健康需求。

项目实训

实训项目1-2：本地游市场（环境、需求）分析实践

实训地点：多功能实训室、资料室、网络实训室、校外实训基地（合作旅行社）。

实训内容：选择一家合作旅行社进行考察，从宏观和微观两个方面分析其面临的市场环境；分析旅游者的旅游需求，每个同学分别阐述自己的需求及主要影响因素（市场环境分析和旅游者需求分析可以任选一项）。

实训目的：学会分析旅行社市场营销环境对旅行社的影响；正确理解旅游者购买行为的不同类型，各自的特点、影响因素等。

实训组织：

1.每6人组成1个小组。

2.在老师的指导下，由组长负责。

验收成果：案例分析，课堂讨论，师生评价。

项目测评

不定项选择题

1.影响旅行社市场的宏观环境因素主要包括（   ）。

A.游客　　　　　　　　　　　　　B.经济环境

C.社会文化环境　　　　　　　　　D.旅游景区

2.日益受到旅游者青睐的生态旅游就是（   ）影响的结果。

A.政治法律因素　　　　　　　　　B.文化因素

C.个人因素　　　　　　　　　　　D.心理因素

3.旅游者需要旅游，购买某项旅游产品一般出自（   ）等旅游动机。

A.追求个人身心健康　　　　　　　B.对异地文化的好奇心

C.渴望结交新朋友　　　　　　　　D.个人社会地位得到承认

4.旅游者的信息来源包括（   ）。

A.交往来源　　　　　　　　　　　B.商业来源

C.公共来源　　　　　　　　　　　D.经验来源

5.某些旅游产品的市场需求在一年的不同季节，或一周的不同日子，甚至一天的不同时间上下波动很大的一种需求状态，称为（   ）。

A.饱和需求状态　　　　　　　　　B.下降需求状态

C.潜在需求状态　　　　　　　　　D.不规则需求状态

随堂测验1-2

项目2

思考题

1.举例说明影响所在地旅行社计调与营销活动的宏观环境与微观环境。

2.举例说明你的学校所在地对本地旅游业的支持政策有哪些。

3.旅游者的个人因素对其购买行为有何影响？

4.讨论家庭成员在选择旅游线路时的决策方式。

项目 3　　本地游目标市场选择

◎ **项目目标**

以本地游计调与营销活动为载体，通过本项目的学习与训练：

1.能够针对一定范围内的群体进行市场细分。

2.能够从细分后的市场中选择适合进军的目标市场。

3.能够对产品进行市场定位。

4.具备市场分析、数据研判的能力，养成严谨、认真的工作态度。

项目知识

一、旅行社市场细分

（一）旅行社市场细分的概念

旅行社市场细分是指在对旅行社市场进行调研的基础上，根据旅游消费者的需求特点、购买行为、购买习惯的差异性，将整体旅行社市场划分为若干个需求与愿望大体相同的旅游消费者群体的过程。划分后的每一个旅游消费者群体就是一个细分市场。

市场细分是旅行社市场营销过程中一项至关重要的工作。旅行社市场从整体上看是一个大板块，它是由许多独具个性的中小目标市场组成的。由于各国和各地区经济、文化发展速度的不同，以及客源群体层次的差异性，因此形成的旅游需求和动机也各不相同。旅行社为了满足不同层次游客的不同出游需求，必须有目的地选择目标市场，开发适销对路的旅游产品，而要做到这一点就必须进行市场细分。

（二）旅行社市场细分的原则

旅行社进行市场细分，要注意细分的实用性与有效性。一般来说，旅行社市场细分的原则如下：

1.可衡量性

这是指旅行社市场经过细分后具有明显的差异性，每个细分的旅游子市场的购买力和规模都能够被衡量，可以从质与量两个方面为旅行社制定营销策略提供可靠依据。

2.可接近性

这是指旅行社对细分的旅游子市场能够有效接近和为之服务。为了满足这一原则，一方面，旅行社要考虑自身的人力、财力、物力；另一方面，旅行社要考虑旅游子市场上的旅游销售渠道是否畅通。

3.可获利性

这是指细分的旅游子市场的容量能够保证旅行社获得较好的经济效益。旅行社必须在市场细分所得收益与市场细分所增成本费用之间做出权衡，即细分的旅游子市场必须有适当的规模、现实与潜在的需求，旅行社可以从中获利；否则，旅行社将得不偿失，市场细分也会失去意义。

4.稳定性

这是指细分的旅游子市场的特征在一定时期内能够保持相对不变。如果细分市场变化过快，则不利于旅行社制定和实施远期营销战略。

5.合法性

这是指旅行社在细分市场上进行经营时，必须遵守一国的法律和道德规范。一些旅游活动，如赌博在西方国家或我国澳门特别行政区是合法的，在我国内地则属于违法行为。迷信、吸毒、赌博、色情等不良需求，不符合我国社会主义物质文明和精神文明的需求，不能作为旅行社细分市场的标准，必须加以抵制。

（三）旅行社市场细分的标准

旅行社市场细分的过程从本质上看是将旅游者的需求按照特定标准加以分类的过程。旅游需求的差异性是旅行社进行市场细分的前提，然而产生差异的原因十分复杂，并且没有一个统一的规定。一般来说，旅行社市场细分的标准主要有地理、人口、心理、行为四个方面。

1.地理标准

地理标准是指旅行社根据地理因素将客源市场分为不同的地理区域。地理标准之所以能够作为市场细分的基础，是因为地理因素影响着旅游者的需求规模、需求结构以及需求方向。不同地理环境下的旅游者，由于自然条件、文化传统和社会经济发展水平的差异，对旅游产品的偏好与消费习惯具有明显的差别，并因此形成了不同的旅游需求。根据地理标准进行市场细分，有助于旅行社研究不同地区旅游者的需求特点、需求总量、需求水平和需求方向；有利于旅行社针对这些特点，开展经营活动，提高经营效益。

旅行社按地理标准细分市场时，可以选择一个或几个地理区域开展业务，也可以选择所有地区开展业务，但应注意各地区在旅游需求方面的差异。例如，在冬季，北方游客向往去海南旅游，北方的冰雪风光则对南方游客更具有吸引力。

2.人口标准

人是构成旅行社市场的基本因素，也是旅行社经营活动的最终对象。旅行社在市场细分的过程中，不仅要研究特定区域内的总人口，而且要研究人口的自然状态和社会构成。人口的自然状态主要包括人口的年龄、性别、家庭生命周期等。人口的社会构成主要包括人口的民族、宗教信仰、受教育程度、职业、经济收入等。旅行社的市场细分与人口的自然状态和社会构成密切相关。处于不同自然状态和社会构成下的人，在旅游需求规模、旅游需求时间、旅游消费水平、旅游活动方式等方面都具有不同的特点，并因此形成了较为明显的需求差异。根据人口标准进行市场细分，有助于旅行社准确选择目标市场。

（1）年龄。旅行社的目标市场按年龄细分，包括儿童市场、青年市场、中年市场、老年市场。

不同年龄层次的细分市场，其需求特点有明显的不同，旅行社可根据不同的市场采取不同的营销策略。目前，旅行社对儿童市场和老年市场的开发还存在很多不足。

儿童市场是潜力巨大的市场，旅行社如果能成功开发，不仅能满足儿童的旅游需求，还可以促进父母带着孩子全家出行。

案例窗1-2　　　　　　　　　　"合家欢"家庭旅游项目的成功开发

H饭店是位于海滨度假区的别墅式饭店，开业后，由于市场上各家饭店对商务客人、旅行团的竞争十分激烈，因此H饭店决定采取"合家欢"营销形式，即面对家庭旅游市场开展营销。为了开发市场，H饭店通过各种途径寻找潜在的家庭旅游者，为他们进行下一年的预订；推出家庭价，并为13～17岁的少年免费提供冲浪、航行、高尔夫球、潜水、网球等培训课程；与快餐店共同组织主题比赛、填字游戏等活动，以吸引儿童；给在淡季预订的带孩子的家庭大幅度的优惠。上述举措使H饭店每年的客房出租率在当地激烈的市场竞争中达到了75%以上，比其他同行高出10多个百分点。

资料来源　陈志学，李任芷，等.旅游饭店经营管理服务案例［M］.北京：中华工商联合出版社，2000.

拓展学习1-1

青年市场有自己的特点，当代青年人追求个性，对出行方式及旅行元素的趣味性要求较高，喜欢到非传统旅游目的地旅行。旅行社在开发青年市场时，应了解青年人的旅游诉求，从而创造更高质量、更符合青年人口味的文旅产品。

中年市场的规模占旅游市场总规模的比例最大，中年旅游者是各家旅行社竞相争夺的对象，是商务旅游、观光旅游的主力。

老年市场的度假客人比较多。老年旅游者更多关注旅游产品的质量，更留恋老字号、老品牌。

大连市发现王国"智慧潮玩"新模式

（2）性别。男性和女性对旅游产品的需求有一定的差异。例如，在过去，酒店客房只考虑了男宾客的需要，却忽视了女宾客的需要。为了弥补这一不足，有的酒店对部分客房进行了改造，如增设化妆间，提供供女性有偿使用的化妆品等；有的酒店还改变了给住高级套房的客人送巧克力、口香糖之类礼品的做法，对女宾客赠送小丝绢、小首饰盒等价值虽然不高但做工精美的纪念品。随着女性对生活和旅行品质要求的逐渐提升，未来旅游业的发展也会与女性有着密不可分的联系，针对女性推出的旅游产品也会越来越多。

（3）家庭生命周期。单身青年在经济上虽不富裕，但喜欢旅游，因此单身青年市场是一个很有潜力的市场。新婚夫妇尚无小孩，出去旅游的可能性较大；有了小孩而小孩又在婴儿期时，出去旅游的可能性较小；随着孩子逐渐长大，全家出去旅游的可能性增加；孩子长大离家后，是家庭的"空巢期"，夫妇出去旅游的可能性增加，且对健康旅游产品情有独钟。

（4）受教育程度。通常来说，人们的受教育程度不同，对旅游的需求也不同。旅行社了解旅游者的受教育程度，并据此细分旅行社市场，可以制定出有效的营销策略。

（5）民族与宗教信仰。不同民族、不同宗教信仰的游客的旅游需求具有一定的差异。旅行社了解细分市场的这种差异，可以避免产生误会，从而提供更符合游客需求的旅游产品。

3.心理标准

旅行社按心理标准细分市场，就是将旅游者按照生活方式、性格等因素细分成不同的群体。

（1）生活方式。旅行社可根据旅游者群体的生活方式来细分旅行社市场，并采用不同的营销组合策略。例如，对生活节俭的旅游者，向他们提供经济实惠的旅游产品会受到欢迎；对追求时尚的旅游者，新开发的旅游产品对他们有较大的吸引力。

（2）性格。性格不同的旅游者，其旅游需求也明显不同。例如，性格内向的人不喜欢团体旅游，更偏爱自助游。根据性格细分市场，旅行社可以为旅游者提供个性化产品和服务。

4.行为标准

这是指按照旅游者的旅游目的、追求的利益、购买时间和方式等行为因素将旅行社市场划分为不同的细分市场。

（1）旅游目的。按旅游目的不同，旅行社市场可分为五种：第一种是观光旅游市场，旅游目的是了解异国他乡的风俗、民情和景观；第二种是度假旅游市场，旅游者在旅游目的地停留的时间较长，以度假休闲为主；第三种是商务旅游市场，旅游者的消费水平高，对旅游产品和服务的要求高；第四种是会议旅游市场，旅游者的消费水平高，对设施设备的要求较高，同时要求会议地点交通便利、集散性好；第五种是探亲访友旅游市场，旅游者的停留时间长，消费水平较低。

近年来，研学旅行日渐兴旺，也是一个值得关注的细分市场，一些旅行社已经十分成功地开发了这一细分市场。

案例窗 1-3　　　　　　　　　江西婺源：开启研学旅行"热"

2020年暑假期间，江西婺源水墨上河景区迎来了江西宜春近百人师生研学团，孩子们仿佛体验了一场"穿越"之旅，感受着"古村落""古水口""古码头""古驿道"等各个徽元素连线组成的徽文化魅力。

> 2020年以来，婺源大力发展研学旅行产业，推出了朱子文化研学游、非遗展示研学游、古建文化研学游、自然科普研学游、营地拓展研学游五条精品研学旅行路线。依托朱子文化、茶文化、非遗文化、民俗文化，探索研学旅行新方式。婺源以"行中去悟、实践中学、学以致用"为理念，将研学旅行作为新兴旅游业态进行培育，打造全域旅游新的增长极。
>
> 资料来源　胡支远，江淦泉. 江西婺源：开启研学旅行"热"[EB/OL]. [2020-07-22]. http://www.jx.chinanews.com.cn/news/2020/0722/39653.html.

（2）追求的利益。根据旅游者追求的利益细分市场，旨在给不同的旅游者群体提供各得其所的利益。例如，感性旅游者追求的是声望；理性旅游者追求的是价值与效用；还有些旅游者追求的是经济实惠等。

（3）购买时间和方式。旅游活动特别是观光旅游、度假旅游具有明显的季节性，不少旅游产品时间性强，如酒店的除夕大餐、圣诞节平安夜大餐等。按购买时间的差异，旅游市场可分为旺季旅游市场、淡季旅游市场、平季旅游市场，或分为平日旅游市场、节假日旅游市场等。按购买方式的不同，旅游市场可分为散客市场、团队市场等。

二、本地游目标市场选择

（一）旅行社目标市场概述

旅行社目标市场，就是旅行社市场营销活动所要满足的市场，是旅行社为实现预期经营目标而要进入的市场，即旅行社的目标消费者群体，也就是旅行社产品的销售对象。

本地游目标市场涉及本地游客、境内游客、境外游客等，是本地游、境内游、出境游中涉及游客最多、范围最广的市场。旅行社的一切经营活动都是围绕着目标市场进行的。

旅行社之所以要选择目标市场，主要有以下三个原因：

首先，市场无限而企业能力有限，旅行社只能将有限的能力服务于有限的市场。这是旅行社选择目标市场的根本原因。

其次，由旅游者需求构成的总体旅游市场的确可以细分为各具特点的子市场。这是旅行社选择目标市场的基础。

最后，旅游者对满意度的要求越来越高，旅行社行业的竞争压力也越来越大，旅行社不得不集中资源在有限的目标市场中作战。这是旅行社选择目标市场的直接原因。

（二）旅行社目标市场选择原则

一般而言，旅行社在选择目标市场时应遵循以下原则：

1.目标市场必须具有现实购买力

旅行社选择某个或某些细分市场作为目标市场，其最终目的是在该领域获得长期盈利能力。只有现实购买力，才能为旅行社带来收益，也只有通过现实购买力的引导，才能把潜在的旅游需求转变为现实的旅游需求。

2. 目标市场必须具有一定的发展潜力

目标市场的需求总量是该市场的旅游人数、旅游购买力、旅游购买动机三者的结合。

旅行社产品很容易被模仿，因此目标市场要有一定的规模，不仅要能够满足自身的需求，而且要考虑到竞争对手的加入对市场份额的占有。如果市场规模过小，开发市场的旅行社进入市场后，就可能得不偿失。同时，旅行社不仅要满足现实的旅游需求，而且要发掘尚未满足的、潜在的旅游需求。

3. 目标市场供给未饱和

即使某个细分市场存在巨大的购买力和发展空间，但如果进入的旅行社已经很多，市场供给已经趋于饱和，或者说市场已经被某个实力雄厚的旅行社所控制，旅行社进入该市场就需要付出极大的代价，这样的目标市场也就失去了开发的价值。所以，旅行社在选择目标市场时，应尽量选择市场竞争尚不激烈的、竞争对手还不强大的细分市场，这样才可能在市场营销活动中占有一定的份额，并最终取胜。

4. 旅行社有足够的经营能力

旅行社必须具备开发目标市场所需的人力、财力、物力等资源条件；同时，旅行社对该目标市场的开发，还必须符合企业最终的发展目标。也就是说，只有选择那些企业有条件进入，并且能够充分发挥自身资源优势的市场作为目标市场，旅行社才能获得最佳经济效益。

（三）旅行社目标市场模式

可供旅行社选择的目标市场模式归纳起来主要有以下五种：市场集中化、市场专业化、产品专业化、选择专业化、市场全面化。

1. 市场集中化

市场集中化是最简单的目标市场模式，即旅行社只选取一个细分市场，只提供一种产品，只供应一个旅游者群体。在这种目标市场模式下，旅行社的经营对象单一，可集中力量在一个细分市场上，从而能够占有较高的市场份额，但经营风险较大。

2. 市场专业化

市场专业化即旅行社选择一个细分市场，为旅游者提供不同类型的旅游产品。例如，某旅行社专为高档旅游产品需求者提供他们所需要的观光、度假、购物等旅游产品。这种目标市场模式有利于旅行社分散经营风险，即使某个产品失去吸引力，旅行社还可以继续从其他产品中获取利润。

3. 产品专业化

产品专业化即旅行社只提供一种旅游产品，并向所有旅游者销售这种产品。由于只专注于提供一种产品，因此旅行社可以在某个旅游产品方面树立起很高的声誉。

4.选择专业化

选择专业化即旅行社有所选择地提供几种产品，有目的地进入几个不同的细分市场，以满足这些市场的不同需求。这种目标市场模式可以分散旅行社的经营风险，但要求旅行社拥有较多的资源和较强的经营能力。

5.市场全面化

市场全面化即旅行社全方位进入各个细分市场，为所有旅游者提供性能不同的系列产品。这是某些实力雄厚、在旅行社市场上占据领导地位的大型旅行社，力图垄断全部市场而采取的目标市场模式。

通常来说，旅行社首先会进入最有吸引力的细分市场。只有在条件和机会成熟的情况下，才会逐步扩大目标市场范围，进入其他细分市场。

（四）旅行社目标市场营销策略

在不同的目标市场模式下，旅行社采用的营销策略也不一样。一般来说，可供旅行社选择的目标市场营销策略有三种：无差异性营销策略、差异性营销策略、集中性营销策略。

1.无差异性营销策略

无差异性营销策略是指旅行社将整个市场视为一个目标市场，提供单一的旅游产品，以单一的营销组合方案满足尽可能多的旅游者的需求。这种营销策略着眼于旅游需求的同质性，认为市场上所有的旅游者对某种产品都有相同的需求和喜好。

这种营销策略的优点是：第一，由于提供单一的旅游产品，因此生产成本较低；第二，不需要对市场进行细分，调研和推销产品的费用较低；第三，由于旅游产品具有价格优势，因此可以提高旅行社的利润率。

这种营销策略的缺点是：第一，增加了旅行社的经营风险，当有若干家旅行社都采用此策略时，会加剧市场竞争；第二，难以适应迅速发展的旅游消费市场的需求，随着社会经济的发展，旅游者的偏好以及生活方式不断发生变化，自助游趋势越来越明显，无差异性营销策略已不能适应现代旅游业的发展。

2.差异性营销策略

差异性营销策略是指旅行社确定多个目标市场，提供多种旅游产品，以不同的营销组合方案满足不同目标市场的不同需求。这种营销策略着眼于消费需求的异质性，即针对不同目标市场的不同需求，生产多种适销对路的旅游产品，并采取不同的营销手段。例如，旅行社同时推出观光旅游、康复健身旅游、探险旅游等产品，并设计了不同的营销组合方案。

这种营销策略的优点是：多种产品能够较好地满足不同旅游者的需求，有利于提高旅行社产品的竞争力，增强了旅行社适应市场变化的能力，降低了旅行社的经营风险。因此，大多数旅行社都采用这种营销策略。

这种营销策略的缺点是：生产多种产品，会增加旅行社的营销成本；增加了旅行社经营的难度，影响了旅行社某些优势的发挥。因此，实力较弱的旅行社一般不宜采用这种营销策略。

3.集中性营销策略

集中性营销策略是指旅行社在市场细分的基础上，选择一个或少数几个细分市场作为旅行社的目标市场，提供特定的或相关的旅游产品，以与之相适应的营销组合方案，满足这一特定市场的需求。这种营销策略追求在有限的市场上获得较大的市场占有率。

这种营销策略的优点是：第一，由于营销对象集中，因此营销费用较低，旅行社可以集中力量在特定的旅游市场上占领优势，并实现一定的规模经济效益。第二，由于经营范围明确，因此旅行社能够创造出特色产品与服务，从而提高产品或服务的知名度。

这种营销策略的缺点是：第一，旅行社的经营活动具有很大的风险性。依赖于小部分市场生存的旅行社承担的经营风险较大，一旦市场突然发生变化，或者强大的竞争对手进入，或者新的更有吸引力的替代产品出现，都可能使旅行社陷入困境。第二，如果选定的不是较大的细分市场，且竞争者很多，市场竞争就会过于激烈。

（五）影响旅行社目标市场营销策略选择的因素

三种目标市场营销策略各有利弊，适用的企业也各不相同，旅行社在选择目标市场营销策略时，必须综合考虑多方面的因素，以保证经营决策的正确性。

1.旅行社自身实力

旅行社自身实力主要包括人力、财力、物力以及生产能力、技术能力、销售能力、配套服务供应能力，具体表现为旅行社的市场调研与分析能力、产品的设计与营销组合能力、宣传促销及招揽能力、服务与管理能力等。如果旅行社的实力雄厚，管理水平较高，信息资源丰富，则可考虑采用无差异性营销策略或差异性营销策略；如果旅行社的实力较弱，人力、财力、物力、信息等资源有限，无力顾及整个市场或多个细分市场，则适宜采用集中性营销策略。

2.旅行社产品特点

这主要是指旅行社生产的是同质性产品还是异质性产品。如果旅行社生产的是同质性或相似的产品，则适宜采用无差异性营销策略；如果旅行社生产的是差异性较强的产品，如特色旅游线路、旅游餐饮服务等，则适宜采用差异性营销策略或集中性营销策略。

3.旅行社市场需求状况

当旅行社市场上的消费者在某一时期的需要、偏好及其他特征的相似程度很高时，适宜采用无差异性营销策略，如旅游交通市场；当旅行社市场上旅游需求的异质程度很高时，一般采用差异性营销策略或集中性营销策略。

4.旅行社产品生命周期

旅行社产品的生命周期分为投放期、成长期、成熟期和衰退期四个阶段。在不同的阶段，旅行社应采取不同的营销策略。当旅行社产品处于投放期或成长期时，竞争者较少，易于占领市场，应采用无差异性营销策略或集中性营销策略；当旅行社产品进入成熟期后，产品品种增多，竞争者也增多，此时适宜采用差异性营销策略，以开拓市场，扩大市场份额；当旅行社产品进入衰退期时，应采用集中性营销策略收缩旅行社的产品线，以便保持部分市场，延长产品的生命周期。

　　5.旅行社市场竞争状况

　　商场如战场，知己知彼是在竞争中取胜的前提。旅行社应了解竞争对手产品的定位、经济实力的强弱、市场占有率的高低和分布的地域，以及所采取的市场营销策略。如果竞争对手数量较少或较弱，且产品具有垄断性，则本企业可采取无差异性营销策略。如果竞争对手采用无差异性营销策略，则本企业可采用差异性营销策略或集中性营销策略。如果竞争对手很多，则本企业应采取差异性营销策略或集中性营销策略。如果竞争对手实力强大且已经采用了差异性营销策略，则本企业应在进行充分的市场调研的基础上，实行更深一层的差异性营销策略或集中性营销策略。

　　综上所述，旅行社必须从实际出发，在综合考虑以上各种因素的基础上选择目标市场营销策略。一般情况下，旅行社目标市场营销策略确定以后应保持相对稳定，但是随着市场环境及企业经营状况的变化，也应进行适当的调整。

三、旅行社市场定位

（一）旅行社市场定位的内涵

　　所谓旅行社市场定位，是指旅行社根据竞争者现有产品在市场上所处的地位，针对旅游者对该产品某些特征或属性的重视程度，为本旅行社产品塑造强有力的、与众不同的鲜明个性，并将其生动形象地传递给旅游者，从而使该产品在市场上占据清晰、理想的位置。

　　市场定位的实质就是使本旅行社与其他旅行社严格区分开来，并且使旅游者明显感觉和认识到这种差别，从而使本旅行社在旅游者的心目中占据特殊的位置。市场定位并不是你对一件产品本身做些什么，而是你在潜在消费者的心目中做些什么，因此它包含以下内容：一是产品定位，包括类型、价格、特征、服务等；二是企业定位，即旅行社的公众形象，包括品牌、诚信、能力等；三是竞争定位，即确定旅行社相对于竞争对手的市场位置；四是消费者定位，即确定旅行社的目标顾客群。

（二）旅行社市场定位的原则

1.差异化原则

　　（1）旅游产品差异化。旅行社市场定位的出发点在于确定旅游产品的特色，即旅行社必须在进行市场调研、了解竞争对手市场定位的基础上，充分挖掘和创造自身的特色，避免与竞争对手的定位雷同。旅游产品差异化主要体现在旅游产品价格定位差异化、服务属性与利益差异化等方面。

（2）旅行社市场形象差异化。旅行社市场形象分为功能性形象和象征性形象。旅行社市场的功能性形象是指价格、服务内容与服务效果等所反映的旅游产品的实际功效形象；旅行社市场的象征性形象是指旅行社塑造的旅游产品的人格化形象，如友好的形象等。旅行社在整体产品上应重视象征性形象的塑造，在单项产品上则应重视功能性形象的显示。

2.垄断性原则

旅行社的形象定位策略应具有垄断性，难以被竞争对手模仿，这是旅行社在成功定位之后的一段时期内获取稳定收益的保证。

3.盈利性原则

旅行社形象的树立应便于产品的销售，从而使旅行社获得一定的盈利，促进旅行社的可持续发展，这也是旅行社市场营销的最终目的。

（三）旅行社市场定位的方法

1.初次定位与重新定位

（1）初次定位。初次定位也称潜在定位，即旅行社初入市场或新产品进入市场之前，为满足某一特定目标消费群体的需要，运用所有的市场营销组合，使其竞争优势与特色为目标消费群体接受的过程。

（2）重新定位。重新定位也称二次定位，即旅行社重塑其旅游产品的特色，以改变目标消费群体对原有旅行社市场定位的印象，认识与接受旅行社新形象的过程。重新定位的目的是使旅行社与竞争对手拉开距离，以使本旅行社比竞争对手更具特色。当旅行社的竞争对手发生变动或者消费群体的需求发生变化时，旅行社一般会采取重新定位的方法来调整市场营销策略。

2.针对性定位与创新性定位

（1）针对性定位。针对性定位也称竞争性定位，即旅行社选择与在市场上处于支配地位的竞争者重合的市场位置，争取同样的目标消费群体，彼此在产品、价格、营销等方面差别不大的定位方法。采取这种定位方法，旅行社必须做到知己知彼，了解该目标市场的潜力与自身的资源条件，否则这种市场定位将有较大的风险。

（2）创新性定位。创新性定位也称回避性定位，即旅行社避开强有力的竞争对手进行市场定位，将自己置于某个市场"空隙"，开发目前市场上没有的特色旅游产品，开拓新的市场领域的定位方法。采取这种定位方法，旅行社能够迅速在市场上站稳脚跟，并在旅游者心中尽快树立起一定的形象。

3.心理定位

心理定位是指旅行社利用旅游者的某种需求心理状态进行市场定位的方法，即根据旅游者的需求心理赋予旅行社突出的特色，从而达到在旅游者心目中留下特殊印象的目的。这种定位方法被旅行社广泛应用，名牌旅游产品、高价旅游产品（如豪华旅游团）、让利旅游产品（如旅游线路打折）等均适合采用心理定位方法。

【认知拓展】

一、旅行社市场细分的作用

（一）有利于旅行社确定经营总方针

旅行社经营总方针是旅行社经营战略与策略决策的集中体现，它概括了旅行社当前与未来经营行为的基本特征。旅行社经营总方针的核心问题是为哪些旅游者提供什么样的产品，即旅行社的经营方向及服务对象是什么。一般来说，旅行社经营方向与服务对象的确定是借助市场细分来实现的。只有通过科学的市场细分，旅行社才能从众多的细分市场中选择出适合本企业的经营方向和服务对象，才能确定旅行社经营的总方针。

（二）有利于旅行社寻找最佳的市场机会

拓展学习 1-2

超个性化
取代不了
市场细分

由于旅游需求差异的客观存在，因此任何一家旅行社在市场上的优势都只是某一方面的相对优势，而不是绝对优势。旅行社市场上存在着大量的市场机会，但这些市场机会能否成为旅行社最佳的市场机会，则取决于旅行社资源的潜力、市场的适应性和市场的选择性。市场细分可以帮助旅行社从众多的市场机会中选择出符合旅行社资源潜力的最佳市场机会。

（三）有利于满足旅游者的需求

旅游者的需求是千差万别的，并且是不断变化的。如果始终将旅行社市场作为一个整体看待，那么一定会有很多需求被忽视。经过市场细分后，旅游者的需求相对集中，便于旅行社识别；同时，信息的了解和反馈也变得更加便捷。一旦旅游者的需求发生变化，旅行社计调与营销人员可以迅速调整营销策略，从而满足旅游者的需求。

（四）有利于提高旅行社的经济效益

市场细分后，旅行社在较小的市场中开展营销活动，市场调研的针对性增强，市场信息反馈的速度加快，旅行社能够及时、准确规划和调整旅游产品结构、产品价格、销售渠道和促销活动，使旅游产品和服务适销对路，并迅速送达目标市场，从而降低销售成本，扩大市场份额，提高企业的经济效益。

二、旅行社市场定位的意义

（一）有利于塑造企业的形象

市场定位是通过为本企业的产品创立鲜明的特色或个性，从而塑造出独特的企业形象来实现的。旅行社产品的特色和个性，有的可以从实体上反映出来，如酒店住宿设施、餐馆饮食、游览景点等；有的可以从旅游者的心理上反映出来，如导游的服务水平、旅游各环节的衔接情况、接待周到与否等；有的表现为价格水平等。可见，定位造就形象，形象成就品牌。

（二）有利于提高企业的竞争能力

旅行社在进行市场定位时，一方面要了解竞争对手的产品具有哪些特色，另一方面要分析旅游者对该产品的属性的重视程度，然后确定本旅行社产品的特色，以独特的产品形象参与市场竞争。

（三）有利于促进产品销售

在目标市场上，产品定位准确，自然会引起旅游者的兴趣，使产品畅销；反之，定位不准确，即使是优质的产品，也达不到畅销的目的。

（四）有利于市场营销活动的开展

旅行社市场定位的前提与基础是进行市场细分。经过科学、准确的市场细分，然后选择目标市场和进行市场定位，旅行社便可以对各细分市场中旅游者的需求和市场竞争状况进行充分的比较，掌握各细分市场中旅游者需求的满足程度以及企业自身的优势与劣势，从而采取有针对性的营销措施。如果定位模糊，旅行社的市场营销活动便难以取得预期效果。

项目实训

实训项目1-3：本地游目标市场选择实践

实训地点：多功能实训室、资料室、网络实训室、校外实训基地（合作旅行社）。

实训内容：选择一家合作旅行社，按照某种标准进行市场细分；比较细分后的市场并选择自己的目标市场；对目标市场提供的产品进行定位。

实训目的：能够针对部分旅游者进行市场细分；能够从细分后的市场中选择出适合进军的目标市场；对本企业的产品进行市场定位。

实训组织：

1.每6人组成1个小组。

2.在老师的指导下，由组长负责。

3.老师在课前布置任务并查阅相关资料。

验收成果：案例分析，课堂讨论，师生评价。

项目测评

不定项选择题

1.旅行社进行市场细分，要注意细分的实用性与有效性。一般来说，旅行社市场细分的原则包括（　　　）。

A.可衡量性　　　　　　　　　　B.可获利性

C.可变性　　　　　　　　　　　D.可接近性

2.一般来说，旅行社市场细分的标准主要有（　　　）。

A.地理　　　　　　　B.人口　　　　　　　C.心理　　　　　　　D.行为

3.旅行社选择特定的旅游消费者作为目标市场，应遵循的原则包括（　　　）。

A.目标市场必须具有实际的购买力　　　B.目标市场必须具有一定的发展潜力

C.目标市场供给未饱和　　　　　　　　D.旅行社有足够的经营能力

4.旅行社将整个市场视为一个目标市场，提供单一的旅游产品，以单一的营销组合方案满足尽可能多的旅游者的需求的营销策略是（　　　）。

A.无差异性营销策略　　　　　　　　　B.差异性营销策略

C.集中性营销策略　　　　　　　　　　D.分散性营销策略

5.旅行社市场定位的实质就是使本旅行社与其他旅行社严格区分开来，其意义包括（　　　）。

A.有利于塑造企业的形象　　　　　　　B.有利于提高企业的竞争能力

C.有利于促进产品销售　　　　　　　　D.有利于市场营销活动的开展

随堂测验1-3

项目3

◀▶ 思考题

1.为什么要进行市场细分？

2.旅行社市场细分的标准有哪些？说明不同类别细分标准的应用意义。

3.旅行社选择目标市场应遵循什么原则？

4.旅行社市场定位的方法有哪些？

项目4　　本地游产品设计

◎ **项目目标**

以本地游计调与营销活动为载体，通过本项目的学习与训练：

1.能够针对旅行社产品所处生命周期阶段的特点制定合适的市场营销策略。

2.能够客观评价不同类型的旅游线路。

3.能够遵循线路设计原则、本地旅游资源的特点和市场需求，设计本地旅游线路。

4.能够查找和总结出旅游线路设计过程中存在的问题。

5.具备创新思维和以游客为本的产品设计理念，增强文旅融合意识，厚植家国情怀。

项目知识

一、认识旅行社产品

（一）旅行社产品的概念及基本特征

旅行社产品是指旅行社为满足旅游者旅游过程中的各种需要，凭借一定的旅游吸引物和旅游设施，向旅游者提供的各种有偿服务。旅行社产品除了包含服务产品的一般特征外，还具有自身的特征。

1.无形性

尽管有些服务的设施离不开实物的支撑，但无形性还是服务产品最主要的特征。无形性表明，服务产品不是一个实体，人们在购买服务产品时无法得到实实在在的物品，得到的只是一种对人或物的使用权。旅游者花费一定的时间、费用和精力，获取的是一种旅游经历和体验，而这种经历和体验对人们来说是无形的。服务产品的无形性增加了旅游者的购买风险，也增加了旅行社与旅游者交易的难度。

2.生产与消费的同步性

服务产品的生产与消费同时进行。与物质产品从生产到销售再到消费不同，服务产品的生产过程与消费过程是同步的，一旦旅游者停止消费，旅游服务产品的生产即告结束。生产与消费的同步性使得旅行社产品难以标准化，其质量也难以控制。因为不同的旅游者有不同的需要，所以满足旅游者需要的服务产品也难以达到同一。但从另一个方面来看，针对不同的旅游者，旅行社应提供具有个性化的服务。

3.不可储存性

旅行社产品无法像实物产品那样可以储存起来，待来日再销售使用，在某一特定时间内没有售出的服务产品将不复存在。不可储存性使得旅游供需经常出现矛盾，因此调节旅游供需平衡成为旅行社制定营销策略的关键。

4.不可转移性

物质产品生产出来以后，必须经过运输环节，才能送到消费者手中，而旅行社产品进入流通领域后，仍固定在原来的空间位置上，旅游者只能去旅行社产品的生产地进行消费。旅行社产品的流通通过信息的传递及旅游者的流动表现出来。因此，旅行社应加强促销活动，以信息的传递带动旅游者的流动。

5.综合性

旅行社产品的综合性由旅游者的需求决定。为了满足人们在旅游活动中对食、住、行、游、购、娱等方面的需求，旅行社需要对旅游吸引物、旅游设施和旅游服务等要素进行组合，经过加工最终形成有差别的旅行社产品。旅行社产品的综合性不仅使旅行社产品的开发受到多种因素的影响，而且使得旅行社产品比较脆弱，只要所涉及的行业和因素稍有波动，就会引起旅行社产品的供给变化，进而影响旅行社产品价值和使用价值的实现。

（二）旅行社产品的类型

根据旅游目的的不同，旅行社产品可以分为以下类型：

（1）观光旅游产品。观光旅游产品是指旅行社利用旅游目的地的自然风光、文物古迹、民俗风情等旅游资源，设计出各种观光旅游线路，组织旅游者前往参观游览的旅行社产品。观光旅游产品包括以观赏名山大川、异域景色等自然风光为主的旅行社产品，以及以欣赏历史古迹、文化遗产等人文景观为主的旅行社产品。观光旅游产品的种类繁多，观赏价值很高，深受广大旅游者喜爱，因而拥有广阔的市场，是许多旅行社主要经营的产品。

（2）度假旅游产品。度假旅游产品近年来颇受旅游者的青睐，在旅游市场上占据的份额不断扩大。度假旅游产品的出现同现代社会城市化进程的加快有着密切的关系。一方面，经济的发展使人们的工作和生活节奏不断加快，各种竞争日趋激烈，人们的心理压力也越来越大；另一方面，大量人口涌入城市，环境污染严重，从而降低了城市居民的生活质量。为了暂时逃避这种生活，人们便利用假期到有阳光、海水、沙滩的海滨度假，或者到山间、林间等其他风景优美的地方度假，使疲劳的身心得到休息、放松。度假旅游者大多消费能力比较强，对旅游设施和服务水平的要求较高。

（3）商务旅游产品。商务旅游产品是一种将商业经营与旅行游览结合起来的旅行社产品。商务旅游者多为企业的管理人员或销售人员，其旅游频率高，消费水平往往高于其他类型的旅游者。随着经济的不断发展，各国及各地区之间经济往来的增加，商务旅游者已成为旅游市场客源的重要组成部分。

（4）会议旅游产品。会议旅游产品是指在会议期间或会后由旅行社组织会议参加者进行参观游览活动的旅行社产品。会议旅游者的消费水平高、购买力强，在旅游目的地停留的时间一般较长，所以组织或接待会议旅游活动，能够给旅行社带来较高的收益。另外，会议旅游者多为某个领域的专家，具有渊博的知识，能够给当地带来先进的科学文化知识和相关领域的最新信息，有利于当地经济和科学文化的发展，从而给组织或接待会议旅游活动的旅行社带来良好的社会效益。

（5）探亲旅游产品。探亲旅游产品是指旅行社组织旅游者到旅游目的地走访亲友的旅行社产品。人们参加探亲旅游活动的目的明确，就是探望自己的亲属或朋友，同时也可能进行其他形式的旅游活动。探亲旅游者的人均旅游支出较少，不少旅游者住在被探访的亲戚朋友家里，无须住宾馆，也很少到餐馆就餐。旅游者还可能乘坐亲友的私家车游览参观，不需要由旅行社安排市内交通工具。

（6）专业旅游产品。专业旅游产品是一种具有广阔发展前景的旅行社产品，包括教育旅游产品、农艺旅游产品、科技旅游产品等，人们参加专业旅游活动的主要目的是考察和交流知识，同时也进行其他形式的旅游活动，如观光游览、度假休闲等。专业旅游活动多采取团体形式，旅游团多由同一职业或具有共同兴趣的人员组成。一般来说，专业旅游者在旅游过程中比较关注专业性活动的安排，希望能够在游览各种旅游景点的同时，与同行进行专业方面的交流。因此，旅行社在组织和接待专业旅游团时，除了安排他们到普通旅游景点参观游览外，还应设法为他们联系和安排到与其专业对口的单位参观访问，或与旅游目的地的同行进行座谈交流。这样可以使旅游者不虚此行，从而提高其对旅行社服务的满意程度。

（7）修学旅游产品。修学旅游产品是以外出学习为主要目的的旅行社产品。修学旅游产品的主要购买者是青年学生，也有一部分中年人和少数老年人参加修学旅游。修学旅游的时间一般比较长，短期修学旅游的时间为 1~2 周，长期修学旅游的时间可达数月甚至 1 年。修学旅游者在旅游目的地学习的同时，还会利用周末、寒暑假的时间到旅游景点游览观光。根据修学主题的不同，修学旅游可分为针灸修学旅游、书法修学旅游、绘画修学旅游等。

（8）宗教旅游产品。宗教旅游是最古老的旅游形式之一，人们参加宗教旅游活动的主要目的是到宗教圣地进行朝拜，同时游览沿途某些景点。宗教旅游者来自社会各个阶层，对旅游服务的要求也迥然不同。经济条件好的宗教旅游者往往要求旅行社安排他们住在高档酒店里，在豪华餐厅就餐，乘坐高级轿车和飞机的头等舱；经济条件一般的宗教旅游者则多要求住在经济型酒店里，在普通餐馆用餐，外出时乘坐普通客车和火车。然而，他们向旅行社提出的共同要求就是满足他们朝圣的愿望。对位于宗教旅游目的地的旅行社来说，宗教旅游产品是一种客源稳定的旅行社产品。

（9）探险旅游产品。探险旅游产品是旅行社利用人们的好奇心理和寻求新鲜事物的欲望而设计和开发的特殊旅行社产品。探险旅游者多为富有冒险精神的青年，他们在旅游目的地停留的时间较长。探险旅游的目的地主要是那些人迹罕至或尚未开发的地区，如原始森林、高山峡谷、极地等。探险旅游者多为单人旅行或少数几个人结伴同行，并且同行人在旅行前就相互熟悉。同观光旅游者不同，探险旅游者往往只携带少量行李，选择经济型酒店或价格较低的普通旅馆下榻，对饮食的要求也比较简单，不追求珍奇美味的食品。探险旅游的一个明显特点是旅途艰辛，旅行社在接待探险旅游者之前应做好充分的准备工作。探险旅游是大众旅游的先导，一些新的旅游目的地往往为探险旅游者首先发现，然后经过开发建设而成为众多旅游者前往之处。

二、产品生命周期理论分析

产品生命周期理论是现代营销管理中的一个重要理论。这一理论对于旅行社有效利用资源、开发特色产品、制定营销策略具有重要的指导意义。

（一）旅行社产品生命周期

任何旅行社产品在市场营销过程中，都有一个从发展到被淘汰的过程，就如同任何生物都有从出生、成长到死亡的生命过程一样。所谓旅行社产品生命周期，是指旅行社产品从进入市场到最后被淘汰退出市场的过程，包括投放期、成长期、成熟期、衰退期四个阶段。

1.投放期

这是指旅行社产品刚刚进入市场的时期。这一阶段的主要特点是：价格策略难以确定，销售渠道少，销售量有限，旅游者对产品不十分了解，旅游者的购买行为不够踊跃，旅游企业的利润较低。

2.成长期

这是指旅行社产品逐渐被旅游者接受，销售量迅速增长的时期。这一阶段的主要特点是：旅游者对新产品比较熟悉，销售量增长很快；大批竞争者加入，并开始仿制和生产同类产品，市场竞争加剧。

3.成熟期

这是指旅行社产品在市场上普遍销售的饱和阶段。这一阶段的主要特点是：旅行社产品已成为名牌产品或老牌产品，在旅游市场上享有较高的知名度，旅行社产品的销售量逐渐达到顶峰并趋于饱和，旅游企业的利润也达到最高水平。

4.衰退期

这是指旅行社产品逐渐退出旅游市场的阶段。这一阶段的主要特点是：旅行社产品的内容与形式都显陈旧，产品的销售量迅速下降，旅游者对该产品已经不感兴趣，更吸引人的旅行社产品层出不穷，多数旅行社无利可图，被迫退出市场。

（二）旅行社产品生命周期的影响因素

旅行社产品生命周期既会受到外部因素，如自然与生态环境、政治与政策环境、社会经济环境、社会文化环境的影响，也会受到内部因素，如旅游资源、服务、设施和管理的影响。总体来说，旅行社产品生命周期主要受以下几个方面因素的影响：

1.旅行社产品的吸引力

旅行社产品的吸引力主要来源于旅游吸引物，即旅游资源本身。

2.旅游目的地的环境状况

旅游目的地的环境包括自然与生态环境、社会文化与经济环境两大方面。优美的自然环境、良好的生态状况、便捷的交通条件、干净舒适的住宿条件、态度友好的居民等，共同营造了旅游活动良好的氛围。

3.旅游者需求的变化

旅游者的需求可能因消费观念的改变或时尚潮流的影响而产生变化。另外，旅游者收入的增加和带薪假日的增加，也会刺激旅游消费需求。

4.旅游市场竞争状况

随着旅游市场竞争的日趋激烈，旅游新产品的不断涌现，旅行社产品的生命周期正在缩短。

5.旅行社的经营管理水平

旅行社产品生命周期的长短，在一定程度上取决于旅行社的经营管理水平。提高经营管理水平，可以适当延长产品的生命周期；反之，则会缩短产品的生命周期。

三、本地游产品设计

（一）旅游线路

本地游产品设计主要是指本地旅游线路的设计。旅游线路是指在一定的地域空间内，旅行社针对目标市场，凭借旅游资源及旅游服务，遵循一定的原则，为旅游者的旅游活动设计的并用交通线把若干旅游目的地合理贯穿起来的路线。旅游线路不仅反映了旅游者在整个旅游活动中的运动轨迹，而且反映了旅游者在整个旅游活动中的日程安排和为旅游者提供的食、住、行、游、购、娱等一切服务内容及其价格。

旅游线路是旅行社产品的主要形式，它包括旅游起始地、交通方式、餐饮住宿等级和游览景点等要素。

（二）旅游线路的类型

1.根据旅游者的旅游距离划分

根据旅游者的旅游距离的不同，旅游线路可分为短程旅游线、中程旅游线、远程旅游线。

（1）短程旅游线的游览距离较短，旅游者的活动范围较小，一般局限在市内、市郊或相邻区（县）。

（2）中程旅游线的游览距离较远，旅游者的活动范围一般在一个省级旅游区以内。

（3）远程旅游线的游览距离长，旅游者的活动范围广，一般是跨省甚至跨国旅游，包括国内远距离旅游线路、边境旅游线路和国外旅游线路。

2.根据旅游者的旅游时间划分

根据旅游者的旅游时间的不同，旅游线路可分为一日游线路、两日游线路、三日游线路和多日游线路。一般一日游、两日游为短程旅游，中、远程旅游多在三日以上。

3.根据旅游者的旅游目的划分

根据旅游者的旅游目的的不同，旅游线路可分为观光旅游线、休闲旅游线、专题旅游线。

（1）观光旅游线是最常规也是最受普通旅游者欢迎的旅游线路，在我国旅游市场上一直占据重要地位，客源相对稳定。

（2）休闲旅游线是以休闲度假为主题的旅游线路，它引导着未来旅游业发展的方向。

（3）专题旅游线是专门为一些具有特殊旅游目的的旅游者设计的线路，线路景点具有统一的内容，如宗教旅游线、三国文化旅游线、古丝绸之路旅游线等。

需要强调的是，观光旅游线、休闲旅游线、专题旅游线的划分是相对的，在现实中，它们之间更多是互相交叉、互相包容的关系，即观光旅游线包含专题旅游的内容，休闲旅游线附带观光旅游的成分，这样的线路才会有更强的市场竞争力。

（三）旅游线路设计的原则

1.以满足旅游者需求为中心原则

旅游线路设计的关键是适应市场需求，具体而言，就是它必须最大限度地满足旅游者的需求。

旅游者选择旅游线路的基本出发点是：时间最省、路径最短、价格最低、景点内容最丰富。

由于旅游者来自不同的国家和地区，具有不同的身份以及不同的旅游目的，因此不同的旅游者有不同的需求。大多数旅游者外出旅游是为了游览名山大川或名胜古迹，从而放松身心、增长见识。此外，越来越多的年轻人喜欢冒险、刺激的旅游活动，如野外露营、攀岩、漂流、沙漠探险等，由于这些活动既充满挑战性，又满足了人们的猎奇心理，因此很快成为流行时尚。可见，旅行社应根据旅游者的需求设计旅游线路，而不能千篇一律。

拓展学习1-3

"微旅游"推开乡村振兴一扇窗

案例窗1-4   **老年寻婚旅游**

所谓老年寻婚旅游，就是为失去伴侣的老年人找到新爱情。每年的春秋两季，德国某旅游公司都会在相关媒体上刊登广告，为孤寡老人举办寻婚之旅，让幸福再次降临。自愿报名的参加者的年龄，男性一般在60岁至70岁之间，女性一般在50岁至65岁之间，身体要健康，要有独立生活能力，还要有寻找伴侣的渴望。考虑到这一人群的经济收入不是很高，旅游时间安排为7天。用旅游公司经理的话

案例窗1-4   老年寻婚旅游

来说："刚开始，这可是一个赔钱的买卖。"旅游地点选择在德国巴伐利亚附近的大森林中，因为这里空气清新、山清水秀、景色优美，是一个很容易产生浪漫故事的地方。旅游项目一般这样安排：当大巴车将一位位老人载到这里之后，首先由每位老人自报家门，展示一下自己的特长，说明一下自己找配偶的要求等；然后由工作人员根据老人们的性格特点进行编组；最后让老人们自由活动，或伐木，或野炊，或钓鱼，或唱歌，或健身等，为这些进入人生晚年的先生和女士提供一切所需要的条件。举办这样的寻婚旅游活动，平均成功率达到了65%，一次不行，还可以下次再来。

由于许多老年人在这种寻婚旅游中重新追求到了爱情，并且使这些老年人青春焕发，因此当地很多市民对这种寻婚旅游活动拍手叫好，并且主动赞助或找厂商予以冠名赞助，旅游公司从这一活动中获得了很大的利润。

资料来源 王银泉. 德国老年寻婚游［J］. 人民文摘，2008（7）.

2.特色突出原则

"人无我有，人有我新，人新我特"，这是旅行社产品能够立足市场的根本原因。要把文化融入旅游线路设计中，让旅游成为人们感悟中华文化、坚定中华文化自信的过程。例如，大力发展红色旅游，深入挖掘红色资源，讲好革命故事，让人民群众在旅游中接受精神洗礼。再如，将国家文化公园作为传承中华文明的历史文化走廊、中华民族共同的精神家园、提升人民生活品质的文化和旅游体验空间。

思政园地1-4

因创意而盛的
"周庄之路"

特色突出原则应贯穿旅游产品设计制作和宣传促销的全过程，无论是产品名称、广告语，还是产品的销售场地、销售氛围，都可以营造出与众不同的特色，通过强烈的感官刺激取得深入人心的效果。

案例窗1-5   展现红色魅力 打造特色旅游

"战士双脚走天下，四渡赤水出奇兵。乌江天险重飞渡，兵临贵阳逼昆明……"《长征组歌·四渡赤水出奇兵》生动地描写了当年中央红军在敌人围追堵截的艰险条件下，纵横驰骋于川黔滇边境广大地区的豪迈画卷。如今，在红军"四渡赤水"的各个地方，一个个红色景区连点成线、连线成面，讲述着红军长征的伟大壮举，红色文化助推当地经济社会蓬勃发展。

红军战士曾经走过的路已变成一条160千米的红色旅游公路，周边老百姓也因此走上了小康路。这条公路始于国酒飘香的茅台镇，途经土城镇、二郎滩、太平渡，终点是世界级丹霞地貌自然遗产地赤水市。公路串联起仁怀、习水、赤水三县市，通过四渡赤水红色传奇将中国酒都、千年古镇、丹霞地貌等人文、自然风光连珠成串，打造出了赤水河谷国家级旅游度假区。这还是一条备受骑行爱好者青睐的体育旅游线路，沿途设置有12个驿站、2个房车露营地和23个观景平台休憩点，每逢天气晴好，沿途便可见骑行者络绎不绝。

资料来源 陈颖. 展现红色魅力 打造特色旅游［N］. 贵州日报，2021-03-17（6）.

3.生态效益、社会效益、经济效益相结合原则

生态效益是指人们在生产中依据生态平衡规律，使自然界的生物系统对人类的生产、生活条件和环境条件产生的有益影响和有利效果。生态旅游的产生是人类认识自然、重新审视自我行为的必然结果，体现了可持续发展的思想。生态旅游是经济发展、社会进步、环境价值的综合体现，是以良好生态环境为基础，保护环境、陶冶情操的高雅社会经济活动。生态旅游所提倡的"认识自然，享受自然，保护自然"的概念是未来旅游业的发展趋势。

社会效益是指最大限度地利用有限的资源，满足社会上人们日益增长的物质文化需求。社会效益使人们真正享受到了美丽的自然景观、悠久的历史、丰富的文化，使人们的心情愉悦，这是构建和谐社会所必需的。

经济效益是指以相对低的消耗，获得尽量多的经营成果。旅行社产品同其他产品一样，也有各种成本支出，如交通费、住宿费和餐饮费等。因此，旅行社在设计旅游线路的过程中应加强成本控制，尽可能发挥协作网络的作用，降低采购价格，这样既可以降低旅行社产品的直销价格，便于产品销售，又能保证旅行社获得较高的利润。

案例窗1-6　　做好生态"加减法"，查干湖生态效益、经济效益和社会效益同步提升

"东游长白山，西品查干湖"，作为吉林省旅游格局中的重要一极，查干湖"春捺钵、夏赏荷、秋观鸟、冬渔猎"的四季旅游发展格局已经初具雏形，景区游客持续快速增长。

查干湖在旅游开发和项目建设上严格遵循"三个不上"原则，即凡是工业项目一个不上，凡是污染类项目一个不上，凡是有潜在环境风险的项目一个不上。在杜绝生活性污染、控制农业性污染方面，查干湖正努力做好生态保护"加减法"。新建的"吃、住、行、购、娱"项目，全部放在湖岸8～10千米以外区域，最大限度减少湖区的生态压力。

据了解，为坚持污染防治、含蓄水源，查干湖在沿湖区周边可视范围内的48.66平方千米土地上实施还林、还草、还湿工程，这不但有效保护了查干湖的水生态系统，保证了查干湖水质的安全清洁，大幅减少了农业面源污染，而且通过种植结构调整，显著提高了查干湖周边农民的经济收入，实现了生态效益、经济效益和社会效益同步提升。

资料来源　陈婷婷. 做好生态"加减法"，查干湖生态效益、经济效益和社会效益同步提升[EB/OL].［2019-10-25］. https://www.sohu.com/a/349524083_265827.

4.针对性原则

旅行社不可能把所有人都当成自己的客源，因此旅行社设计的旅游线路也不可能满足所有人的需求。每一条旅游线路其实都是针对某个特定的人群推出的，而这个人群应该是该产品的购买主力或重点消费人群。针对性原则要求旅行社营销部门找到本企业产品的目标客户群，从而实现销售业绩的稳定增长。

5.推陈出新原则

旅游市场的发展日新月异，旅游者的需求不断变化，品位也不断提高。为了满足旅游者追求新奇的心理，旅行社应及时把握旅游市场的动态，并根据市场情况及时推出新产品、新线路。有时，一条好的新线路的推出，往往能为旅行社带来可观的收入。即使是原有的旅游线路，也可能因为其与当前时尚（如一部好电影、一首流行歌曲等）结合而一炮走红。

6.合理安排旅游活动的顺序与节奏原则

一条好的旅游线路就好比一部成功的交响乐作品，有时激昂，有时平缓，即应当有序幕—发展—高潮—尾声。在设计旅游线路时，旅行社应充分考虑旅游者的心理与精力，注意高潮景点在旅游线路上的分布。同时，旅游活动不应安排得太紧凑，使人疲于奔命，而应该有张有弛。

7.内容丰富多彩原则

旅行社应安排丰富多彩的旅游活动，让旅游者通过各种活动，从不同的侧面了解旅游目的地的文化和生活，欣赏美好的景色，满足旅游者休息、娱乐和求知的欲望。旅游活动的内容切忌重复，要挑其中的精华来安排。

8.服务设施有保障原则

旅游线路途经旅游点的各种服务设施如交通、住宿、饮食等必须有保障，这是旅行社向旅游者提供旅游服务的前提，服务设施不齐全的旅游点不宜编入旅游线路中。

（四）旅游线路设计的步骤

旅游线路的设计是一项系统而复杂的工作，它要求整个旅游过程中环环相扣，每一步都严密有序。例如，旅游交通是选择直航还是中途转机，选择游览哪些城市和哪些景点，酒店的住宿和用餐标准是什么等。如果某个步骤或环节出现了问题，必然会在其后的旅游活动中暴露出来，进而给旅游者带来麻烦，甚至会给旅行社和旅游者造成巨大的损失。

1.市场调研

为了全面了解和掌握旅游线路设计涉及的各个要素的历史、现状和发展趋势，旅游线路设计者必须深入旅游目的地进行实地考察，并走访相关部门和企业，从而获取感官认识和第一手资料，这种行为在旅行社行业俗称"踩线"。实地考察要以重点资源为主，并兼顾一般，对有潜力的新资源要予以充分重视。同时，在条件允许的情况下，还应对旅游目的地周边的旅游景区进行考察，从而比较出该线路中主要景点的优势所在。

市场调研可以采取访问、座谈、收集资料等多种方式进行。调研对象一般是交通、住宿、餐饮、娱乐、购物等企业和相关管理部门以及旅游者。调研内容包括各行业历年统计数据、价格水平、发展规划、对未来潜力的预测，以及旅游者的评价和要求等。

2.分析与预测

分析与预测的出发点是客源市场，即从客源市场的历年发展变化特点、需求量、发展趋势出发，对各要素进行筛选和加工。旅游线路设计者应广泛收集与旅游线路设计有关的信息，对线路设计方案进行可行性分析和研究预测，从而得出最终设计方案。分析与预测的内容主要包括以下几个方面：

（1）旅游线路的发展前景。这包括：线路产品市场的大小；打入市场的可能性；旅游者需求的持久性；线路的发展趋势；其他旅行社模仿的难易程度。

（2）销售市场。这包括：线路产品的需求量和需求时间；线路产品的销售范围和目标市场；线路产品的销售量和市场占有率；潜在旅游者的数量及旅游者的实际购买能力；旅游者对新产品的要求和希望；季节变动对线路产品销售的影响；与旅行社现有产品的关系；线路产品的销售渠道等。

（3）竞争态势。这包括：开发设计和销售类似线路产品的竞争者数量；竞争者产品的结构、特点、差异程度及市场占有率；竞争者采用的竞争策略、手段；潜在竞争者及其进入线路产品市场的可能性。

（4）价格。这包括：竞争者产品的价格变动情况和价格差；旅游者对类似线路产品价格方面的意见和要求；线路产品的价格弹性。

（5）内部条件。这包括：旅行社设计线路所需的人、财、物的保证程度；旅行社的信誉度与管理水平；所需各种服务设施的供应能力和服务质量等。

3.确定线路名称

线路名称是对线路的性质、大致内容和设计思路等要素的高度概括。确定线路名称时应该综合考虑各方面的因素，并力求体现简约、主题突出、富有时代感和吸引力等原则。

4.策划旅游线路

从形式上看，旅游线路是以一定的交通方式将线路各节点进行合理的连接。节点是构成旅游线路的基本空间单元，一个线路节点通常是一个有特色的旅游目的地。一般来说，同一条旅游线路上的各个节点，都有相同或相似的特点，用于满足旅游者的同一需求并服从于某一旅游主题，起着相互依存、相互制约的作用。节点可以是城市，也可以是独立的风景区。旅游线路的始端是第一个旅游目的地，是旅游线路的第一个节点；终端是旅游线路的最后一个节点，是旅游活动的终结或整条旅游线路最高潮的部分；途经地则是线路中的其他节点，是为主题服务的旅游目的地。因此，策划旅游线路就是安排从始端到终端以及中间途经地之间的游览顺序，合理布局节点。

5.安排活动日程

活动日程是指旅游线路中各项目的顺序、内容、地点及具体时间安排。活动日程的安排应体现劳逸结合、丰富多彩、节奏感强、高潮迭起的原则。

6.选择交通工具

交通工具的选择要体现安全、舒适、经济、快捷、高效的原则。首先，要了解各

拓展学习1-4

建党百年红
色旅游百条
精品线路

种交通工具的游览效果，效果从好到差依次为直升机、水翼船、汽车、火车、邮轮、客机。其次，要了解各种交通工具的适用旅程，其中，直升机、水翼船、汽车适合短程旅游，火车适合中程旅游，客机、邮轮适合远程旅游。最后，要了解国内外旅游交通的现状，如类型、分布等。在选择交通工具时应注意：多利用飞机，尽量减少旅行时间；少用长途火车，避免游客疲劳；合理使用短途火车，选择设备好、直达目的地、尽量不用餐的车次；多用汽车做短途交通工具等。总之，应综合利用各种交通工具，扬长避短，合理衔接。

7.安排住宿和餐饮

住宿和餐饮是旅游活动得以顺利进行的保证。在安排住宿和餐饮时，旅行社应遵循经济实惠、环境幽雅、交通便利、物美价廉的原则。同时，应合理安排体现地方或民族特色的风味餐。当然，旅游者有特殊要求时除外。

8.留出购物时间

购物活动是一个完整的旅游过程中不可缺少的重要环节，购物支出通常占旅游者总支出的30%左右。旅游购物的圆满实现，不仅能给旅游地带来丰厚的经济收益，而且能够使旅游者获得心理上的全面满足。此外，当地的旅游纪念品被旅游者带回其常住地后，还能成为旅游地"无声的义务宣传员"。所以旅行社在设计旅游线路时，对旅游购物应予以充分关注。

旅行社应注意将线路上旅游商品最丰盛、购物环境最理想的景点，按照时间合理、能满足大部分旅游者的需要、不重复、不单调、不紧张、不疲惫的原则，安排在旅游线路的终端。因为在旅游活动即将结束时，旅游者的购物欲望是最强烈的。而在旅游活动刚开始时，旅游者的购物欲望并不强烈，这是因为：第一，对于需要购买的物品，旅游者希望多看几处，比较之后再选定；第二，如果在旅游开始时就购物，带着物品旅游很不方便。

思政园地1-6

"大连之夏"
端出文旅融
合全新旅游
产品盛宴!

9.筹划娱乐活动

旅行社在设计旅游线路时，还要充分考虑旅游地的节庆活动，安排旅游者参与其中。娱乐活动要丰富多彩、雅俗共赏、健康文明，要能够体现民族文化的主旋律，达到文化交流的目的。

认知拓展

一、旅行社产品生命周期各阶段的营销策略

（一）投放期营销策略

1.高价高促销策略

旅行社以高价高促销策略来推销某种新产品，以便先声夺人，迅速占领市场。加强广告宣传，加强与旅游者的沟通，让旅游者熟悉与了解旅行社产品；同时，对产品质量进行控制，拓宽旅游市场营销渠道；提高旅游企业的利润。选择这种策略的条

件是：

（1）潜在市场需求巨大；

（2）大部分潜在的旅游者根本不了解这种产品；

（3）目标旅游者求新心理强；

（4）企业面临潜在竞争者的威胁，必须尽快树立企业形象。

2. 高价低促销策略

旅行社以高价低促销策略来推销某种新产品，以便及早收回投资，降低销售成本，获得更多的利润。选择这种策略的条件是：

（1）市场容量相对有限；

（2）大多数旅游者已经知道这种产品，对产品本身没有过多疑虑；

（3）旅游者对价格不敏感，适当的高价能被市场所接受；

（4）潜在竞争者的威胁不大。

3. 低价高促销策略

旅行社以低价高促销策略来推销某种新产品，目的是以最快的速度打入市场。选择这种策略的条件是：

（1）市场容量大，企业可以大批量生产和销售；

（2）旅游者不了解这种产品，但对价格十分敏感；

（3）潜在的竞争比较激烈。

4. 低价低促销策略

旅行社以低价低促销策略来推销某种新产品，以求打入并占领目标市场。低价格可以使市场迅速接受新产品，减少促销费用可以降低成本，从而使旅行社获得更多的利润。选择这种策略的条件是：

（1）市场容量较大；

（2）旅游者易于或已经了解该项新产品，同时对价格十分敏感；

（3）有相当多的潜在竞争者加入竞争行列。

（二）成长期营销策略

成长期旅行社产品营销策略的重点在于：提高旅行社产品的特色与优势；努力寻求和开拓新的细分市场；开辟新的销售渠道。

1. 产品策略

根据旅游者的需求和其他市场信息，不断提高产品质量，增加产品的新特色，丰富服务项目。成长期是旅行社创造名牌的最佳时期。旅行社产品要在旅游者心中留下深刻的印象，必须突出产品特色，形成自身的优势。

2. 促销策略

旅行社在这一阶段仍然应重视广告宣传，但是广告宣传的重点应从建立产品的知名度转移到说服旅游者购买旅行社产品上来。在这一阶段，旅行社还应进行各种公关活动，努力塑造旅游企业的良好社会形象，增强旅游者对旅游企业及旅行社产品的信任感。

3.渠道策略

积极寻找新的细分市场，巩固原有销售渠道，开辟新的销售渠道，从而扩大产品的销售面，进入有利的新市场。

（三）成熟期营销策略

成熟期旅行社产品营销策略的重点在于：尽量回收资金；在保持原有产品优势的基础上，对旅行社产品及营销组合进行调整；努力延长这一阶段。

1.市场改良策略

市场改良策略即开发新市场，寻求新用户。旅行社不需要改变产品本身，只需要改变产品的内涵及理念；也可以改变产品的销售方法，以扩大销售范围。例如，"夕阳红"旅游产品针对的是老年市场，随着母亲节、父亲节的到来，旅行社推出了"子女献爱心，父母游天涯"产品，实际上产品没有变，但消费市场发生了变化，从而增加了新的客源。

案例窗1-7　　　　　　　　　　二老出游，16个子女陪同

84岁的李云妹来自常州，她坐在轮椅上，喜笑颜开。李云妹身后站着89岁的老伴张阿贵，他一副"护花使者"的模样。两位老人尽管已白发苍苍，但精神都非常好，对这次出行充满了期待。

"年纪这么大了，出门儿女放心吗？"记者才发问，身边一群戴着中旅统一旅游帽的"团友"竟然异口同声地说："我们都在身边呢！"记者仔细一数，吓了一跳：一共有16人！原来加上两位老人一共18人，单独组成了一个团，是"全家游"。

资料来源　根据网络资料整理.

2.产品改良策略

产品改良策略也称"产品再推出"策略。旅行社产品不是静止的，而是动态的，即使同一条线路，每一次出行，产生的效果也是不同的，因为旅行社的产品是一种服务。所以，旅行社在改良产品时，产品理念、文化内涵、景点组合、服务档次等都可以发生变化，从而产生新的效果。例如，某地接社推出了一条成熟的旅游线路，但由于导游服务不周，组团社大为不满，不准备再发团过来，为此地接社及时更换了导游。新导游的服务令游客非常满意，以后组团社每次发团，均点名要求该导游提供服务。可见，导游服务是旅行社产品的一个重要组成部分，更换了导游，也就是改良了产品。

3.开发新产品策略

旅行社此时应准备对旅行社产品进行更新换代，以适应旅游者日益变化的旅游需求。只有新产品与老产品保持良好的衔接关系，旅行社才会具有长久的生命力。

（四）衰退期营销策略

1.集中策略

旅行社把人力、物力和财力集中使用在最有利可图的细分市场上，集中生产和销

售产品，以增强这个细分市场的营销力量，从最有利的市场和渠道中获取利润。

2.放弃策略

旅行社一旦觉察到某产品已经进入衰退期，就应毫不犹豫地撤出市场。在衰退期，旅行社产品的销售量会迅速下降，勉强维持下去会使旅行社处于极其被动的局面。此时，决策者应果断处理旅行社产品在市场上的去留问题。也就是说，旅行社应尽可能地缩短旅行社产品的衰退期，以减少损失。

二、旅游线路设计中存在的问题及解决方法

（一）旅游线路设计中存在的问题

1.旅游线路老化

旅游线路老化是旅行社产品的通病，其中一个重要原因就是旅行社对新产品的开发缺乏主动性。从目前来看，我国的旅游线路一旦设计形成，基本没有更新，对旅游者也缺乏吸引力。旅游线路不应该是一成不变的，必须不断创新。唯有如此，旅游线路所反映的旅游活动项目和内容才会具有强大的吸引力和持久的生命力。

2.旅游线路类型不符合市场需求

从旅游线路的类型来看，无论是中程线路还是短程线路，都集中表现为观光型。随着旅游业的不断发展，人们的旅游需求越来越多样化，参与性旅游产品备受青睐，人们对度假型旅游线路的需求会增强。我国旅行社缺乏引导市场消费、开拓新产品的能力和运作经验，众多旅行社长期在同质、缺乏个性的旅游线路上开展竞争，而要想在激烈的同质化竞争中取胜，就必须压低价格，因此低价成了取悦潜在旅游者的"法宝"。

3.旅游线路设计以旅行社为中心

旅游线路的设计在很大程度上是以旅行社的意志为核心的，并没有考虑旅游者的意愿。同时，大部分旅行社都从经济利益出发，做短期的盲目设计，毫不顾及旅游者的感受，也不作长期的打算。

4.缺少线路设计研究人员

国内对旅游线路设计研究较为深入的学者并不多，相关研究也没有形成规范的体系。在旅游线路设计理论方面的研究多偏于感性认识，对影响旅游线路设计的要素的分析尚待深入。

（二）旅游线路设计中存在问题的解决方法

未来，我国旅游线路的设计应更加重视人文精神的发展，使可持续发展思想深入人心。

1.细分市场，做好旅行社产品的市场定位

在我国，旅行社之间长期处于一种恶性价格竞争的状态，这种状态对旅行社行业的发展是极为不利的。当然，也许只有经历了这样一段痛苦的过程，才能完成旅行社行业内部的优胜劣汰、分化整合，才能使市场变得有序而成熟。现阶段，我国的旅行

社应充分评价自身的优势，分析市场需求，从而找到最适合自己的市场位置，避开价格竞争。根据需求细分市场，对旅游线路产品进行准确的市场定位，是旅行社应对市场竞争的最佳选择。

此外，针对日益兴盛的散客旅游市场，旅行社应积极开发适合自助旅游的产品，拓展经营空间，为散客设计拼合式旅游线路，或担当起旅游出行信息提供者、咨询顾问的角色；同时，根据旅游者的特殊需求为其量身设计旅游线路，从而使旅游线路产品更加个性化、新颖化。

拓展学习 1-5

定制游受青睐，旅游产业发展的良机

2. 寻找旅行社产品中的差异化要素

在旅行社市场上，构成旅游线路产品的旅游资源和旅游空间具有明显的公共物品的性质，旅行社与旅游线路之间不存在产权关系，所有旅行社对这些线路的消费都是非竞争性的，不存在进入壁垒，所以任何一家旅行社都不可能对某一线路具有垄断的经营权。这也是当前中国旅行社产品雷同、绝大多数旅行社不进行产品开发的根本原因。为了行业的健康发展，旅行社必须对现有产品进行深入、细致的开发，寻找同质化旅行社产品中的差异化要素。

其一，一个旅游区域内的若干个旅游景点分布在不同的空间位置，游览这些景点的先后顺序不同，就形成了不同的旅游线路。由于各个景点在类型和吸引力方面均存在差异，因此景点的游览顺序不同，给游客带来的整体感受也不同。

其二，旅游线路中串联着若干个景点，每个旅游景点因自身的构景特征不同而各有不同的最佳观赏时间。例如，主景为水体的景点在清晨游览为佳，以植物为主的景点在下午观赏为佳，以山体为主的景点一般在傍晚观赏较好。

其三，不同的游览路线会使游客对沿途景物的观赏角度发生变化，而同样的景物从不同的角度观赏，会产生不同的观赏效果。对旅游资源的观赏要做到：事前准备——知识准备、情感准备；把握时机——钱塘潮、香山红叶、海上日出、北方雪和雾凇；观赏位置——距离、角度、高度；观赏节奏——观赏项目、活动方式、观赏速度等的组合。

旅行社从以上三个层面对旅游线路进行再安排、再设计，能够实现相同要素组合产品的感受差别化，从而提高旅游体验的质量。

3. 培养一批专业的旅游线路设计人才

旅行社应深入研究旅游线路设计理论、设计方法，研究旅游市场环境、旅游消费行为、旅游资源、旅游配套设施等，培养一批专业的旅游线路设计人才，使旅行社的线路设计真正成为一项专业性强、技术性高的业务。

三、本地游经典旅游线路——大连经典之旅

第 1 天行程：早餐后，游览棒槌岛景区、老虎滩海洋公园、滨海路、北大桥，车游中山广场、友好广场、人民广场、俄罗斯风情街。住大连。

第 2 天行程：早餐后，游览旅顺军港、白玉山、苏军烈士陵园、旅顺博物馆，下午返回市内游览星海公园、圣亚海洋世界、星海广场，商业街自由活动。住

大连。

第3天行程：早餐后，游览金石滩国家旅游度假区，包括金石高尔夫俱乐部、金石蜡像馆和赏石馆、恐龙探海、贝多芬头像等，返回市内的途中欣赏开发区新貌，结束愉快的行程！

四、本地游个性旅游线路——"同窗快乐大连四日行"

"同窗快乐大连四日行"的行程安排见表1-5。

表1-5　　　　　　　　"同窗快乐大连四日行"的行程安排

日期	行　程	餐饮	住宿
第1天	1.早上从松原市出发，开启同窗快乐之旅，目的地为大连市。 2.沿途饱览松嫩平原、辽河平原、辽东半岛的美丽风光，感受不同地域的风俗民情，体验高速公路沿途的美景，见证祖国飞速发展的步伐。 3.大约17点到达目的地，安排住宿，小憩片刻。 4.热情的地陪为同学们准备了具有地方特色的欢迎晚宴，晚宴的主题为"昨天、今天和明天"。 昨天：回味童年、少年时代的趣事； 今天：品味当下的美食、美酒； 明天：畅想未来休闲生活的美好计划。 5.晚宴结束，回宾馆洗漱休息	午餐：旅途中 晚餐：海中全酒店	汉庭酒店
第2天	早餐后，开启美好的一天。 第1站：铭湖国际温泉滑雪度假区，观景、游泳、温泉、自助午餐，放松、休闲，享受美食、美景。 第2站：下午返回大连，乘车欣赏星海广场、星海湾大桥、滨海路的美丽风光。（燕窝岭前小憩，北大桥上漫步，虎滩群雕前留影） 第3站：休闲晚餐，坐落在港湾广场的渔人码头已经为同学们准备好了各色美食，同学们既可以品尝到大连地方美味，又可以品味粤港特色美食。 第4站：从港湾广场出发，欣赏大连迷人的夜景，浪漫非凡。 第5站：夜景观赏完毕，回宾馆洗漱休息	中餐：铭湖自助 晚餐：渔人码头	汉庭酒店

续表

日　期	行　　程	餐　饮	住　宿
第3天	早餐后，开启美好的一天。 第1站：大连金石滩国家旅游度假区，漫步黄金海岸，眺望茫茫大海，远观贝多芬头像、恐龙探海等景点，感叹大自然的鬼斧神工、神奇力量。 第2站：金石文化博览广场，参观生命奥秘博物馆，探索生命的奥秘。方便午餐。 第3站：返回大连市内，自由活动（走市场、逛商店）。 第4站：欢送晚宴，俗语说："送客饺子迎客面。"地陪用快快乐乐的饺子宴为同学们送行，品尝各种美味的饺子，总结行程中的收获，相约再次团聚的机会。 第5站：回宾馆洗漱休息	中餐：方便午餐 晚餐：大清花饺子	汉庭酒店
第4天	早餐后，开启回程之旅，地陪前来送行	中餐：旅途中	各自温暖的家
温　馨　提　示			

1.带好身份证！会开车的同学，带好驾驶证！

2.大连已经进入雨季，再加上三面环海，所以天气非常潮湿，衣服洗完不爱干，所以同学们需要多带几件换洗的衣服。

3.带泳衣、泳帽，在铭湖国际温泉滑雪度假区游玩时使用。

4.女同学要带一双平底鞋，在沙滩上行走时使用。

5.随身携带一个方便水杯，这样可以喝到热水（温水），天气虽然炎热，但还是少喝冷水为好！

6.根据自己的实际情况，带好必需的药品等。

7.如果有什么特殊需求，请向地陪说明，地陪会全力满足。

8.如果遇到特殊天气状况、交通拥堵状况，旅游行程可能会有所调整，具体情况地陪会与各位同学协商

项目实训

实训项目 1-4：本地游产品设计实践

实训地点：多功能实训室、资料室、网络实训室、校外实训基地（合作旅行社）。

实训内容：分析前期市场调研的实际情况，设计出一条特色旅游线路。

实训目的：能够客观评价不同类型的旅游线路；能够遵循线路设计原则、本地旅游资源特点和市场需求，设计旅游线路；能够查找和总结出旅游线路设计过程中存在的问题。

实训组织：

1.每6人组成1个小组（教师可对小组人数进行调整，保证每个小组不少于5人）。

2.在老师的指导下，由组长负责。

3.以小组为单位设计一条旅游线路。

验收成果：

1.小组之间相互展示旅游线路并进行评价。

2.老师引导学生评价以下内容：线路设计遵循的原则，线路设计的合理性；要求学生讨论、评价此条旅游线路，在学生评价的过程中，老师给予引导和纠正。

项目测评

◀ 不定项选择题

1.旅行社产品具有（　　）等特性。

A.生产性　　　　　　　　　　B.消费性

C.无形性　　　　　　　　　　D.不可储存性

2.旅行社利用人们的好奇心理和寻求新鲜事物的欲望而设计和开发的产品是（　　）。

A.专业旅游产品　　　　　　　B.商务旅游产品

C.度假旅游产品　　　　　　　D.探险旅游产品

3.处于产品生命周期（　　）阶段的旅游产品的特点表现为：旅游者对新产品比较熟悉，销售量增长很快；大批竞争者加入，并开始仿制和生产同类产品，市场竞争加剧。

A.投放期　　　　　　　　　　B.成长期

C.成熟期　　　　　　　　　　D.衰退期

4.影响旅行社产品生命周期的因素主要有（　　）。

A.旅行社产品的吸引力　　　　B.旅游目的地的环境状况

C.旅游者需求的变化　　　　　D.旅游市场竞争状况

E.旅行社的经营管理水平

5.旅行社产品在投放期利用高价高促销营销策略的依据是（　　）。

A.市场上有较大的需求潜力　　B.消费者已经了解该产品

C.购买者对价格不敏感　　　　D.企业面临潜在竞争者的威胁

◀ 思考题

1.旅行社产品的特点是什么?

2.旅行社产品的设计开发过程是怎样的?

3.所在地旅行社目前开发的热点产品有哪些?

4.所在地旅行社在产品设计方面如何与城市的建设和发展相适应?

项目 5　本地游营销策略制定

◎ 项目目标

以本地游计调与营销活动为载体，通过本项目的学习与训练：

1. 能够为旅行社产品制定合理的价格，并能快速、准确地报价。
2. 能够举出选择成功中间商的案例。
3. 能够确定合适的旅游广告宣传主题，并设计符合要求的旅行社产品宣传小报。
4. 具备诚实守信、开拓创新的职业品格和坚持不懈的职业精神，树立合法竞争的意识。

项目知识

一、产品价格策略的制定

（一）旅行社产品定价目标

1. 以追求最大利润为目标

不断获取更多的利润是旅行社得以生存和发展的前提条件，因此，利润最大化是旅行社在经营过程中追求的重要目标之一。实现这一目标的方法主要是在短期内获得最大利润。如果旅行社及其产品在市场上有较高的声誉，在竞争中处于有利的地位，则可以将短期利润最大化作为定价目标，把价格定得较高。这时的定价目标尽管与长期目标存在某些偏差，却是在一定时期内为实现长期目标所必需的手段。

以追求最大利润为目标的旅行社在市场定价方面应慎重行事，因为目前我国的旅行社产品市场仍不成熟，旅行社产品被"复制"的风险很大，组成价格的各要素也比较透明，价格偏差太大很容易失去顾客。

2. 以保持或提高市场占有率为目标

市场占有率是旅行社经营状况和产品竞争状况的综合反映，因此保持或提高市场占有率对旅行社来说十分重要。较高的市场占有率可以提高旅行社产品的销量，有利于旅行社形成长期控制市场和价格的垄断能力，能够为旅行社提高收益率提供可靠的保证。因此，提高市场占有率比短期高盈利的意义更为深远。正因为如此，许多旅行社都愿意用较长时间的低价策略保持和提高自己的市场占有率，从而在市场竞争中赢得主动。

3. 以实现预期的投资收益率为目标

投资收益率反映了旅行社投资效益的优劣，对于投入的资金，任何企业都希望获得预期报酬。在此目标下，旅行社定价时多在产品成本外加入预期利润，以求在所期望的时间内分批收回投资。在旅行社产品成本不变的条件下，价格的高低往往取决于旅行社确定的投资收益率的大小。

4.以应对和避免价格竞争为目标

价格竞争是市场经济的基本特征。

所谓用价格去应对竞争，就是将价格作为一种竞争手段，从而达到一定的目的。例如，通过降价，争夺销路；及时调价，以求地位对等；适当调高价格，以树立声望。

所谓用价格去避免竞争，就是以对市场价格有决定性影响的竞争者的价格为基础来制定本企业产品的价格，或者保持一致，或者稍有变化，并不会有意与对手竞争，而是希望在竞争不太激烈的条件下，求得企业的生存和发展。中小型旅行社大多采用这种定价目标。

5.以保持价格稳定为目标

保持价格稳定，避免不必要的价格竞争或价格骤然变化带来的风险。一些能左右市场价格的大型旅行社通常采用这种定价目标，在稳定的价格中，获取稳定的利润。这样做还能稳定旅游者，博得旅游者的好感。

6.以维护企业的形象为目标

企业的形象是企业的无形资产。以维护企业的形象为定价目标，是指旅行社在定价时，应考虑价格水平是否能够被目标消费者所接受，是否与目标消费者期望的价格水平相接近，是否有利于旅行社整体策略的稳定实施。

总之，旅行社产品与其他物质性产品不同，它是一种服务，产品的质量取决于服务的效果；又由于旅行社产品具有很强的依赖性，可能多家旅行社共同依赖于一个或几个供应商，如旅游景区等，因此旅行社产品价格的透明度比较高，同一条旅游线路不管服务如何，其价格都会非常接近，出现垄断价格的情况很少。也就是说，旅行社在进行产品定价时，一定要与时俱进，结合企业的经营目标，合理定价。

（二）旅行社产品定价方法

旅行社在进行产品定价时应遵循的原则有：成本是价格的下线，游客对旅游产品特有的评价是价格的上线，竞争对手与替代产品是定价的出发点，这就形成了成本导向、需求导向、竞争导向三种最基本的定价方法。

1.以成本为中心的定价方法

以成本为中心的定价方法也称成本导向定价法，即以旅行社产品的生产成本为基础制定产品价格的方法。这是一种历史悠久、使用普遍的定价方法。它主要包括成本加成定价法、目标利润定价法两种。

（1）成本加成定价法。成本加成定价法就是在单位产品完全成本的基础上加上一定比例的利润，作为产品售价的方法。成本加成定价法有利于旅行社维持简单再生产与进行经济核算，是以全部成本为计价基础，加上一定的成本利润率来确定产品价格的方法。其计算公式如下：

单位产品价格=单位产品完全成本×（1+成本利润率）

其中，成本利润率是旅行社产品的利润与成本之间的比率。

例如，某条旅游线路的成本和销售额如下：

单位变动成本：1 000元。

固定成本：200 000元。

预计组团人数：200人。

该旅游线路的完全成本=单位变动成本+固定成本÷销售量=1 000+200 000÷200=2 000（元）

现在假定旅行社的成本利润率为10%，则其单位产品价格计算如下：

单位产品价格=2 000×（1+10%）=2 200（元）

从上式可知，该旅游线路的单位产品价格为2 200元。

但是，成本加成定价法忽视了市场需求、竞争、旅游者的心理等因素，因此它具有一定的局限性，比较保守和被动。

（2）目标利润定价法。旅行社的设立和产品的开发需要投入一定的资金，为了收回投资并获取一定的利润，旅行社可以采用目标利润定价法，即根据旅行社的总成本和预期总销售量，加上一定的目标利润作为产品售价的方法。其计算公式如下：

P=（a+bx+目标利润）/x

其中：P——单位产品价格；

x——预期总销售量；

a——固定成本；

b——单位变动成本。

上述案例中，假如目标利润为40 000元，则单位产品价格计算如下：

单位产品价格=（200 000+1 000×200+40 000）÷200=2 200（元）

如果组团人数达不到预期人数，旅行社还可以测算出保本销售量和保本价格。

如果价格一定，则保本销售量计算如下：

总收入 Px=a+bx（目标利润为0）

保本销售量 x=a/（P–b）

由上述案例可知：

保本销售量=200 000÷（2 200–1 000）≈167（人）

如果销售量一定，则保本价格计算如下：

保本价格 P=（a+bx）/x=a/x+b

由上述案例可知：

保本价格=200 000÷200+1 000=2 000（元）

2.以需求为中心的定价方法

以需求为中心的定价方法也叫需求导向定价法，是指以消费者对旅行社产品的需求程度和可支付的价格水平为依据制定产品价格的方法。这是一种伴随着营销观念的更新而产生的新型定价方法，主要包括需求差异定价法和理解价值定价法两种。

（1）需求差异定价法。需求差异定价法又称价格区别对待法，即根据产品的需求强度和需求弹性的差别来制定产品价格的方法。需求差异定价法的形式多样，一般来说，主要有以下几种类型：

①以旅游者为基础的差别定价。这是指根据旅游者收入水平的不同进行差别定价的方法。由于旅游者的收入水平不同，因此他们对旅行社产品价格的敏感程度也不同。一般情况下，低收入者对旅行社产品价格变动较为敏感；高收入者在购买旅行社产品时更关注品牌、质量，对价格变动的敏感程度较低。

②以产品为基础的差别定价。这是指根据旅行社产品的不同形式进行差别定价的方法。在这种方法下，旅行社并不完全按照各种形式产品的成本差异制定价格。一般来说，新颖产品的价格比传统产品的价格要高。

③以地理位置为基础的差别定价。这是指根据地理位置的不同进行差别定价的方法。旅行社在不同的地点出售相同的产品或服务，其价格可能有很大不同。这种价格差异与产品成本无直接关系，而是由旅游者的消费水平和特点决定的。

④以时间为基础的差别定价。这是指根据时间的不同进行差别定价的方法。人们在不同的季节、不同的日期，甚至不同的时点，对产品和服务的需求程度有明显的差异。在旅游旺季、节假日，旅行社可以制定较高的价格；在旅游淡季，旅行社可以降低价格。此外，对于餐饮、娱乐性产品，在逢尾数为8的日子或傍晚黄金时间，其价格也可能区别于其他日期或时段。

（2）理解价值定价法。理解价值定价法是指根据旅游者对产品价值的理解和认知程度来制定产品价格的方法。也就是说，旅行社在为产品定价时，首先估计和预测产品在旅游者心目中的价值水平，然后根据这一价值水平制定出产品的价格，最后评估产品价格在成本上是否可行并确定实际价格。

旅行社采用这种定价方法的关键在于利用各种手段，加深旅游者对产品价值的理解程度，从而提高旅游者愿意支付的价格水平。

3.以竞争者为中心的定价方法

以竞争者为中心的定价方法也称竞争导向定价法，是以竞争对手的价格为依据制定产品价格的方法。在实际运用过程中，它主要包括竞争价格定价法、随行就市定价法、密封投标定价法三种。

（1）竞争价格定价法。这是一种主动竞争的定价方法，一般为在某个区域内具有较大规模与较强实力的企业所采用。定价时，首先，比较市场上竞争产品的价格与企业的估算价格，分为高、中、低三个层次；其次，将本企业产品的质量、服务、成本等与竞争产品进行比较，分析造成价格差异的原因；再次，根据以上综合指标确定本企业产品的特色、优势及市场定位；最后，根据定价目标确定产品价格，形成竞争优势。

（2）随行就市定价法。这是旅行社使自己的产品价格与竞争者产品的平均价格保持一致的定价方法，它主要适用于需求弹性比较小的、供需基本平衡的产品。目前，中小型旅行社大多采用这种定价方法。同行间产品的相似程度比较大，如果旅行社把价格定高了，就会失去顾客；如果把价格定低了，利润就不会增加。这种方法的优势在于：平均价格在人们的观念中被认为是"合理价格"，容易被旅游者接受；可以避免竞争，使旅行社获得稳定的市场份额。

（3）密封投标定价法。这种定价方法主要用于投标交易方式。一般情况下，在同类产品中，价格相对低的产品更具有竞争力。在旅游市场营销活动中，投标竞争是一种很普遍的方式，投标竞争的过程往往就是价格竞争的过程。

（三）旅行社产品定价策略

1.新产品定价策略

任何旅行社产品都具有一定的生命周期。在产品生命周期的各个阶段，不同的定价策略之间存在着某些联系。其中，投放期的定价策略对于旅行社以后的经营具有十分重要的意义。高价策略和低价策略各有利弊，究竟采用哪种定价策略，旅行社应该结合市场需求、市场潜力、竞争形势等因素进行综合考虑。

（1）撇脂定价策略。撇脂定价策略是一种高价策略，即在产品刚刚进入市场时，将价格定位在较高水平，以期获得较高的利润，如同从鲜奶中撇取油脂一样。新颖且有特色的旅行社产品刚刚出现在市场上时，价格高一些是合理的。

这种定价策略的优点是：对新颖的旅行社产品实行高价策略，可以使旅行社迅速树立优质产品的形象，易于吸引消费者的注意和激发购买热情；有利于旅行社尽快占领市场，尽快收回投资，取得高额利润；降价空间较大，旅行社可以在竞争加剧时采取降价手段，这样既可以限制竞争者的加入，又符合消费者对价格变动的心理反应。

这种定价策略的缺点是：高价产品的需求规模毕竟有限，过高的价格不利于市场开拓、增加销量，也不利于占领和稳定市场。

（2）渗透定价策略。渗透定价策略是一种低价策略，即利用消费者求实惠、求廉价的心理，在产品进入市场的初期，将其价格定在预期价格之下，以较低价格进行促销，迅速打开销路并占领市场的策略。

这种定价策略的优点是：对一些特点不显著、易仿制的旅行社产品实行低价策略，可以阻止其他旅行社的加入，从而减少本企业的竞争压力。

这种定价策略的缺点是：会导致投资回收期变长，当遇到强劲的竞争对手时，旅行社会遭受重大损失。

撇脂定价策略和渗透定价策略的适用条件和选择标准见表1-6。

表1-6　　撇脂定价策略和渗透定价策略的适用条件和选择标准

定价策略	适用条件和选择标准					
	市场规模	与竞争产品的差异性	需求价格弹性	购买力水平	仿制的难易程度	潜在竞争威胁
渗透定价策略	大	不大	大	低	易	大
撇脂定价策略	较小	较大	小	高	难	不大

（3）温和价格策略。温和价格策略是一种折中价格策略，即介于撇脂定价策略与渗透定价策略之间的定价策略。这种定价策略能够保证旅行社取得一定的利润，也能

够为旅游者所接受，因此又被称为满意价格策略。

这种定价策略的优点是：价格比较稳定，避免旅行社承担亏损风险，同时比较容易建立稳定的消费者群体。

这种定价策略的缺点是：比较保守，不适用于复杂多变或竞争激烈的市场环境。

2.心理定价策略

消费者的购买行为与消费心理有着极为密切的关联。心理定价策略就是运用心理学原理，利用、迎合旅游者对旅行社产品的情感反应，根据不同类型旅游者的消费心理对旅行社产品进行定价的策略。

（1）声望定价。价格通常被消费者看作产品质量最直观的反映，特别是在识别名优产品时，这种心理尤为强烈。因此，对那些在消费者心目中享有较高声望、具有较好信誉的旅行社来说，制定较高的价格不仅不会影响销售，反而可以扩大销路。实际上，旅游者购买的不仅仅是产品，更是一种拥有名牌商品的荣誉感和满足感。为优质产品制定较高的价格，不仅可以进一步提高旅行社的声望，而且满足了旅游者求名的心理需求。

（2）尾数定价。尾数定价是指针对旅游者求廉的心理，对产品的定价不取整数而保留尾数。旅游者会认为这种价格经过精确计算，从而产生信任感。这种定价策略一般适用于价格低的旅行社产品或服务，如29.8元的菜肴就比30元的菜肴看起来更具有吸引力。

（3）整数定价。整数定价是指将产品的价格定为整数。这种定价策略适用于高档的旅游纪念品或礼品，从而让旅游者产生货真价实的感觉，提升旅行社产品的形象。例如，将旅游纪念品的价格定为510元，而不是499元，前者是500多元的概念，后者是400多元的概念，其"身价"明显不同。

（4）寓意数字定价。寓意数字定价是指由于旅游者对某些数字的谐音有不同的理解，或者有不同的习惯用法，因此尽量采用旅游者认为象征着好兆头的数字定价。例如，在我国，人们习惯将6、8、9视为比较吉祥的数字；在日本、韩国等国家，人们认为4是不吉祥的数字。又如，将产品的价格定为158元，其谐音为"要我发"，以满足消费者希望发财致富的心理。

3.招徕定价策略

旅行社在定价过程中，可以先制定出一个基准价格，然后根据不同的交易方式、数量、时间、条件等，在基准价格的基础上采用折扣的方法来刺激中间商和旅游者，从而促进产品的销售。招徕定价策略是针对消费者冲动购买的从众心理而采取的一种特殊价格策略。一般情况下，招徕定价策略应与广告宣传策略配合使用。

（1）季节折扣。旅游市场是一个淡旺季十分明显的市场，季节折扣是指旅行社在销售淡季时，为鼓励旅游者购买旅行社产品而给予的一种折扣优惠策略。在淡季，旅行社购买的配套服务产品如交通、住宿、餐饮等的费用会下降，旅行社产品的成本亦随之下降，旅游团费的价格也会降低。因此在淡季降价，对游客来说并不意味着降低质量，对旅行社来说也并不意味着降低收益。在淡季出游，由于旅游者人数较少，因此旅游质量反而会提高。

（2）现金折扣。现金折扣是指旅行社为了鼓励旅游者或旅游中间商以现金付款或按期付款而给予的一种折扣优惠策略。现金折扣策略可以提高旅行社的收现能力，加速旅行社的资金周转，减少占用资金的费用和产生呆账、坏账的风险。

例如，某旅行社长期经营某学校师生的寒暑假旅游项目，为了鼓励该学校迅速付款，旅行社允许30天内付款，如果在10天内付款，则可以享受2%的现金折扣。

（3）同业折扣。同业折扣也称交易折扣，即旅行社根据各类旅游中间商在市场营销过程中所承担的不同职责而给予不同的价格折扣。实行同业折扣的目的在于刺激各类旅游中间商充分发挥自身组织市场营销活动的能力，但是可能会导致旅行社产品的平均价格下降。

（四）地接社的计价和报价

例如：大连、旅顺、金石滩两晚三日品质游（20+1人）。

第1天：上午接飞机（上海—大连）；去旅顺，游东鸡冠山北堡垒、白玉山、旅顺军港；返回市内，入住酒店。

第2天：早餐后，乘车前往金石滩国家旅游度假区，游金石蜡像馆、毛泽东历史珍藏馆、金石狩猎俱乐部（免费打2枪）、金石高尔夫俱乐部（免费打3杆）；返回市内，入住酒店。

第3天：早餐后，大连市内，游港湾广场、中山广场、友好广场、人民广场、奥林匹克广场、星海广场、星海湾大桥、滨海路、北大桥、老虎滩海洋公园；傍晚送机（大连—上海），返回温暖的家。

1.地接社计价

住宿费：如家快捷酒店，180元/间÷2人×2天=180（元/人）

餐费：5正餐（含早餐），25元/餐×5餐=125（元/人）

车费：25座空调旅游车，1 500元÷20人=75（元/人）

景点门票费：300元/人

导游服务费：30元/人

2.地接社报价

地接社报价就是将上述计价加上利润得到最终报价，然后传真或报知组团社，供组团社比较选择。

产品报价：180+125+75+300+30=710（元/人）

利润率：10%

最终报价：710×（1+10%）=781（元/人）≈780（元/人）

总团款：780元/人×20人=15 600（元）

在实际操作中，最终报价并不是一个绝对的数字，旅行社计调与营销人员应根据市场需求，结合定价策略，制定既可盈利又可被旅游者接受的价格。

二、产品销售渠道策略的选择

(一) 直接销售渠道策略

在激烈的市场竞争中，许多旅行社都试图避开渠道障碍，从而拉近与消费者的距离，降低销售成本，使产品价格更具有竞争力，这就是直接销售渠道策略。这种渠道策略适用于短距离旅游产品，如"一日游""近郊游"等。有些旅行社在销售长距离旅游产品时也采用直接销售渠道策略，如"省内游"和"无障碍旅游"（如华东五市之间的无障碍旅游）等。

(二) 间接销售渠道策略

间接销售渠道是旅行社产品销售的重要渠道之一，间接销售渠道策略适用于长距离旅游产品。间接销售渠道策略一般包括广泛性渠道策略、专营性渠道策略和选择性渠道策略三种。

1.广泛性渠道策略

广泛性渠道策略是指旅行社使用尽可能多的批发商、零售商推销其产品的策略。这种渠道策略的出发点是扩大市场覆盖面或快速进入一个新的市场，拓宽产品的销售渠道，提高经济效益。

(1) 广泛性渠道策略的优点。

①销售范围广。旅行社通过客源地的旅游中间商推销产品，方便旅游者的购买，有利于扩大产品的销售范围。

②销售效率高。旅行社可以对旅游中间商的工作效率进行综合评价，择优汰劣，有利于提高产品的销售效率。

(2) 广泛性渠道策略的缺点。

①销售成本高。无论旅游中间商能够提供多少客源，旅行社都必须经常与其保持联系，因此会花费大量的通信费用和其他费用，从而导致销售成本提高。

②合作关系不稳定。广泛性渠道策略对旅行社及其合作伙伴均无严格的约束，双方只是根据各自获利的情况来决定是否继续合作，合作关系不稳定，因此可能导致旅行社产品的销售量不稳定。

广泛性渠道策略适用于客源比较分散的大众观光旅游产品的销售。

2.专营性渠道策略

专营性渠道策略是指旅行社在某一个客源市场只同一家旅游中间商建立合作关系的策略。

(1) 专营性渠道策略的优点。

①销售成本低。由于旅行社在一个地区只同一个合作伙伴发生业务往来，因此通信、业务洽谈等销售费用比广泛性渠道策略节省得多，有利于销售成本的降低。

②合作关系稳定。专营性渠道策略对双方都具有较强的约束力，同时双方的经济利益比较一致，能够相互支持与合作，从而使合作关系比较稳定。

（2）专营性渠道策略的缺点。

①市场覆盖面窄。专营性渠道策略要求旅行社在一个客源市场只能选择一个合作伙伴，这是一种排他性的销售方式。这种渠道策略使得旅行社无法接触到该地区的其他旅游中间商，旅行社产品的销售量也会受到合作伙伴经营能力的限制，不利于扩大产品的销售范围。

②风险大。采用专营性渠道策略的旅行社完全依赖其合作伙伴在客源市场上进行产品销售。如果合作伙伴经营失误，旅行社就会遭受一定的经济损失。

专营性渠道策略适用于某些客源层比较集中的特殊旅游产品以及品牌知名度和美誉度高的豪华型旅游产品的销售。

3.选择性渠道策略

选择性渠道策略是指旅行社选择少数几个在市场营销、企业实力、信誉和市场声誉等方面具有一定优势的旅游中间商作为合作伙伴的策略。

（1）选择性渠道策略的优点。

①销售成本较低。由于构成销售渠道的合作伙伴数量较少，因此同广泛性渠道策略相比，选择性渠道策略的销售成本较低，有利于增加旅行社的利润。

②市场覆盖面较广。同专营性渠道策略相比，选择性渠道策略接触的旅游者更为广泛，从而使旅行社的产品能够在当地市场上具有较广的覆盖面。

③合作关系较稳定。采用选择性渠道策略的旅行社同合作伙伴的业务往来比较多，旅行社与合作伙伴在产品经营方面有着共同的经济利益，因此合作关系比较稳定。

（2）选择性渠道策略的缺点。

①实行难度较大。旅行社寻找理想合作伙伴的难度较大。

②风险较高。如果旅行社选择合作伙伴不当，可能会对产品的销售造成不利影响。

三、产品促销策略的选择

案例窗1-8　　　　　　　　冬季购物在大连——进城赶大集

农民旅游市场是一个潜力巨大的市场，到农村去，到愿意进城的农家去，那里有大量的客源。大连某旅行社想出了一个"让农民进城赶大集"的促销点子。经过调研，该旅行社精心策划出一套促销方案，并付诸实施。

"进城赶大集"旅游项目利用农民节前买年货、备礼品的习俗，派大客车到乡下集镇，广为宣传，坐满就发车；进城后，半日购物，半日游玩，中午提供便餐，当日返回家园，农民既饱了眼福，又收获颇多。

此项旅游产品推出后，深受偏僻乡镇农民的欢迎，人数最多的一天旅行社租了30辆大客车，每车50人。以每人赚10元计，一个月下来，收益也不少。

（一）广告促销

广告是旅行社通过不同的媒体（如广播、电视、报纸、期刊等）对旅行社的有关信息及产品进行广泛宣传的一种促销方式。与其他促销方式相比，广告促销具有以下特点：

1.传播面广

广告是一种高度公开的信息沟通方式，其信息覆盖面相当广，可以使旅行社及其产品在短期内迅速扩大影响。

2.间接传播

广告主要通过传播媒介进行宣传介绍，广告宣传者与广告受众不直接见面，是一种间接传播方式。因此，广告的内容和传播媒介对广告效果的影响极大。

3.强烈的表现力和吸引力

由于在利用声音、色彩、影像等艺术和技术手段方面广告具有得天独厚的优势，因此与其他促销方式相比，广告具有更强的表现力和吸引力。

4.效果的滞后性

广告的效果并不是立竿见影的，往往需要较长的时间才能得以充分体现，因此广告的效果具有一定的滞后性。

（二）营业推广

1.营业推广概述

营业推广是指旅行社在某一特定时期与空间范围内，为配合广告宣传和人员推销而开展的一些刺激中间商和消费者尽量购买或者大量购买旅行社产品的活动。营业推广的方式灵活多样，具有较强的刺激性，短期效益明显。

2.营业推广的方式

旅行社营业推广的方式主要有以下几种：

（1）免费营业推广。这是指消费者免费获得旅行社赠送的某些特定物品或利益。例如，大连市某几家旅行社联合，在三八妇女节当天带领环卫女工免费到大连周边一日游。

（2）优惠营业推广。这是指旅行社以低于正常水平的价格，使旅游者或经销商可以购买到特定的旅行社产品或获得利益，如折价券、折扣优惠等。这种折价让利的促销方式可以使旅游者或经销商获得实惠，因此在现实中运用得十分广泛。

（3）竞争营业推广。这是指在旅行社促销预算的约束下，通过举办竞赛、抽奖等推广活动，给旅游者、旅游中间商、推销人员提供赢得奖金的机会。

（4）节庆事件营业推广。这是指利用节日或某一事件进行营业推广活动的方法。旅行社应定期举办创新性的活动，以吸引媒体的报道和消费者的参与，达到提高旅行社品牌形象以及销售旅行社产品的目的。这种营业推广方式的影响力大、效果明显。

（5）展销活动营业推广。这是指旅行社在特定的时间内针对多数预期顾客，以实际销售为目的进行的展示销售活动。展销活动的持续时间一般为一日或一周，展销活动现场应提供有关旅行社及旅行社产品的相关信息，并由专人讲解与示范，如中国国际旅游交易会、中国旅游产业博览会等。

案例窗 1-9　　　　　"颜色之旅"——有特色、有感召力的宣传

　　在大连市政府的组织领导下，大连市多家旅行社集中思路、统一作战、步调一致，以"颜色之旅"为主题，进行了有特色、有感召力的宣传活动。例如，针对老年人推出"银发之旅"；针对青少年推出"金梦之旅"；针对春季出行游客推出"红樱之旅"；针对夏季出行游客推出"蓝海盛情之旅"；针对秋季出行游客推出"金果之旅"；针对度假休闲游客推出"绿茵环保之旅"；针对品海鲜者推出"七彩海洋之旅"等。旅行社推出这些新颖、形象、生动、活泼、吸引力强、颇具感召力的旅游项目和线路的目的只有一个——全民营销大连，请远方的客人来大连，把大连留在客人心中。

（三）公共关系

1.公共关系概述

　　公共关系是指旅行社在经营活动中正确处理各种社会公众关系，从而树立良好的公众形象，促进产品销售的一种活动。公共关系对于塑造旅行社富有魅力的公众形象、提高知名度与美誉度、增强市场竞争力具有重要的作用。

2.公共关系的种类

　　公共关系可以分为以下几种类型：宣传型公共关系、交际型公共关系、服务型公共关系、社会型公共关系、征询型公共关系等。

（四）人员推销

　　人员推销是指旅行社派出推销人员或委托推销人员，亲自向目标旅游者介绍、宣传和销售产品的一种活动。

　　人员推销的作用不仅仅是销售产品，更要配合旅行社收集旅游者对产品的意见以及需求信息，并及时反馈，以利于旅行社调整产品结构，提高产品的竞争力。

1.人员推销的特点

　　（1）针对性。旅行社推销人员在进行推销之前，一般先要对客户进行调查研究，选择购买可能性大的推销对象，再有针对性地进行推销活动。这样既可以提高推销的成功率，也能节省人力、物力和财力。

　　（2）灵活性。旅行社推销人员与客户直接洽谈，可以观察客户的反应，发现客户的潜在需求和购买动机，从而及时调整推销策略与方法，促成交易；还可以解答客户的疑问，使客户产生信任感。

　　（3）具有公共关系的作用。旅行社推销人员推销的过程，实际上也是旅行社公关活动的一个组成部分。

2.人员推销的种类

　　（1）营业推销。营业推销包括两种类型：一种是旅行社内部销售人员在办公室内联系洽谈业务，接待来访购买者和咨询者；另一种是旅行社其他部门的从业人员在为旅游者提供服务的同时销售本旅行社的产品。

　　（2）派员推销。派员推销是指旅行社派专职推销人员携带旅行社产品的说明书、宣传材料及相关资料走访客户。这种方式适用于推销人员在不太熟悉或完全不熟悉推销对象的情况下，即时开展推销工作。它要求推销人员有百折不挠的毅力、良好的沟通能力与谈话技巧。

（3）会议推销。会议推销是指旅行社利用各种会议介绍宣传本企业产品的一种推销方式。这种推销方式的特点是群体集中、接触面广、成交量大。

思政园地 1-7

"网红"故宫
这样"带货"

认知拓展

一、旅行社产品的价格

价格是最直接、最敏感地影响旅游者购买行为的因素，所谓"一分钱一分货"，选择旅行社产品不能只看表面价格，更重要的是通过食、住、行、游、购、娱六个要素来了解该产品的真正价值。对旅行社而言，价格是获得收入的主要手段。下面我们来了解旅行社产品价格及其影响因素、旅行社产品的销售渠道等有关问题。

（一）旅行社产品价格的概念

旅行社产品价格是消费者为实现旅游活动而向旅行社支付的各种费用，是旅行社提供的产品价值的货币表现。

（二）旅行社产品价格的影响因素

1.旅行社产品成本

旅行社产品成本是旅行社产品价格的主要组成部分，它由旅行社产品在生产过程和流通过程中所花费的物质消耗和支付的劳动报酬构成。具体来说，旅行社产品成本主要包括：

（1）固定成本，是指在生产经营规模范围内，不随产品种类和数量的变化而变化的成本费用。它主要包括：房产租金或折旧费用，办公费用、人员工资，旅游团的包机或包车费用等。

（2）变动成本，是指随产品种类及数量的变化而相应变化的成本费用。它主要包括：住宿费用、餐饮费用、交通费用、各种手续费等。

旅行社在确定产品的价格时，要使总成本得到补偿，其价格就不能低于平均成本费用。旅行社产品成本是旅行社核算盈亏的临界点，是影响旅行社产品价格最直接、最基本的因素。

2.旅行社产品供求关系

旅行社产品供求关系是指在市场经济中决定旅行社产品的买方和卖方这两种基本力量变化方向的基本关系。当旅行社产品的供求关系发生变化时，旅行社产品的价格也会发生变化。一般说来，在一定时期内，如果供给量不变，需求量增加，则产品价格会上升。驴妈妈旅游网的统计资料显示，随着机票、酒店等费用的上涨，2019年春节期间的旅游产品价格比平时贵得多，较淡季上涨达30%～50%，部分线路的价格甚至翻倍，初一、初二、初三这三天的产品价格最高，相比初五、初六平均高出

25%。由此可见，供求关系对旅行社产品价格具有重要影响。

总之，在旅游旺季，旅行社产品的价格呈现上涨的趋势；在旅游淡季，旅行社产品的价格呈现下降的趋势。如果供求关系平衡，则会存在一种均衡价格。

3.旅行社产品市场竞争状况

旅行社产品市场竞争状况是指旅行社产品市场竞争的激烈程度。旅行社产品市场竞争越激烈，对旅行社产品的价格影响就越大。在完全竞争市场中，旅行社只能被动接受市场竞争中形成的价格，只能通过提高管理水平与服务质量来扩大市场占有率；在垄断市场中，如果某种旅行社产品是独家经营的，那么其价格往往也具有垄断性。

4.旅行社产品的需求弹性

旅行社产品的需求弹性，是指在一定时期内，旅行社产品的需求量对价格变动做出反应的程度。不同类型的旅行社产品，其需求量对价格变动反应的敏感程度是不同的。一般来说，旅游景点、旅游纪念品、旅游娱乐产品的需求弹性较高，而旅游餐饮产品、旅游住宿产品、旅游交通产品的需求弹性较低。但是从总体上来看，旅行社产品的需求弹性是比较高的。

5.旅行社的营销目标

旅行社的营销目标能否实现，与旅行社产品的价格紧密相关。在实际操作中，旅行社会根据不断变化的市场需求和自身实力状况，调整自己的营销目标和产品价格。

6.社会心理

消费心理学家认为，当消费者的社会心理表现为外部消费活动时，便促成了人的消费行为。这种行为在一定程度上是旅行社经营活动和旅游者行为的调节器，也影响着旅行社产品价格的制定。对旅行社产品价格的涨跌具有较大影响的社会心理有三种：一是价格预期心理；二是价格观望心理；三是价格攀比心理。

7.政府宏观管理

为了维护市场秩序，规范市场行为，政府往往会通过行政、法律等手段对旅行社产品的价格进行调整，这样既可以维护消费者的利益，也可以维护旅行社的利益。例如，一些旅行社采用"零团费"或"负团费"来招揽旅游者，然后在旅游过程中采用增加自费景点和购物点等手段谋取利益，这严重侵害了旅游者的权益。自2013年10月1日起施行的《中华人民共和国旅游法》明确指出，"旅行社不得以不合理的低价组织旅游活动，诱骗旅游者，并通过安排购物或者另行付费旅游项目获取回扣等不正当利益"，从而保障了旅游者和旅游经营者的合法权益。

二、旅行社产品的销售渠道

旅行社产品的销售渠道是指产品由旅行社（生产者）向旅游者（消费者）转移的过程中所经过的各个环节。在这个过程中，旅行社销售产品是销售渠道的起点，旅游者购买产品是销售渠道的终点。

（一）旅行社产品销售渠道模式

旅行社产品从旅行社转移到旅游者的过程中，有多种销售渠道模式（如图 1-2 所示）。

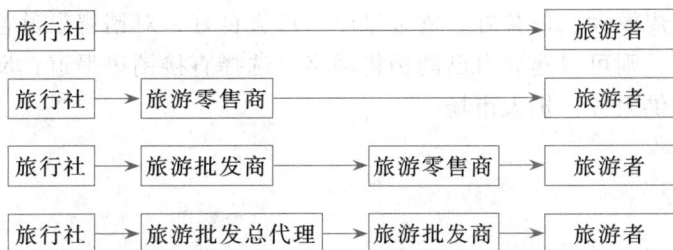

图 1-2　旅行社产品销售渠道模式

（二）旅行社产品销售渠道的类型

根据旅行社产品在流通过程中是否经过旅游中间商，可将旅行社产品销售渠道分为直接销售渠道和间接销售渠道。

1.直接销售渠道

直接销售渠道又称零级销售渠道，是指在旅行社和旅游者之间不存在任何中间环节，旅行社将产品直接销售给旅游者的销售渠道。

2.间接销售渠道

间接销售渠道是指旅行社通过旅游客源地旅行社等中间环节将产品销售给旅游者的销售渠道。按照产品在流通过程中经过中间环节的多少，间接销售渠道又可分为一级销售渠道、二级销售渠道、三级销售渠道和多级销售渠道。

（三）影响旅行社产品销售渠道选择的主要因素

1.产品

（1）产品价格。一般说来，产品价格越低，销售量越大，市场规模也越大，因此可以选择间接销售渠道，能够方便旅游者购买，争取广大的客源；价格高的产品由于销售数量少，因此宜选择直接销售渠道。

（2）产品生命周期。当产品处于投放期和成长期时，应采用直接销售渠道，这样可以加快产品上市的步伐，抢占市场；当产品处于成熟期时，可以采用间接销售渠道，以扩大市场覆盖面。

2.市场

（1）市场范围和规模。若产品面临一个较大的市场，有大量的潜在消费者，则可以选择间接销售渠道；反之，若产品市场覆盖面小，则可以选择直接销售渠道。

（2）市场竞争情况。旅行社应尽量避免与竞争对手使用相同的销售渠道。如果市场竞争激烈，为了增加消费者接触产品的次数，采用间接销售渠道能达到较好的效果。

（3）消费需求状况。如果消费需求旺盛，则可以采用间接销售渠道，以扩大产品的市场覆盖面；如果经济萧条，消费需求下降，则应选择直接销售渠道，尽量减少不必要的流通环节，控制和降低产品的最终价格。

（4）宏观环境。国家在旅游市场上的优惠政策或限制条件、宏观经济状况的变化等，也会影响旅行社产品销售渠道的选择。

3.企业自身

如果旅行社规模大、信誉好、资金雄厚、声誉良好，对销售渠道管理有丰富的经验和较强的能力，则可以建立自己的销售网络，选择直接销售渠道；反之，则只能依靠旅游中间商提供服务，扩大市场。

项目实训

实训项目1-5：本地游营销策略制定实践

实训地点：多功能实训室、资料室、网络实训室、校外实训基地（合作旅行社）。

实训内容：对前期已设计的旅游线路确定价格，并进行合理的报价，采用恰当的宣传语言进行产品促销。实地考察某旅行社销售渠道的类型、中间商的选择标准及管理。

实训目的：

1.学会对旅游线路进行定价和报价。

2.能够选择恰当的方式对产品进行促销。

3.体会旅游中间商在旅行社经营过程中的重要性。

实训组织：

1.每6人组成1个小组。

2.在老师的指导下，由组长负责。

3.老师布置任务，学生在课后深入实训基地，接受实习指导老师的指导。

4.每个小组选1名代表，把现场同学当作旅游者，给自己的产品定价和报价，展示并推销自己前期设计的产品。

5.学生针对产品中存在的问题进行提问，由该推销学生进行解答。

6.答疑完毕后，首先由学生进行点评，然后由老师进行总体点评。

验收成果：结合产品的定价、报价、促销等活动，设计一份旅行社产品宣传小报，要求产品价格合理、广告语恰当、版面设计美观等。

项目测评

不定项选择题

1.旅行社产品定价的目标是（　　　）。

A.追求最大利润　　　　　　　　B.提高市场占有率

C.应对和避免竞争　　　　　　　D.维护企业形象目标

2.利用消费者求实惠、求廉价的心理，以较低价格进行促销的价格策略是（　　　）。

A.撇脂定价策略   B.渗透定价策略

C.温和价格策略   D.心理定价策略

3.招徕定价策略应与广告宣传策略配合使用，其主要方式是（　　）。

A.季节折扣   B.数量折扣

C.现金折扣   D.同业折扣

4.广泛性渠道策略是指旅行社使用尽可能多的批发商、零售商推销其产品的策略。其特点表现为（　　）。

A.销售范围广   B.销售成本高

C.合作关系稳定   D.销售效率高

5.影响旅行社产品销售渠道选择的因素主要有（　　）。

A.产品价格   B.消费需求状况

C.企业自身   D.宏观环境

随堂测验 1-5

项目 5

◀ 思考题

1.为了准确分析产品成本，旅行社计调与营销人员必须具备哪些方面的业务知识？

2.行程、人数及用房数完全一样的全包价旅游团，是否会有不同的价格，为什么？

3.你怎样看待"零负团费"屡禁不止的现象？

4.你所在地的政府采取了哪些营销策略进行旅行社产品推广？

5.比较旅行社常用的几种广告媒体的优缺点。

项目 6　本地游产品采购

◎　**项目目标**

以本地游计调与营销活动为载体，通过本项目的学习与训练：

1.能够向旅游协作单位询价。

2.能够预订交通服务，主要是区间内小交通。

3.能够预订住宿、餐饮、旅游景区（景点）。

4.能够恰当地进行旅游购物和娱乐服务的采购。

5.能够很好地协调与相关协作单位的关系，具备良好的人际沟通能力和谈判能力。

6.具备遵纪守法、诚实守信的职业品格。

项目知识

一、小交通服务采购（城市区间交通采购）

旅游是一种异地活动，无论从常住地到旅游目的地，还是在旅游活动期间各景点之间的往返，交通都承担着旅游者空间位移的任务。交通不仅要解决旅游者往来不同旅游点间的空间距离问题，而且要解决时间距离问题。因此，安全、舒适、便捷、经济是旅行社采购交通服务时必须考虑的因素。交通方式主要有航空、铁路、公路和水路等，旅行社必须与包括航空公司、铁路部门、汽车公司、轮船公司在内的交通部门建立密切的合作关系。事实上，为了获得稳定的客源，交通部门也非常倾向于同旅行社开展业务合作。旅行社应争取获得有关交通部门的代理资格，以便顺利采购到所需的交通服务。在本地游活动中，由于距离较近，因此旅行社主要采购公路交通服务或区间内的小交通服务。

（一）采购调研

公路交通服务主要用于市内游览和近距离旅游目的地之间的旅行。旅行社采购人员在采购公路交通服务时，应对提供此项服务的旅游汽车公司或其他长途汽车公司进行调查，充分了解这些公司的车辆数目、车型、车辆性能、驾驶员技术水平、管理状况、租车费用等情况。

（二）分析谈判

旅行社采购人员首先将收集到的有关信息进行整理和分析，然后从中选出车型、驾驶员技术水平、租车费用等均符合旅行社需要且管理水平较高的旅游汽车公司或其他长途汽车公司作为采购对象，最后代表旅行社同这些公司进行谈判并签订租车协议。

（三）实施采购

旅行社采购人员在接到旅游者或旅游团队的用车计划之后，应根据旅游者的人数及收费标准向提供公路交通服务的汽车公司提出用车要求，并通报旅游者或旅游团队的人数及日程安排，以便汽车公司在车型、驾驶员配备等方面做好准备。为了避免出现差错，采购人员应在旅游者或旅游团队抵达前的2～3天内再次与汽车公司联系，核实车辆落实情况，并将所用汽车的车型、驾驶员的姓名等情况通报旅行社接待部门。

案例窗1-10　　　　　　　　　　　空调大巴变成普通小巴

　　某日，某大学一年级两个班的同学准备去大黑山游玩，他们报了大洋旅行社的学生团体游。出发前一天，旅行社的工作人员说，第二天早上7：00在校门前集合出发。

　　第二天上午8：00左右，旅行社才派来了一辆普通小巴。大洋旅行社的宣传资料上说的是全程空调旅游大巴车，同学们有一种上当的感觉。

　　大洋旅行社的张先生说："临近清明节，扫墓的人多，所以车辆来迟了，不过我们已经决定退回部分费用，以成本价来补偿服务的不足。"

（四）交通服务采购注意事项

1.在预订汽车方面

要注意汽车的设施设备是否齐全、车况如何、车价是净车价还是全含价（包含路桥费、停车费、司机补贴），这是周边短线游及地接行程中非常关键的问题，它会对旅行社的产品质量和利润产生决定性的影响。

2.与交通部门的结算方式

与交通部门的结算方式可在包车确认单（见表1-7）中说明。

表1-7　　　　　　　　　　　　　　包车确认单

甲方经办人			电话		传真		
乙方经办人			电话		传真		
包车时间			年　月　日至　年　月　日，共　　天　　夜				
集合时间		年　月　日　时		集合地点			
行驶线路				包车数量			
车辆	车辆型号		正座　　个，边座　　个		空调		□有　□无
	车牌号						
	驾驶员姓名			身份证号			
	驾驶证号			电话			
包车费用			定金或其他担保		超程或超时费		
付款方式				付款时间			

续表

合同变更记录	
特别约定	

甲方（签章）：	乙方（签章）：
签订时间：　　　年　　月　　日	签订时间：　　　年　　月　　日

二、住宿服务采购

　　旅行社能否采购到旅游者所需的住宿服务，反映了旅行社服务水平的高低。因此，旅行社采购人员应努力为旅游者采购到满意的住宿服务，保证旅游者在旅游过程中得到良好的休息，以充沛的体力和精力进行旅游活动。同时，采购人员还应该在保证住宿服务质量的前提下，尽量降低采购成本。

　　住宿服务采购业务一般包括选择住宿服务内容、确定客房租住价格和办理客房预订等。

（一）选择住宿服务内容

　　选择住宿服务内容是保证住宿服务质量的重要环节之一。为了满足旅游者在旅游过程中的住宿需要，旅行社采购人员需要从以下几个方面考察住宿服务内容：

　　1.坐落地点

　　旅行社采购人员需要考察的第一个方面是酒店的坐落地点，因为不同类型的旅游者对酒店的坐落地点有不同的要求和偏好。例如，商务旅游者或者喜欢购物的旅游者偏爱坐落在市区特别是市中心的酒店。对于坐落在郊区的住宿设施，旅行社采购人员还应该考察酒店附近是否有便捷的交通工具。

　　2.经营方向

　　旅行社采购人员需要考察的第二个方面是酒店的经营方向，即酒店的主要接待对象是哪些类型的旅游者。有些酒店主要接待散客，有些酒店主要接待会议旅游者，还有些酒店以旅游团队为主要接待对象。采购人员通过调查，可以在住宿服务采购过程中做到心中有数，进而为不同类型的旅游者安排不同的酒店。

　　3.设施设备

　　旅行社采购人员需要考察的第三个方面是酒店的设施设备。例如，酒店是否配备会议室、商务中心、多功能厅、宴会厅、健身设施等。采购人员可以根据酒店的设施和设备情况，安排不同类型的旅游者下榻。

　　4.服务类型

　　旅行社采购人员需要考察的第四个方面是酒店提供的服务类型。例如，对于将团体旅游作为主要经营产品的旅行社来说，其采购人员应特别注重酒店的行李运送服务，以便当团体旅游者到达或离开酒店时，酒店能够及时将旅游者的行李送至下榻的房间或将旅游者的行李从下榻的房间取出送至酒店行李处。

5.停车场地

旅行社采购人员需要考察的第五个方面是酒店是否拥有一定面积的停车场地。例如，主要经营团体旅游产品的旅行社对停车场地尤为重视，因为团体旅游者大多乘坐大型客车游览，如果酒店门前拥有较大面积的停车场，则能够为旅游者出入酒店提供方便。

（二）确定客房租住价格

客房租住价格是旅行社采购人员采购住宿服务时必须认真考虑的重要因素。酒店客房租住价格的种类很多，采购人员必须熟悉这些价格，以便根据旅游者的要求、旅行社同酒店的合作关系、当地住宿服务市场的供给状况、旅行社提出预订的日期、旅游者的入住日期、旅游者在酒店的停留时间等因素与酒店进行谈判，从而获得最优惠的价格。

酒店客房的租住价格主要包括以下类型：

1.门市价格

门市价格是酒店对外公布的客房出租价格，主要适用于接待事先未预订的临时住店的过往客人。

2.团体价格

这是酒店以折扣的方式对旅行社接待的旅游团队提供的优惠价格。

3.协议价格

这是旅行社同酒店经过谈判达成协议后的客房出租价格，一般低于门市价格。

4.净价格

这是扣除酒店给予旅行社的一定折扣，并加上税收和服务费的客房出租价格。

（三）办理客房预订

旅行社采购人员在确定了旅游者将入住的酒店后，应按照下列程序预订客房：

1.提出预订申请

旅行社采购人员向酒店预订部门提出预订申请。在申请时，采购人员应提供下列信息：

（1）旅行社名称、需要的客房数量和类型、入住酒店时间、退房时间、结算方式。

（2）旅游者的国籍（海外旅游者）或居住地（国内旅游者）、旅游者的姓名或旅游团队的代号、旅游者的性别、夫妇人数、随行儿童人数及年龄。

（3）旅游者在住房方面的特殊要求，如要求住在某个楼层、客房的朝向（临街、向阳）、客房远离电梯间（以避免吵闹）等。

酒店在接到旅行社的预订申请后，如果认为能够按照旅行社提出的要求提供客房，通常会向旅行社发出预订确认函（见表1-8）。

表 1-8   预订确认函

收件单位			发件单位		
收件人			发件人		
电子邮件			电子邮件		
联系电话		传真	联系电话		传真
您好！我们很荣幸地为贵社确认以下预订细节：					
订房时间			入住时间		
结算方式			退房时间		
人数			订房标准		
房间价格			陪同房		
早餐标准			早餐人数		
应付金额					
备注					
经办人签名：			经办人签名：		
____酒店（盖章） 年 月 日			____旅行社（盖章） 年 月 日		

2.交纳预付款

酒店通常要求旅行社在接到酒店发出的预订确认函后的一定时间内，向酒店交纳预付款，以确保酒店在规定时间内为旅行社保留其所预订的客房。每个酒店都有关于预付款交纳的时间、交纳的比例、取消预订的退款比例等事项的规定，采购人员必须熟悉这些规定。如果旅行社未能在规定时间内交纳预付款，酒店就会认为旅行社已取消预订，从而将客房出租给其他客户或客人。

3.办理入住手续

旅游者在预订时间到达酒店后，可凭旅行社转发的预订确认函在酒店前台办理入住手续。

（四）住宿服务采购注意事项

1.订房

当有重点团队、旅行社经理人团队或团队中有 VIP 客人时，旅行社应事先通知酒店销售部或营业部，在其客房内摆放鲜花或水果等。

2.欢迎仪式

如果旅游团队需要举行小型欢迎仪式，或者需要悬挂欢迎横幅，应事先征得酒店的同意，并在指定地点举行，以免影响酒店的正常营业。

三、餐饮服务采购

餐饮服务采购是指旅行社为满足旅游者在旅游过程中对餐饮方面的需求而进行的采购。旅行社采购人员在采购餐饮服务时应根据旅游者的口味、生活习惯、旅游等级等因素，安排旅游者到卫生条件好、餐饮产品质量高、服务规范、价格公道的餐厅或餐馆就餐。

（一）选择餐厅

旅行社采购人员应先实地考察餐厅的地点、环境、卫生设施、停车场地、单间雅座、便餐菜单等情况，再与之签订有关经济合同及协议书等。选择餐厅时，要特别注意餐厅的地理位置，尽可能靠近机场、车站、码头、游览点、剧场等，避免因用餐而延误到下一站的时间。

（二）订餐

订餐时，旅行社采购人员应及时把旅游团（者）的宗教信仰和个别客人的特殊要求转告餐厅，以免出现不愉快或尴尬的局面。

旅行社订餐通知单见表1-9。

表1-9 旅行社订餐通知单

团号	人数	用餐时间	用餐标准
客人来源	特殊要求	用餐地点	经手人（导游员）
签发人			

（三）印制结算单

采购人员与财务部门协商印制专用的餐饮费用结算单。

（四）告知相关人员

采购人员应将用餐地点、餐厅联系人姓名告知接待部门或陪同人员，以便做好接待工作。

（五）导游签字

提醒餐厅注意，结算用的餐饮费用结算单上必须有陪同导游的签字，否则无效。

（六）复核、付款

采购人员与财务部门共同复核餐饮费用结算单，然后由财务部门定期统一向签约餐厅结账付款。

四、参观游览服务采购

参观游览服务的采购主要由各地的接待旅行社负责。

（一）选择景点

旅行社采购人员应该对本地区的重要游览景点和参观单位进行考察和比较，并分别同这些景点、单位进行联系，以保证旅游者的正常游览参观。如果有可能，旅行社应在双方自愿的基础上同这些景点、单位签订互惠的长期合作协议，争取获得价格上的优惠。

（二）洽谈

计调部门与参观游览项目服务单位进行洽谈，洽谈内容主要包括结算方式、门票价格、停车费用、结账期限等，并签订协议书或合同。对于一些特殊参观景点，如工厂、民宅等，应征得被参观点相关人员的同意，并力争取得支持和配合。

（三）导游签字

提醒游览景点和参观单位注意，结算用的参观游览券上必须有旅行社的公章和导游的签字，否则无效。

（四）签订其他合作协议

旅行社采购人员还应与参观景点附属的服务部门和相关服务公司建立合作关系，签订合作协议，以方便旅游团的游览和导游服务工作等。

五、购物服务采购

案例窗 1-11　　　　　　　　旅游购物货不真、价不实

游客杨某一家三口参加了某旅行社组织的新马泰旅游，在旅行社的安排下参观了游览地的各种纪念品商店，并分别在新加坡和马来西亚购买了绿宝石手链一条及钻戒一枚。回家后，杨某将所购首饰送至上海市某鉴定中心进行鉴定，发现绿宝石为人工培育，而非店家所称天然；钻石在色度、净度方面均高报了三个等级。在与旅行社协商解决未果的情况下，杨某向上海市旅游质量监督所提出投诉，要求旅行社赔偿损失。

上海市旅游质量监督所收到投诉后通过调查取证认为，杨某在马来西亚所购钻戒属质次价高商品，在新加坡所购绿宝石手链因提供证据不足而对杨某所提赔偿要求不予支持。根据有关规定，上海市旅游质量监督所要求旅行社协助游客与马来西亚商场方面联系，对游客所购钻戒进行退货处理。

旅行社采购人员应对旅游地的购物商店进行详细的调查，筛选出一批信誉好、商品种类齐全、价格合理的商店，并同其建立长期合作关系。

（一）洽谈

根据国家与地方旅游主管部门的有关规定，与购物商店签订协议书。

（二）制定内部分配政策

本着兼顾国家、集体、个人三方面利益，又鼓励多劳多得的原则，制定内部分配政策和奖励措施。

（三）告知相关部门

将已签订协议的商店名称、导游带团购物手续、附属的有关规定打印后，分发给接待部门。

（四）印制结算单

与财务部和接待部门协商后，设计、印制购物结算单，并明确使用方法。

（五）利益分配

财务部按所签协议上的规定，从签约商店领取劳务费或按股分红，然后根据旅行社内部分配政策对各方实行奖励。

（六）协议制度文本化

将各种协议、结算单据、利益分成办法、奖励制度落实成文件或协议书，由旅行社和定点商店共同执行。

六、娱乐服务采购

旅行社采购人员应对旅游地的娱乐服务进行详细的调查，筛选出一批信誉好、具有特色的娱乐场所，并同其建立长期合作关系。

（一）洽谈

与娱乐单位就以下事宜进行合作洽谈，并签订协议书：

（1）明确门票预订方式（如电话、传真或其他）；

（2）明确门票价格优惠情况（如团队、儿童、学生团体、老人、军人、残疾人等）；

（3）明确可以包场演出的情况；

（4）明确可以上门演出的情况。

（二）告知相关部门

将下列事宜整理、列表、打印后分发给接待部门，并报财务部备案：

（1）签约娱乐单位的名称、地址、电话、联系人等；

（2）演出节目的种类和演出时间；

（3）门票价格。

（三）及时联系

随时与娱乐单位保持联系，了解最新节目信息，索取节目简介并通报给接待部门。

（四）印制单据

与相关部门协商后，设计、印制一些单据，如文艺票预订单、文艺票变更/取消通知单等，并明确其使用方法。

（五）订票

根据接待计划进行订票，并把订票情况如实转告接待部门或陪同人员等。

（六）结算

财务部按协议统一结账或一次一报、一团一清。

认知拓展

一、计调采购的内涵

计调采购是指旅行社计调人员为了组合旅游产品，通过合同或协议的形式，以一定的价格向其他旅游企业及相关部门购买单项旅游服务产品的行为。

旅行社作为中介组织，其销售的旅游产品大部分不是自己生产的，而是由其他旅游服务企业提供的。换句话说，旅行社向其他旅游服务企业采购旅游产品，经过组合加工之后，再转手销售出去。旅行社的采购内容包括旅游餐饮服务、旅游住宿服务、旅游交通服务、参观游览服务、旅游购物服务、旅游娱乐服务、地接社服务，以及其他旅游服务等。

二、计调采购的原则

旅行社产品是一种特殊的产品。在旅行社产品中，除了导游服务等少数项目由旅行社直接提供外，其他多数项目均购自其他部门或企业。旅行社将这些项目按照市场需要组合成各种各样的产品向旅游者推销。因此，旅游服务采购是旅行社的一项重要业务。

在采购业务中，旅行社应遵循以下原则：

（一）保证质量

旅行社在采购各项旅游服务时，应保证所采购产品的质量。如果旅行社只关心所购买的旅游服务项目的数量，而忽视这些项目的质量，将会造成旅游者的不满和投诉。

案例1-12　　　　　　　　　　　**"梨花游"未见梨花只见花苞**

某天，周女士带孩子报名参加了某旅行社组织的"赏梨花、柏林禅寺一日游"活动。出发当天，为了拍一组梨花照片，她还带了专业相机。车到赵县时，周女士远远望见绿油油的一大片，根本没有想象中白色的梨花。正疑惑时车停了，导游说："到了，就是这儿。"人们纷纷下车，但仔细一看，原来梨花没开，他们看到的大片绿色全是花苞。在林子里逛了一会儿，一朵梨花也没发现。梨林管理人员告诉游客："今年气温偏低，梨花还得一个星期才能开呢！"周女士等人只好垂头丧气地上了车，赶往下一站。

专程来看梨花，梨花却没开，这使游客们怨言颇多。导游也很无奈："花不开能怨我吗？我也想让花开呀！"在回程的路上，有游客提出退部分旅游费，但遭到了旅行社工作人员的拒绝。旅行社工作人员说，短途游的利润本来就少得可怜，钱全花在路费和午餐上了，本来看梨花就是免费的，梨花开了固然好，没开是时机不对，不能退钱。

从这个案例可以看出，旅行社必须按照保证质量的原则，为旅游者采购旅游合同中规定的产品，否则会影响旅行社的声誉，损害旅游者的利益，在某些情况下旅行社还要对旅游者进行赔偿。

（二）保证供应

保证供应是旅行社在其采购业务中必须遵循的又一个主要原则。由于旅行社产品多数采用预售的方式，因此一旦旅行社不能从有关部门或企业购买到已经预售出去的产品所包含的服务内容，就会造成无法履约的严重后果，导致旅游者的不满和投诉，并给旅行社带来经济损失和声誉损害。例如，旅行社在旅游旺季时未能买到旅游计划上规定的飞机票，使旅游者无法按照原定旅游计划前往旅游目的地，导致旅游者的不满和索赔。因此，旅行社在采购工作中，必须坚持保证供应的原则，设法保证采购到已售出的产品中所包含的全部内容。

（三）降低成本

旅行社采购的旅游服务项目的价格构成了旅行社产品的主要成本。换句话说，旅行社经营的成败在很大程度上取决于旅行社采购的各种旅游服务项目的价格。如果旅行社的采购工作得力，采购的旅游服务项目价格低于其竞争对手，旅行社就能够在激烈的市场竞争中战胜竞争对手，获得较多的利润。因此，旅行社必须在保证旅游服务质量和旅游服务供应的前提下，设法降低成本。

三、计调采购的策略

在旅游服务采购活动中，旅行社应该根据自身情况，采用不同的策略，设法以最低的价格获得所需的旅游服务。所以，旅行社采购人员必须经常研究市场，分析旅游市场上的供需状况，了解市场上各种旅游服务的价格，采用各种切实可行的采购策略控制采购总成本。在采购活动中，旅行社可以采用的策略包括集中采购、分散采购和建立采购协作网络三种。

（一）集中采购

集中采购是旅行社经常采用的一种采购策略。集中采购包括两个方面的含义：第一，旅行社将内部各个部门的采购活动集中于一个部门，统一对外采购；第二，旅行社将一段时期（一个星期、一个月、三个月、半年甚至一年）内所需的某种旅游服务集中起来，全部或大部分向某一个或少数几个旅游服务部门或企业采购，以最大的购买量获得最优惠的价格和供应条件。

集中采购的主要目的是通过增加采购量和减少采购批次，降低采购价格和采购成本。

（二）分散采购

分散采购也是旅行社经常采用的一种采购策略。分散采购主要适用于两种情况：一是旅游市场上供过于求的情况十分严重。在这种情况下，旅行社可采取近期分散采购的策略。所谓近期分散采购，是指旅行社在旅游团队即将抵达本地时，在旅游服务供应部门或企业无法通过其他渠道获得大量的购买者，而旅游服务又不能加以储存或转移，迫切需要将大量空闲的旅游服务项目售出以获得急需的现金收入的情况下，采取一团一购的方式，尽量将采购价格压低，从而以最小的代价获得所需的旅游服务。二是当旅游服务因旅游旺季的到来而出现供不应求的情况时，旅行社无法从一个或少数几个旅游服务供应部门或企业那里获得所需的大量旅游服务。在这种情况下，旅行社也应采取分散采购的策略，设法从许多同类型旅游服务供应部门或企业获得所需的旅游服务。

案例窗 1-13　　　　　　　　　　　集中采购与分散采购

青岛某旅行社的 W 总经理做出决定：扩建计调部，将旅游服务采购权集中管理。W 总经理做出这一决定是经过深思熟虑的。该旅行社经过多年的打拼逐渐成为大型旅行社，年组团量和接待量都达到了批量购买的规模，可以从酒店、旅游汽车公司、旅游景点等旅游服务供应部门获得批量采购的优惠。过去，旅游服务一直由各组团部分项购买，导致所采购的服务产品价格过高，进而使旅行社产品的销售价格居高不下，难以吸引旅者和旅游中间商，旅行社的利润降低甚至出现亏损；同时，由于旺季游客激增，计调部人手不够，且购买的服务产品不能满足游客的需求，因此游客和旅游中间商都十分不满，从而影响了旅行社的声誉和客源。

扩建计调部，增加采购人员，调整采购策略，在保证旅游服务质量和供应的前提下，争取最优惠的价格。此后，该旅行社在旅游服务采购方面走出了以往的困境，获得了质优价廉的服务产品，提高了接待质量，扩大了市场份额，旅行社发展势头良好。

（三）建立采购协作网络

旅行社为了达到保证供应和降低采购成本的目的，通过与其他旅游服务供应部门或企业联系和协作，建立起广泛且相对稳定的协作网络。旅行社在建立采购协作网络的过程中，必须坚持以下三个原则：

第一，协作网络必须覆盖面广。当一个地区存在大量的旅游服务供应部门和企业时，旅行社应该根据自身的需要和经营实力，尽量同各种旅游服务供应部门和企业加强联系，并设法与其合作。这样，旅行社就能够获得比较理想的供应渠道，从而保证旅行社能够以比较合理的价格获得所需的旅游服务。

第二，运用经济规律，在互惠互利的基础上长期合作。旅行社建立采购协作网络的目的是与相关部门和企业建立长期合作关系。因此，旅行社在与这些部门或企业交往的过程中，必须坚持互惠互利的原则，只有合作双方都能够获得利益，这种合作关系才能够长期保持下去。在采购活动中，旅行社应该从长远利益着眼，不应急功近利，为图一时的利益而伤害对方的利益，也不应该乘人之危，利用对方的不利处境迫使对方做出过大的牺牲。

　　第三，加强公关活动，建立良好的人际关系。旅行社的采购工作要靠本旅行社的采购人员与旅游服务供应部门或企业的销售人员及其他相关人员的通力合作才能够完成。因此，旅行社有关部门的领导和相关人员应该加强公关活动，设法与对方的相关领导和部门建立起良好的人际关系，从而使旅行社的采购协作网络不断发展和完善。

项目实训

实训项目1-6：本地游产品采购实践

实训地点：多功能实训室、网络实训室、旅游服务场景（旅游汽车公司、景点、酒店、餐馆、购物点等）。

实训内容：联系合作旅行社，实际观摩交通、住宿、餐饮、购物、娱乐等的采购；然后回到课堂，模拟地接服务采购项目。

实训目的：
1.能够向旅游协作单位询价。
2.能够预订交通服务，主要是区间内小交通。
3.能够预订住宿、餐饮、旅游景区（景点）。
4.能够恰当地进行旅游购物和娱乐服务的采购。
5.能够很好地协调与相关协作单位的关系。

实训组织：
1.每6人组成1个小组。
2.在老师的指导下，由组长负责。
3.每组选择一项采购内容，随旅行社观摩，或自行进行市场调研。
4.进行角色扮演（包括旅游者、导游员、计调（采购员）、旅行社经理、购物店经理），要求课前准备，课上模拟。
5.以小组为单位，一对一地模拟旅游服务采购过程，在课堂上交流体会。

验收成果：
1.分析讨论，交流体会；
2.拟写一份兼顾旅游者、服务供应单位、导游、旅行社四方利益的协议。

项目测评

▶ 不定项选择题

1.旅行社采购人员通常从（   ）等方面考察住宿服务设施，以保证住宿服务质量。

A.坐落地点　　　　　B.设施设备　　　　　C.建筑风格　　　　　D.价格

2.旅行社采购人员在采购餐饮服务时，应根据旅游者的口味、生活习惯、旅游等级等因素，安排旅游者到（   ）的餐厅、餐馆就餐。

A.卫生条件好　　　　　　　　　B.餐饮食物档次高

C.服务规范　　　　　　　　　　D.价格公道

3.旅行社在采购业务中，应遵循的原则包括（   ）。

A.追求新颖　　　　　　　　　　B.保证供应

C.保证质量　　　　　　　　　　D.降低成本

4.旅行社在建立采购协作网络的过程中，应坚持的原则包括（   ）。

A.覆盖面广　　　　　　　　　　B.追求利润

C.互惠互利　　　　　　　　　　D.加强公关

5.旅行社计调在采购交通服务时，应注意的事项包括（   ）。

A.运输方式　　　　　　　　　　B.车价

C.结算方式　　　　　　　　　　D.车况

随堂测验1-6

项目6

▶ 思考题

1.服务采购的内涵及本地旅游服务采购的主要任务是什么？

2.如何处理集中采购和分散采购的关系？

3.为了保证供给，旅行社应建立哪些服务采购网络？

4.旅行社服务采购人员应如何扭转因采购不当造成的旅游行程不顺畅的局面？

项目7　本地游接待服务

项目目标

以本地游计调与营销活动为载体，通过本项目的学习与训练：
1.能够设计出完整的接团计划。
2.能够根据接待团队的特点选派合适的导游。
3.能够按照工作流程操作接团业务。
4.具备统筹协调能力和全局观，增强团队合作意识。

项目知识

旅行社招徕客源后，产品的营销工作并没有结束，因为旅游者购买的是预约产品。旅行社能否兑现销售承诺，旅游者对旅行社产品是否满意，在很大程度上取决于旅行社计调的服务质量。计调接待服务是旅行社业务的核心，具有举足轻重的作用。

旅行社计调根据旅游团（者）的旅游线路、抵离日期、交通信息编制团队（旅游者）接待计划，通知本旅行社接待部门、酒店、宾馆，安排好地方陪同导游以及相关各地的食、住、行、游、购、娱等多项接待服务，由各相关单位协作完成旅游团（者）所到各地的接待任务，并随时跟踪团队，解决旅游行程中出现的各种问题，直到旅游团（者）完成全部旅游活动，最后做好售后服务、归档等工作，完成旅行社产品从生产到销售的全部任务。

一般来说，计调接待服务流程如下：接收组团社询价计划→询价和报价→确认接待计划→落实接待计划→编制团队行程计划→选派导游→跟踪团队→结清账目→服务反馈，团队归档。

在线课堂1-2

本地游接待
流程

一、接收组团社询价计划

计调部收到组团社发来的旅游意向、询价计划或预报后，应对旅游团资料进行分类、整理、登记等。计调部收到的旅游意向、询价计划或预报多种多样，有系列团、特殊团、单项委托等；有需要立即处理的，有几个月后才成行的；有用传真发过来的，有用电子邮件发过来的。总之，计调部应妥善处理，及时将相关信息报送有关领导，以及计划中涉及的所有合作部门和机构。

二、询价和报价

（一）询价

当接待社接到组团社发来的询价计划时，计调部应向相关协作单位询价，并与协作单位达成协议。

（二）报价

接待社核算成本，并向组团社报价。报价分为总报价和分项报价两种方式。

总报价是分项旅游产品的价格加上旅行社综合利润而形成的线路总价，包括餐费、住宿费、交通费、景点门票费、其他费用和合理利润等。

分项报价是顺应市场要求而产生的新型报价方式，它详细列出了分项费用，透明度比较高，便于组团社和旅游者了解费用的组成。分项报价主要包括以下内容：游客所住酒店的住宿费及订房手续费；一日早、午、晚三餐的收费标准以及风味餐费；飞机、火车、轮船、内河航运和汽车客票价格及订票费用；其他费用（导游服务费、保险费等）及附加费。

三、确认接待计划

当组团社与地接社之间就旅游行程和报价达成一致后，双方即进入旅游接待计划确认阶段。地接社以传真方式向协议组团社发送"团队接待确认书"（见表1-10），并要求对方书面确认。如果遇到变更，应及时编制团队接待计划更改单，并以传真方式向协议组团社发送，要求对方书面确认。

表1-10 团队接待确认书

收件单位			发件单位		
收件人			发件人		
电子邮件			电子邮件		
联系电话		传真	联系电话		传真
您好！现将贵社来A市的旅游团队的行程及价格表传真给您。若无异议，请按双方约定及时确认；若有异议，请及时沟通。谢谢！					
时间			人数		
行程					
报价					
备注					
经办人签名： 旅行社（盖章） 年　月　日			经办人签名： 旅行社（盖章） 年　月　日		

四、落实接待计划

组团社发来确认传真后，地接社应逐一落实每个服务项目，实际上就是完成旅游服务项目的采购。

（一）酒店

根据团队人数、要求，向协议酒店或指定酒店采购住宿服务，并要求对方书面确认。如遇人数变更，应及时做出调整，并要求对方书面确认；如遇酒店无法接待，应及时通知组团社，经组团社同意后调整至其他同星级酒店。

（二）用车

根据团队人数、要求，向协议汽车公司采购交通服务，并要求对方书面确认。如遇变更，应及时做出调整，并要求对方书面确认。

（三）用餐

根据团队人数、要求，向协议餐厅采购用餐服务。如遇变更，应及时做出调整，并要求对方书面确认。

（四）返程交通

仔细核对接待计划，根据要求预订返程机票（或车票），注明团号、人数、航班（或车次）、票别、票量，并由经手人签字。

（五）游览活动

根据接待计划及时采购游览服务项目。如遇变更，应及时做出调整，并要求对方书面确认。

五、编制团队行程计划

（一）团队的基本情况和要求

团队的基本情况包括：团队的团号及团名、组团社名称；团队人数（成人、儿童）；团队类别（如考察团、疗养团、会议团、观光团等）；组团社责任人及接待各方联系人的姓名和联络方式。团队的要求包括：服务等级要求（如豪华团、标准团、经济团等）；用餐要求（应注明特殊用餐要求等）；导游要求（如语种、级别、性格等）。

（二）日程安排

日程安排包括：游览线路；游览景点；游览日期；出发城市；团队抵离时间、班次和机场（车站、码头）名称；住宿情况；用餐安排；文娱活动；购物及其他特殊安排等。

旅游团队行程计划见表1-11。

表 1-11   旅游团队行程计划

_____旅行社（印章）   年   月   日

组团社：	团号：	团名：	团标：
入住酒店：	实际人数：	全陪：	电话：

飞机 月 日 时 分乘火车 月 日 时 分抵达 轮船		飞机 月 日 时 分乘火车 离开 轮船	

日期	行程	用餐	就餐地点	联系电话
月 日		早		
		中		
		晚		
月 日		早		
		中		
		晚		
月 日		早		
		中		
		晚		
月 日		早		
		中		
		晚		

车型：	车号：	司机：	电话：
地陪：	电话：	计调：	电话：

备注：

案例窗 1-14　　　　　　　　　　　　"浪漫大连五日游"接待计划书

"浪漫大连五日游"接待计划书见表 1-12。

表 1-12　　　　　　　　　　　"浪漫大连五日游"接待计划书

组团社：北京××旅行社		团号：DJ05-2F0325A		团名：浪漫大连五日游		团标：贵宾团
酒店：唐银酒店				实际人数：24+1		
全陪：×× 电话：××××××××××				地陪：×× 电话：××××××××××		
2022 年 3 月 9 日 18：20 乘飞机 CZ×××× 19：50 抵达 2022 年 3 月 13 日 8：05 乘飞机 CZ×××× 离开						

日期	行程		用餐	
第 1 天	大连晚接团，入住酒店		无	
第 2 天	早餐后，游览旅顺博物馆，参观中苏友谊纪念塔；军港游园，远观白玉山；午饭后，乘车返回市内，游览星海广场、滨海路、北大桥、虎雕广场、中山广场、友好广场、人民广场；商业街自由购物（老虎滩海洋公园、圣亚海洋世界、海上观光——棒棰岛游船为自费项目）	早	房含	
		中	春华园	
		晚	旅大印象	
第 3 天	早餐后，乘车赴金石滩国家旅游度假区（国家 AAAAA 级旅游度假区）：金石狩猎俱乐部（免费打 2 枪）、金石高尔夫俱乐部（免费打 3 杆）、恐龙探海、贝多芬头像、黄金海岸、金石蜡像馆、毛泽东历史珍藏馆。晚上返回大连市内	早	房含	
		中	金石狩猎俱乐部	
		晚	大连园酒店	
第 4 天	早餐后，乘车赴发现王国主题公园，包括疯狂小镇、神秘沙漠、金属工厂、魔法森林、传奇城堡等。晚上返回大连市内	早	房含	
		中	风味自理	
		晚	麻记海鲜酒楼	
第 5 天	早餐后送团，乘机返回温暖的家	早	房含	

车型：25 座金龙客车	司机：×××
车号：辽 B×××××	电话：××××××××××

计调：×××

电话：××××××××××

服务标准：

用餐：早餐自助，正餐为八菜一汤

住宿：唐银酒店

用车：豪华旅游车

导游服务：优秀导游员，免导游服务费

（三）成员名单

成员名单中要包括以下信息：旅游者姓名、性别、身份证号或护照号码及分房要求。若是 VIP 客人，还需要注明客人的身份，以及有无特殊要求等（具体见表1-13）。

表1-13　　　　　　　　　　　　　　成员名单

姓名	性别	身份证号或护照号码	成人	儿童（身高）	老人（年龄）	分房要求	特殊身份

六、选派导游

计调部门应选择合适的导游接团。地陪导游的服务质量不仅关系到游客的满意度，也决定了双方旅行社的形象，甚至决定了一个地区、一个国家的旅游形象，进而影响到旅行社的经济效益。因此，地接社计调部门应本着高度负责的态度，认真选派地陪导游，具体要求为：

（1）必须选派已取得导游证的正式导游。

（2）必须掌握导游人员的基本情况（包括带团年限、证书编号、外语语种、导游等级、投诉及表扬记录、身体健康状况、个性品质等），择优选用。择优选用是导游服务质量的根本保证。

导游选派结束后，计调人员应将各处签单、团队质量反馈单、预领的款项交给导游。

七、跟踪团队

地接社计调人员应重视团队运行管理工作，团队行进过程中要全程跟踪，和导游及组团社计调人员保持密切联系，随时关注团队行程，解决团队运行中出现的问题。

八、结清账目

旅游活动结束后，应对导游的报账单据进行审核并交给财务部门，与组团社和协作单位之间要按照合同协议结算款项。

九、服务反馈，团队归档

计调人员应对团队在旅游过程中发生的各种事情进行汇总，向游客及协作单位做出反馈说明或公布处理意见，保证游客、组团社、地接社及协作单位的利益。

旅游服务质量评议表见表1-14。

表 1-14 　　　　　　　　　　　　　旅游服务质量评议表

尊敬的游客：

　　欢迎您来到浪漫之都——大连观光旅游。在您即将离开滨城的时候，请对我社的接待服务工作进行评议。

组团社		团号		入住酒店		
地接社		地陪		旅游车号		
内容		评议				
		好	较好	一般	差	
导游员	仪容仪表					
	服务态度					
	讲解水平					
驾驶员	仪容仪表					
	服务态度					
	车容车貌					
酒店服务						
购物情况						
餐饮质量						
自费景点情况						
意见及建议：						
游客签名：　　　　　　　电话：　　　　　　　　年　　月　　日						

　　在整个旅游过程中，计调人员不停地与各个合作单位核对接洽计划的落实情况，与组团社协商接待计划的制订与执行，与销售部、接待部等旅行社内部各个部门做好交接工作，为此保存下来的传真、邮件、记录等资料非常多，因此计调人员应对相关资料进行建档并妥善保存，以备查阅。

　　为了在激烈的市场竞争中站稳脚跟，不断为旅行社增加收入，计调人员还需要对旅行社经营活动中的数据进行统计和分析，主要包括客源情况的统计和分析、协作单位情况的统计和分析等，这有利于旅行社决策部门开拓市场，及时调整经营方针和经营策略。在进行本地游接待时，旅行社应做好卫生防护，配备数量充足的一次性医用外科口罩、一次性手套等防护用品，以及洗手液、医用酒精、湿巾等清洁用品，为司机、导游和游客提供必要的防护保障。同时，旅行社还应正确储存和使用消毒物品，远离火源和电源，不得混用、混放，定期检查并及时补充更换。游客出行过程中需戴口罩、勤洗手、保持安全社交距离，增强自我防护意识；就餐时分散就座、使用公筷公勺、拒绝野味。

思政园地 1-8

53名游客在寒风中被"晾"6个半小时

认知拓展

一、旅行社计调工作的特点

（一）具体性

计调工作无论是收集本地区的接待情况向其他旅行社预报，还是接受组团社的业务接待要约而编制接待计划，都是非常具体的事务性工作，包括采购、联络、制订接待计划等。

（二）复杂性

首先，计调工作的种类繁杂，涉及食、住、行、游、购、娱等多个方面；其次，计调工作的程序繁杂，从接到组团社的报告到旅游团接待工作结束后的结算，无不与计调人员密切相关；最后，计调工作涉及的关系复杂，计调人员几乎与所有旅游接待部门都有业务上的联系，协调处理这些关系贯穿于计调工作的全过程。

（三）多变性

计调工作的多变性是由旅游团人数和旅行计划的多变性决定的。旅游团人数一旦发生变化，就会影响到计调人员的所有工作，可谓"牵一发而动全身"。此外，交通服务和住宿服务如果不能保证正常供给，也会给计调工作带来许多不确定性。

二、计调与营销人员的职业意识

计调与营销人员不仅要具备一定的专业知识，而且必须具备一定的职业意识，否则稍有不慎，就可能导致产品设计不合理、促销措施不得力、团队运作不协调，造成接待质量下降。那么，计调与营销人员应该具备怎样的职业意识呢？

（一）全局意识

旅行社是一个有机整体，由众多部门组成，各部门担负着不同的职能，但每个部门的工作都围绕着旅游服务展开，所以各部门之间虽然分工不同，但联系密切。

计调与营销部门是旅行社的核心部门，员工拥有全局意识尤其重要。员工只有时刻以旅行社的工作大局为重，加强与各部门的联系与合作，才能实现部门效益乃至旅行社效益的最大化和最优化。

（二）服务意识

计调与营销工作是旅行社服务工作的重要组成部分。计调与营销人员应具备良好的服务意识，主动为游客提供优质的旅行社产品，为相关部门提供业务信息。

计调与营销业务的范围因旅行社规模的不同而不尽相同。一般来说，计调与营销部门涵盖了旅行社的基本业务——市场调研、市场分析、目标市场选择、产品设计、产品销售、计划调度、服务采购、团队监控、售后服务等。

（1）为旅游者服务，即根据旅游者的需求，设计适销对路的旅行社产品，满足旅游者在食、住、行、游、购、娱等方面的需求。

（2）为旅游服务产品供应部门服务，即代表旅行社与交通运输部门、酒店、餐馆和其他旅行社及相关部门签订协议，预订各种服务，并且随着计划的变更，取消或增加服务。

（3）对旅行社各部门负责，即按照接待计划，及时把供应商及相关部门的服务信息提供给所需部门，同时要做好信息统计工作，向决策部门提供旅游需求和供应信息的分析报告。

（三）质量意识

质量意识是指计调与营销人员在物质上、精神上满足旅游者需要的主观自觉性。强烈的质量意识是确保旅行社员工提供高质量旅行社产品的先决条件。因此，计调与营销人员应提高对产品质量的重视程度，增强保证质量的责任感、使命感和紧迫感。

（四）促销意识

促销意识是以计调与营销人员充分理解该业务在旅行社经营活动中的重要性为基础的。旅行社产品销售实际上是一种服务承诺，旅游者购买的只是一种预约产品，旅行社能否实现销售承诺，旅游者对旅游消费是否满意，在很大程度上取决于旅行社计调工作做得好坏。

计调与营销工作是旅游活动顺利进行的保证，一旦出现失误，势必会造成旅游服务链的断裂，引起旅游投诉，这不仅会使旅行社蒙受一定的经济损失，还会影响旅行社的声誉，影响今后的产品销售。因此，计调与营销人员应树立促销意识，通过对每个旅游团队的优质服务，赢得好口碑，从而获得更多的客源。

（五）协作意识

计调与营销人员经常会与有关部门和单位发生业务联系。在旅行社内部，计调与营销人员会与接待部、财务部等部门发生频繁的业务往来；在旅行社外部，计调与营销人员会与交通部门、酒店、旅游景点、商场等单位合作。因此，计调与营销人员必须树立较强的协作意识，要善于与各部门、各单位合作，善于与他人沟通和交往，以赢得各方的配合和支持。

（六）效率意识

计调与营销人员在进行市场调研、产品设计、产品销售以及编制团队接待计划时，应周密部署，及时完成各项服务的预订工作，及时处理团队运行中的改订业务。在旅游业务繁忙时，每名计调人员往往同时面对多个旅游团队的接待任务，因此计调人员在工作中必须规范操作、提高效率，这样才能避免出现差错，使每个旅游团队都能享受到高质量的服务。

三、计调与营销人员的素质要求

（一）良好的品德

计调与营销工作是一项塑造形象、建立声誉的崇高事业，它要求从业人员必须具有优秀的道德品质和高尚的情操，具有诚实严谨、恪尽职守的态度和廉洁奉公、公道正派的作风，在代表旅行社进行社会交往和协调关系时，能够充分履行自己的社会责任、经济责任和道德责任。

计调与营销工作是由无数琐碎的任务环节组成的，没有敬业、乐业的精神，是无法把这份工作做好的。因此，计调与营销人员必须热爱本职工作，有进取心，不怕困难，具有团队合作意识，这样才能圆满完成旅行社制定的经营目标。

（二）渊博的知识

在信息技术占主导地位的知识经济时代，营销的内涵已经发生了深刻的变化，旅行社市场营销观念应以旅游者的需求为出发点，主张从满足市场需求中获取长期利润，适应买方市场条件下的营销活动。因此，计调与营销人员必须具备渊博的知识，包括国内外热点旅游城市的分布，自然景观的地域特性，人文景观的历史渊源以及相应的地理、历史常识等。此外，在设计行程时，恰如其分的修饰辞藻比干瘪无趣的行程单更加生动，更能激发旅游者看到行程后参团的欲望，因此计调与营销人员还要具备一定的文学素养和文案写作能力。

（三）熟练的业务操作能力

一个出色的计调与营销人员除了要具有渊博的知识，还必须能够熟练操作下列业务：

（1）收集市场信息，进行旅行社市场调研，设计市场调研问卷；

（2）设计旅行社产品，对旅行社产品进行定价和报价；

（3）选择恰当的方式宣传和销售旅行社产品；

（4）完成旅游各服务要素的采购；

（5）制订并实施旅游接待方案；

（6）完成团队资料归档等工作。

（四）不断学习、创新的能力

计调与营销人员必须不断学习，认真了解旅行社市场的变化、当地接待单位实力的变化等，还要不断对工作进行改进创新，跟上时代的发展。

（五）较强的交际能力

计调与营销人员经常会与旅游者及旅游相关部门打交道，因此善于交际是做好计调工作的基本素质要求。在与有关部门、单位的协作过程中，计调与营销人员应谦虚谨慎、广交朋友，同时应注意维护本旅行社的声誉。例如，计调与营销人员在与合作单位洽谈时，既要保证双方合作愉快，又要频繁地讨价还价，从而为旅行社取得优惠的协议价格。

（六）较强的应变能力

对于团队运作过程中出现的突发事件，计调与营销人员要有较强的应变能力，及时请示，从而保证团队的旅游服务质量。

（七）较强的法治观念

计调与营销人员应严格遵守财务制度和单位的各项规定，自觉维护国家和集体的利益，绝不谋取私利。

（八）良好的计算机应用能力

在互联网时代，计调与营销人员必须具备良好的计算机应用能力，能熟练打字和运用各种办公软件。其中，微信和 QQ 作为办公辅助软件要合理应用于工作中，从而为旅行社节约成本。

四、计调与营销人员常用的工具

（1）电话：固定电话、移动电话等。计调与营销人员的电话号码最忌变换，同时应充分利用话机的功能，如呼叫转移、来电显示、电话录音、语音信箱等。

（2）传真机：视业务量大小，最好设两台传真机（收发各一台）。

（3）地图：世界地图、全国地图、各省地图、本市地图、公路客运图、旅游地图等。

（4）时刻表：铁路、航空、公路、航运时刻表等。特别要注意淡旺季、年度的新版时刻表。

（5）景点手册：有关景点简介的小册子。

（6）采购协议：按组团社、接团社、餐厅、酒店、汽车公司、景点、购物商店等分类建档。

（7）各地报价（分类）：按区域列出目录。

（8）常用电话：按组团社（经理、计调与营销人员）、酒店（销售部、前台）、餐厅（经理、订餐部门）、汽车公司（调度人员、驾驶员）、导游等分类开列，放置在显眼处并随身携带。

五、计调工作的管理

（一）计划管理

激烈的市场竞争、旅游地明显的淡旺季都会使接待业务出现较大的波动。为了防止被动情况的发生，客流量管理是行之有效的方法之一。旅行社计调部门应根据自身特点，不同季节、时期旅游者数量的变化规律，安排好导游的数量和接待工作。特别是当团队人数出现增减变化时，要有应急补救措施。

（二）质量管理

由于旅游服务的无形性与生产消费的同时性，因此有关旅游服务质量的信息主要依靠旅游者反馈。旅行社计调部门可向旅游者发放意见征询表，或者从旅游者的表扬与投诉中获取信息；同时，严格执行各接待环节的工作程序与规范，实行全面质量管理体系，充分调动员工的工作热情，从而提高工作水平与质量。

（三）安全管理

旅游是一种体验、一种享受、一种快乐，保障旅游者的生命和财产安全是旅游安全管理的首要任务。出现安全事故的原因多种多样，需要旅行社计调部门以及其他相关部门共同防范。

（1）要充分考虑产品的安全因素，对不安全的景点、线路不加以考虑，对探险类旅游产品要做好充分的安全保障。

（2）遵守国家的法律法规，购买相关保险。

（3）对导游人员进行安全培训，严格操作规范。

（四）后勤管理

接待工作能否顺利进行，后勤管理工作必不可少，具体包括：

（1）做好组团社、地接社的后勤联络保障工作。

（2）如遇有特殊事件发生，应及时上报、妥善解决。

（3）确保旅游团的交通、住宿、游览等各项工作的落实。

（4）了解工作进程，出现变更及时通知。

（5）注意档案的管理。

（6）保持与协作部门的良好关系。

项目实训

实训项目1-7：本地游接待服务实践

实训地点：多功能实训室、资料室、网络实训室、校外实训基地（合作旅行社）。

实训内容：针对前面设计的旅行社产品，制订一份接待计划，体会地接计调工作流程。

实训目的：

1.能够制订出完整的接团计划。

2.模拟体会计调接待服务的流程。

实训组织：

1.每6人组成1个小组。

2.在老师的指导下，由组长负责。

3.深入合作旅行社，体验接待计调的操作流程。

验收成果：接待计划项目（食、住、行、游、购、娱）齐全，师生评价。

项目测评

◀ 不定项选择题

下列计调接待服务流程排序正确的是（   ）。

①接收组团社询价计划

②落实接待计划

③询价和报价

④确认接待计划

⑤编制团队行程计划

⑥跟踪团队

⑦选派导游

⑧结清账目

⑨服务反馈，团队归档

A.①②④⑦⑧⑨③⑤⑥

B.①④⑤③②⑥⑧⑦⑨

C.①③④②⑤⑦⑥⑧⑨

D.①⑤⑥⑦⑧⑨②③④

随堂测验 1-7

项目 7

◀ 思考题

1.旅行社的业务范围和工作职能是什么？

2.本地游接待计调如何落实接待计划？

3.举例说明选择合适地接导游的重要性。

4.地接社计调人员如何与组团社建立良好的关系？

2

模块二 国内游计调与营销

模块概述

国内游是指组团旅行社组织旅游者在中国境内旅游。国内游计调与营销业务主要是指组团旅行社为旅游者提供旅游产品，提供组团发团服务。本模块在学生掌握了本地游计调与营销活动系统能力的基础上，以国内游计调与营销活动为载体，采用团队综合能力训练的方式，让学生组成团队，围绕国内游分析市场环境，组合、设计产品，完成组织采购、发团业务，从而达到提高计调与营销综合能力的目的。

模块结构

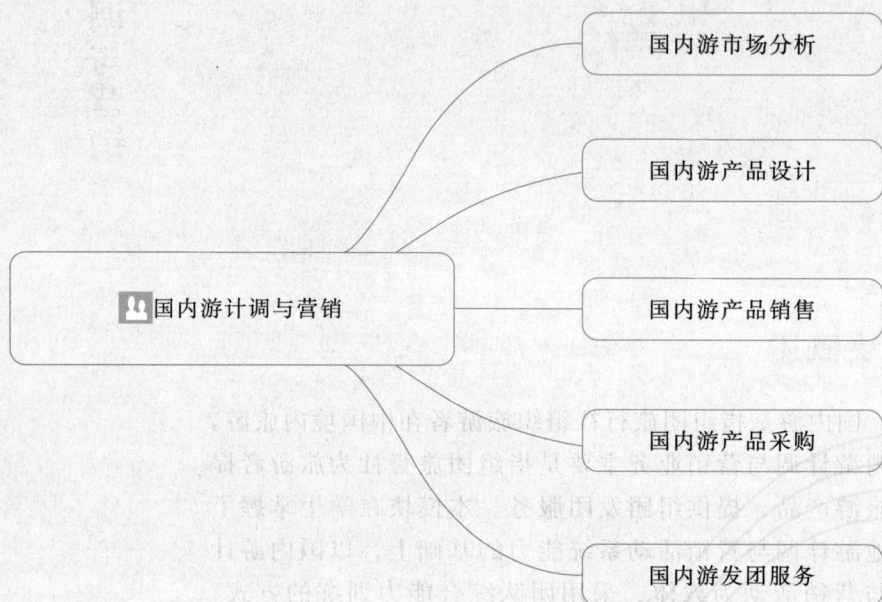

◎ 模块示例

国内游产品设计

背景分析:

目前,随着中国国力的不断增强,一股中国文化热传遍中国大地乃至世界各地。

黄河流域是中国文化的发祥地之一,早在180万年前,中华民族的始祖就在山西芮城大(黄)河拐弯处一个叫西侯度的地方,点燃了人类历史上真正意义上的第一把火。从此,一个伟大民族源远流长的灿烂文明开启了。山西是厚重的黄河文化的主要代表地区之一,古人类文化遗址、帝都古城、宝刹禅院、石窟碑碣、雕塑壁画、古塔古墓、佛道圣地、险堡雄关以及革命文物、史迹等遍布全省,构成了山西古今兼备、丰富多彩的人文景观。

大连希望旅行社为了解大连市民对中国文化的热衷程度,安排了一项电话访问调查。首先,根据大连主城区的行政划分,即中山区、西岗区、沙河口区、甘井子区,对市民进行分群,采用电脑随机抽样的方式选择市民。然后,根据如下两个指标选择市民家庭中的成员:①年龄在20岁以上。②在大连居住超过2年。最后,对选出的市民进行电话访问调查。在被调查的人群中,发现有40%的市民喜欢中国文化,有到山西旅游的愿望。

旅行社计调与营销:

大连希望旅行社决定推出国内游产品——"黄土高原情 华夏文明旅"。该产品的综合项目报告如下:

黄土高原情 华夏文明旅

一、市场调研

(一)旅游目的地资源实地调研

1.著名的旅游景点

山西著名的旅游景点有:大同旅游区的云冈石窟、悬空寺以及中国五岳之一的北岳恒山;朔州旅游区的应县木塔、崇福寺;忻州旅游区的五台山、芦芽山、杨家将故地;太原旅游区的晋祠、天龙山石窟、窦大夫祠、永祚寺、多福寺、蒙山大佛;晋中旅游区的平遥古城、乔家大院;临汾旅游区的尧庙、洪洞大槐树、广胜寺、黄河壶口瀑布、侯马晋国遗址;运城旅游区的解州关帝庙、芮城永乐宫壁画、夏县司马光祠、永济黄河铁牛、永济普救寺和鹳雀楼。其中,平遥古城、云冈石窟、五台山已被列入世界文化遗产。

2.山西特色美食

山西人好吃面,每顿饭几乎无面不足、无馍不饱,相沿成习。山西人喜欢喝汤饭的习惯由来已久,除晋南部分地方外,各地居民大多如此。山西的特色小吃有:莜面窝窝、代县麻片、清和元头脑、忻州瓦酥、太谷饼、太原面食、榆次灌肠、高粱面鱼鱼、上党腊驴肉、平遥牛肉等。

3.山西特色旅游纪念品和文化活动

煤雕：煤雕是我国独一无二的工艺美术品。它始创于1998年，是一项新型的工艺品，也是极具地方特色的馈赠亲朋好友的艺术品。

广灵剪纸：中国民间剪纸三大流派之一的广灵剪纸，以其独特的风格、艳丽的色彩、生动的造型、纤细的线条、传神的表现力和细腻的刀法独树一帜，被誉为"中华民间艺术一绝"。在1992年北京亚运会上，广灵剪纸独领风骚，成为亚运会唯一指定的剪纸纪念品。2009年，广灵剪纸作为中国剪纸的部分申报项目，被联合国教科文组织列入《人类非物质文化遗产代表作名录》。

山西特色旅游纪念品还有侯马蝴蝶杯、大同皮毛、大同地毯、大同铜器、云冈绢人、平遥推光漆器等。

山西特色文化活动包括：二人台、民间社火、扭秧歌、晋剧等。

（二）网络调研

1.住宿

山西省太原市有各种价位、各种星级的酒店供旅游者选择，经济型酒店适合普通消费者，价位合理、设施齐全，如金广快捷酒店、如家快捷酒店等。

2.交通

航空：太原武宿国际机场位于太原市小店区，距太原南站仅4.6千米，与北京、天津、上海、成都、桂林、南京、沈阳、西安等全国各主要大中城市都有直飞航班。机场大巴可直达五一广场、西客站、东客站和太原南站；201路公交车也穿梭于太原市区和机场之间；从太原市区打车到机场需要40元左右。

铁路：太原是石太铁路的终端和太焦铁路的起点，连接北京、西安、成都、包头等数十个大中城市，铁路交通方便快捷。

公路：太旧高速公路是山西省第一条高速公路，这条高速公路从太原武宿开始，途径榆次、寿阳、阳泉、平定，终点是山西和河北交界的旧关。此外，还有大运高速公路、太古高速公路、青银高速公路等，高速公路密如蛛网。

3.门票价格

太原晋祠：旺季80元/人，淡季65元/人。

五台山：旺季135元/人，淡季118元/人。

注：6周岁（不含6周岁）~18周岁（含18周岁）未成年人、全日制大学本科及以下学历学生凭合法有效证件实行半价优惠；6周岁（含6周岁）以下或身高1.2米（含1.2米）以下的儿童、残疾人、现役军人、革命伤残军人、年满60周岁（含60周岁）的老年人凭合法有效证件免票；五台山景区内宗教活动场所所属的宗教教职人员及其工作人员、与景区内宗教活动场所所属的宗教是同一宗教的宗教教职人员，凭戒牒证等合法有效证件，实行免票。

平遥古城：130元/人。

乔家大院：135元/人。

4.文化特色

山西文化：山西，是中华民族的发祥地之一。在这片土地上，10万年前就有人类活动。西侯度文化和丁村文化遗址表明，早在旧石器时代就有人类在这里繁衍生息。山西历史悠久，人文荟萃，拥有丰厚的历史文化遗产，素有"中国古代文化博物馆"之美称，还被誉为"华夏文明的摇篮"。

晋商文化：通常意义上的晋商指明清500年间的山西商人，晋商经营盐业、票号等商业，尤其以票号最为出名。晋商也为中国留下了丰富的建筑遗产，如著名的乔家大院、常家庄园、王家大院、渠家大院、曹家大院等。据史料记载，八国联军向中国索要赔款时，慈禧太后掌权的清政府曾向晋商乔家借钱还国债，这足见晋商的经济实力。

（三）旅游者调研

山西的自然资源和文化旅游资源对成年人来说有很大的吸引力，对求知欲望强烈的大学生来说更是如此。

二、市场分析

（一）客源分析

正值"五一"假期，人们外出度假的愿望强烈。人们希望利用假期放松心情，感受春天的美景。此外，此项目对学生具有教育意义，因此客源市场潜力巨大，具有广阔的发展前景。

（二）项目分析

山西拥有深厚的文化底蕴和丰富的旅游资源，但是了解它的人并不是很多，此次旅游活动可以让人们在度假放松的同时，了解山西文化。

（三）旅游项目内容分析

通过游览山西的自然景观和人文景观，了解山西的历史文化。

三、产品设计

（一）行程安排

第1天：早8:00在大连周水子国际机场二楼4号门集合，乘航班赴太原武宿国际机场，接机入住酒店（空中飞行约1小时45分钟）；午餐后，游览太原晋祠公园，乘车游览太原城市风貌。

第2天：早6:30乘车赴五台山（车程约4个小时，含五台山景区内环保车费）；午餐后游览五台山黄庙领袖、五台山等级最高的寺院——菩萨顶（游览时间90分钟）、青庙领袖、五台山最具规模的寺庙——显通寺（游览时间120分钟），聆听幽幽钟声，远观五台山标志大白塔、广化寺（游览时间90分钟）。

第3天：早上赴五台山最灵验的寺庙——五爷庙（游览时间60分钟），祈福来年平安健康、步步高升、财源滚滚，登小朝台——黛螺顶（步行台阶上下约2.5小时）或乘坐索道（需另付费，往返85元/人），午餐后返回太原。

第4天：游览平遥古城，晋商票号博物馆——日昇昌票号，我国古代华尔街——明清一条街，我国现存最完整的县衙——平遥县衙（游览时间90分钟）；之后赴祁县，游览电视剧《乔家大院》的原创地——乔家大院（游览时间90分钟）；返太原途中参观晋农名优土特产超市.(参观时间60分钟);晚上乘机返回大连温暖的家,结束愉快的旅行!

(二)产品特色

五台山是我国著名的佛教四大名山之一,与四川峨眉山、浙江普陀山、安徽九华山齐名,为海内外人们所向往的旅游胜地。近年来,到五台山旅游的游客逐年增多。五台山据传是文殊菩萨的道场,这里众多寺庙的正殿都以供奉文殊菩萨为主。文殊菩萨是释迦年尼佛的左胁侍,他在诸菩萨中智慧辩才第一,故专司佛的智慧,有"大智文殊"的尊号。文殊菩萨右手持金刚宝剑,能斩群魔,断一切烦恼;左手持青莲花,花上有金刚般若经卷宝,象征所具无上智慧;坐骑为青毛狮子,象征智慧威猛。

(三)服务标准

往返大交通:大连—太原—大连,往返机票;机票为特价票,一经确认,概不更改、签转、退票。

住宿标准:住宿为双人标间;全程不提供单间,产生单房差由客人自理。

用餐标准:3早5正(八菜一汤,十人一桌,不含酒水)。

门票:景点第一道门票(赠送平遥电瓶车)。

用车及导游:空调旅游车,优秀导游服务。

购物店安排:纯玩不进店,全程享受VIP服务。

儿童:1.2米以下(含1.2米)儿童只含往返机票、旅游车费,不占床,其他费用自理;1.2米以上儿童同大人收费标准,同大人服务标准。

四、温馨提示

春季旅游小贴士

(1)春游都会遇上低温阴雨、浓雾、强对流天气以及雷电等状况,正是"乍暖还寒时候,最难将息",所以,游客要注意穿着适当,不必太多,也不能太少。一般来说,一定要提前取得旅游目的地的气候资料,记得随身带件保暖的外套。

(2)雨具是春游时必须随身携带之物;容易晕车者最好预先服用防晕车药,挑选通风透气的位置坐。

(3)鞋一定要舒适,女士出游不要穿高跟鞋,如果因走路脚部红肿了,可在临睡前用热水泡泡脚,疏通一下经络。

(4)春季是一个潮湿多雨水的季节,特别容易滋生蚊虫和细菌,因此应尽量避免饮用生水和吃不卫生的食物。

(5)春光明媚,风和日丽,正是户外摄影的好时机。在外出旅游之前,最好先检查一下相机的各项性能是否完好。

(6)游客在出行期间,要时刻注意安全,保护好自身的财物。

五、营销推广

(一)方式

报纸:大连市内中小报纸。

网络媒体:旅行社网站、旅游网站、微信公众号等。

宣传单：在人流集中区派发宣传单。

广告：公交车内的移动电视广告、出租车的字幕广告等。

杂志：旅游杂志等。

（二）营销对象

大连市20岁以上的成年人。

（三）宣传海报设计

山西，华夏文明的摇篮；山西，中华民族的发祥地之一。你了解它吗？这里有黄土地的豪迈晋商文化的神奇。请跟随我一起走进山西，了解它的文化，感受它的内涵。相关宣传海报如图2-1所示。

图2-1 项目宣传海报

六、产品采购

大连希望旅行社为了满足"黄土高原情 华夏文明旅"的服务需求，完成了以下采购任务：

（1）选择信誉度高的山西省中国青年旅行社作为这个项目的地接社，多年的合作使我们相信，该旅行社能够保质保量地完成"黄土高原情 华夏文明旅"这个旅游项目的相关工作。

（2）根据预订游客的数量开展旅游服务采购活动。

（3）预订往返机票及旅游途中的空调大巴。

（4）选派优秀的全陪导游跟随团队，为游客全心全意地服务。

七、成本核算

（一）对内报价（见表2-1）

表2-1　　　　　　　　　　　　　对内报价

机票：840元/人（往返）
车费：120元/人（金龙中巴，载客30人，900元/天）
住宿费：400元/人
景点门票费：450元/人
餐费：150元/人
导游服务费用：100元/人
全陪费用：120元/人（含机票、服务费）

（二）对内报价总计

2 180元/人

（三）对外报价总计

2 380元/人

（备注：一个旅游团预计为30人）

八、顾客投诉

（1）建立健全游客投诉机制，认真对待游客反映的问题。

（2）成立专门的投诉部门，设立投诉热线，安排工作人员接听热线。

（3）对游客的投诉要认真调查、严格处理、迅速回复，并保存投诉档案。

（4）安排相关人员进行跟踪回访，及时掌握游客对服务质量的态度。

（5）可通过电话、信件、电子邮件等方式进行回复。

投诉的处理流程如图2-2所示。

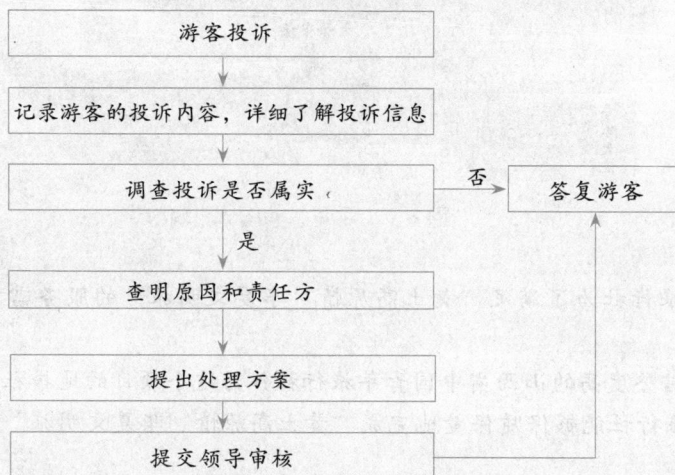

图2-2　投诉的处理流程

九、后续开发

为使旅游产品能够实现可持续发展，大连希望旅行社通过对本项旅游产品的研究，提出了一些具有可行性的后续开发计划。

此项目主要针对成年人，在此项目开发之后可看其效果，逐步扩大旅游群体覆盖面；也可对项目的内容进行深层次挖掘，突出经典特色，以吸引游客。

项目 8　　国内游市场分析

◎　**项目目标**

　　在本地游市场分析能力训练的基础上，以国内游计调与营销活动为载体，通过本项目的学习与训练：

　　1. 能够从组团旅行社的角度，分析旅游目的地的旅游资源。

　　2. 能够分析旅游目的地的自然环境对市场的影响。

　　3. 能够分析旅游目的地的治安环境和政策环境对市场的影响。

　　4. 了解旅游者的旅游需求和国内新兴的细分市场。

　　5. 通过市场分析选择自己拟进入的细分市场。

　　6. 洞悉旅游者的心理，能够为特殊团队开发特色旅游产品。

　　7. 具备严谨的数据分析能力和良好的信息素养，树立区域协同发展观。

项目知识

一、旅游目的地资源分析

　　旅游目的地的资源是旅行社产品设计的基础，旅行社能否设计出具有特色的旅游线路，主要依托目的地的旅游资源。国内旅游资源分区不同，特色也各不相同，就旅游大区而言，主要包括以下旅游区：

　　（1）东北旅游区：冬季可欣赏冰雪，夏季可避暑，关东文化为其特色。

　　（2）京津冀旅游区：首都文明、古都文明等人文旅游资源为其特色。

　　（3）黄河中下游旅游区：古都文明、名山名水为其特色。

　　（4）长江中上游旅游区：峡谷巨川、巴蜀与楚文化为其特色。

　　（5）长江下游旅游区：山水神秀、吴越文化为其特色。

　　（6）东南沿海旅游区：南国侨乡、岭南文化为其特色。

　　（7）西南旅游区：石林洞乡、少数民族农业文化为其特色。

　　（8）蒙新藏旅游区：特殊自然环境、民俗风情为其特色。

　　（9）港澳台旅游区：建筑文化、民俗风情为其特色。

　　此外，每个旅游大区又可分为若干小区域，这些小区域的特色也不相同。

二、旅游目的地环境分析

（一）自然环境

对旅游产业而言，自然环境主要是指地理位置和景观资源。旅游业与自然环境存在着密切的联系，旅游业的发展必须依托一定的自然环境，自然资源和气候条件的变化对旅游业有一定的制约作用。

对组团社而言，旅游目的地的自然环境会直接影响到组团社的产品设计、发团数量和旅游产品质量。

1. 有利环境

在自然环境中，风景是最活跃、最富于变化、最能激发游客想象力的因素。我国的旅游胜地大多拥有绚丽壮观的风景资源，如泰山日出、黄山云海、三峡云雾和峨眉佛光等。

2. 有害环境

（1）地质灾害。自然条件和环境变化既会给旅行社带来良机，也会给旅行社带来危机。地震、火山爆发、泥石流等地质灾害都可能给旅游业带来损失。因此，旅行社必须对地质灾害进行具体的调查研究并做出相应的反应，尽量避免或降低由此造成的损失。

案例窗 2-1　　　　　　　　　汶川地震对四川旅游业的影响

2008 年 5 月 12 日，汶川地震发生当天，国家发出紧急通知，要求各地立即停止组织赴灾区或途经灾区的旅游业务；对已经组团的旅游团队，要立即终止途经灾区的旅游项目。

四川省中国国际旅行社每年旅游收入的 75% 以上来自受灾景区业务。可以说，这次地震对四川旅游业是一个毁灭性的打击。2007 年，四川省旅游总收入达 1 217 亿元，占四川省生产总值的 10%。据统计，仅 2008 年 4 月，四川全省接待入境旅客 9.45 万人、国内游客 1 436.58 万人，旅游总收入达 74.96 亿元。

此次强烈地震，四川主要旅游景区均不同程度受到损坏。其中，青城山-都江堰景区主要建筑二王庙、伏龙观损坏严重，经济损失达 12 亿元；绵阳猿王洞、千佛山等道路全部损毁；三星堆博物馆建筑物轻微受损；四姑娘山、海螺沟景区的基础设施亦受破坏。据估算，此次地震给四川旅游业带来的直接损失超过 500 亿元。专业人士表示，旅游业要恢复正常，少则需要半年甚至一年的时间。

地震给旅游业带来的影响不止于此，除了直接经济损失外，最大的影响是给游客的心理留下了阴影，这种影响需要很长时间才可能恢复。

（2）气候灾害。气候灾害包括干旱、洪涝、台风等。气候灾害对旅行社的影响非常明显，有时甚至会使旅行社遭受致命的打击。

案例窗 2-2　　　　　　　河南遭受特大暴雨灾害　部分景区受灾严重

2021年7月，河南多地持续遭遇强降雨，郑州等城市发生严重内涝。7月21日3时，河南省防汛抗旱指挥部将防汛应急响应提升至Ⅰ级，国家防总将防汛应急响应提升至Ⅱ级。应对汛情，河南文化和旅游行业紧急行动，全力做好防汛救灾工作，确保游客安全。

据了解，河南部分A级景区受灾严重，洛阳市栾川重渡沟景区、天河大峡谷景区、养子沟景区、嵩县木札岭景区、神灵寨风景区、花果山景区等多处道路、河堤、树木被冲毁，山体出现滑坡现象；鹤壁市淇县朝阳山景区机动车道中段发生坍塌，后方发生山体滑坡；红旗渠·太行大峡谷、天平山、黄华神苑、柏尖山景区内部分路段有落石；安阳市红旗渠景区青年洞观光车道路坡体坍塌，柏尖山景区滑坡地段两处，洪谷山、太行大峡谷王相岩、天路、桃花谷等主要景区水量过大，工作人员无法进入，万泉湖景区河水较7月20日上涨明显，全面启动应急预案，防汛压力较大；济源市王屋山景区、太行山国家森林公园的步道入口已全线封闭，工作人员正抢修景区受损道路，清理塌方、落石，装置防洪沙袋600袋，对重点区域进行布防。

郑州市、洛阳市、巩义市等文物单位密集地区遭受严重灾害，部分博物馆和考古工地有渗漏进水情况，多处全国重点文物保护单位、省级重点文物保护单位遭受不同程度的水毁险情。郑州商城遗址、龙门石窟、嵩山少林寺等地覆土坍塌，但文物本体安全。省内部分考古工地被淹，其中王城岗遗址遇到了上游水库泄洪，我们确保了人员和文物遗址的安全。截至7月21日22时，河南省378家A级景区关闭运营，并将游客妥善安置。全省A级景区暂无人员伤亡报告。

资料来源　佚名. 面对特大暴雨灾害 河南文化和旅游行业抒写担当与大爱 [EB/OL]. [2021-07-23]. https://baijiahao.baidu.com/s?id=1706038162602364461&wfr=spider&for=pc.

（3）工业污染。在人类活动及现代工业发展的影响下，旅游景点开发所依托的自然资源如水源、空气和土壤等都受到了不同程度的污染，植被的破坏较为严重，一些文物古迹也遭受了不同程度的腐蚀，从而在一定程度上影响了旅游景观的品质。这就要求旅行社在产品设计和目的地的选择上，考虑无污染或少污染这一因素，并合理引导和教育旅游者，以减少对生态环境的破坏，实现旅游业的可持续发展。

（4）流行性疾病。流行性疾病对旅游业的影响也不可小视。20世纪末期，埃及、印度、巴西等世界著名旅游地都发生过因霍乱、鼠疫流行而引发的旅游危机；2020年初，新冠肺炎疫情在我国乃至全世界蔓延，国际旅游几乎全面停滞，国内旅游业务量也严重下滑，不少旅行社陷入困境。

（二）治安环境

良好的治安环境是旅行社市场营销活动顺利开展的基础。恐怖活动对旅游业的打击是致命的。在旅游目的地发生恐怖袭击后，旅行社应立即采取应对措施，如取消行程或更换线路。总之，旅行社计调与营销部门应时刻关注旅游目的地的治安环境，尽量避免因不良治安环境而遭受重大经济损失。

（三）法律环境

1.为规范旅行社的经营行为而颁布相关规定

为了保护本地区的经济利益，规范旅行社的经营行为，地方政府会制定一系列规定，干预社会经济生活。地方政府颁布的相关规定对旅行社的计调与营销活动有不可忽视的调节作用。例如，2014年9月15日，海南省旅游发展委员会（现改组为海南省旅游和文化广电体育厅）发布了《海南省旅行社经营规范（试行）》；2018年6月1日，营口市旅游发展委员会（现改组为营口市文化旅游和广播电视局）发布了《营口市旅游业管理办法》。

2.为扶持旅游业的快速发展而采取刺激措施

旅行社可以充分利用各旅游目的地的优惠政策，降低组团成本，招徕游客，这也是组团旅行社分析旅游环境时要考虑的重要因素。例如，2018年5月1日，湖南省张家界市制定的全国首部全域旅游地方性法规——《张家界市全域旅游促进条例》正式施行，以促进张家界全域旅游科学、健康、协调、有序发展。

案例窗2-3　　　　　　　　巴中市促进旅游业发展扶持奖励措施

为将旅游业培育成为我市经济发展的重要增长极和战略支柱产业，助推国家全域旅游示范区和国内知名旅游目的地建设，现结合我市实际，特制定以下扶持奖励措施：

1.设立旅游发展基金

坚持政府引导，市场化运作，在川陕革命老区振兴发展基金中单列旅游专项发展基金10亿元，重点支持投资需求大、综合效益好的旅游项目建设和旅游企业做大做强，以及旅游客源市场拓展、旅游品牌创建、旅游新业态培育和旅游服务设施建设的扶持奖励。

2.组建市文化旅游发展集团有限公司

发挥文旅投资运营主体作用，围绕全市文化旅游、康体养生和体育产业发展规划及重点项目建设，承担投资建设运营和重大项目融资任务，引领、推动全市文化旅游、康体养生和体育产业发展。

3.实施入巴旅游奖励计划

鼓励在巴中登记注册的旅行社兼并重组、做大做强。对年度组织市外入巴游客人数超过5 000人的旅行社和涉旅组织，按全年游客数量从大到小进行排序，市财政对前5名给予5万~13万元奖励；一次组织300人以上游客通过专列到巴中旅游，市财政给予每趟（次）3万元奖励；一次组织100人以上游客乘旅游包机（由旅游企业经营且不对外开舱售票）来巴旅游，市财政给予每架（次）3万元奖励。

4.支持旅游品牌创建

成功列入《世界遗产名录》或成功创建世界地质公园、国家AAAAA级旅游景区、国家级旅游度假区等，以及旅游接待设施完善且接待游客100万人次以上，对提升城市知名度有重大影响的旅游品牌企业，市财政给予一次性创建奖补1 000

万元。成功创建国家AAAA级旅游景区、省级旅游度假区等，以及旅游接待设施完善且年接待游客50万人次以上，对提升城市知名度有较大影响的旅游品牌企业，市财政给予一次性创建奖补200万元。

5.支持旅游商品研产销

鼓励巴中特色商品旅游化。对在巴中登记注册企业的旅游商品参展参赛，新获得国家级一、二、三等奖的，由受益财政分别奖励10万元、5万元、3万元。支持重点旅游地区、机场、高速公路服务区、旅游集散中心新设立旅游商品购物区，对面积达200平方米以上，且销售本地特色的旅游化农副土特产品、手工艺品和文化创意产品达30种以上的企业，由受益财政按照该企业销售巴中旅游商品年实缴税收地方留成部分的50%予以奖补。

6.促进旅游消费

鼓励打造兼具文化艺术、巴中特色、民俗风情和市场活力的旅游演出剧目。对全年演出达到100场（次）、演出收入达到200万元的，市财政给予一次性奖励20万元。支持经批准举办的市级以上重点节庆、展览、会议、赛事活动，市财政给予10万～100万元的补助。定期评选"巴中旅游餐饮示范店"和"巴中名小吃"，新入选单位由市财政给予一次性奖励1万元。获得"中国金牌旅游小吃"称号的单位，每个单位由市财政奖励2万元。

7.支持旅游产业融合发展

市财政每年设立专项资金200万元，培育旅游+文化、农业、会展、体育、商务、医疗、工业、互联网以及低空旅游、水上旅游等新业态项目，大力发掘农业主题公园、森林公园、地质公园、水利风景区（江河湖库）、运动场所、医疗卫生机构、商业街区、道路交通等机构和设施的旅游功能，充实旅游产品供给。

8.支持旅游服务设施建设

市财政每年设立专项资金，支持符合市级旅游专项规划的游客集散中心、自驾车营地项目，以及无门票收入的国家AAAA级及以上旅游景区新（改）建景区内停车场、游客中心、游步道、旅游厕所、垃圾桶（箱）、标识系统等旅游基础设施。

9.支持涉旅资源旅游化

对全市历史建筑、名人故居、街道社区、公交站台，以及旅游景区沿线、市（县、区）中心城区、特色街区的公共厕所实施旅游化提升改造的，由市财政予以奖补。

10.推进智慧旅游建设

市财政每年设立专项资金，加快完善旅游信息化基础设施，鼓励传统旅游企业进行信息化升级改造，优化旅游在线消费环境。建设全市智慧旅游大平台和旅游大数据中心，实现涉旅数据共享共用。对达到智慧旅游景区、宾馆饭店、旅行社标准并接入全市统一平台的旅游景区、宾馆饭店、旅行社进行奖补。

资料来源 巴中市人民政府.巴中市人民政府关于印发巴中市促进旅游业发展扶持奖励措施的通知[EB/OL].[2017-12-28].http://www.cnbz.gov.cn/xxgk/1/9/1/2018/01/1515569977104124.shtml.

三、国内游市场需求分析

国内游市场需求分析与模块一中"本地游市场分析"的理论基本相同，这里主要从消费者需求的角度加以阐述。

国内游市场需求的产生和实现，至少应满足以下三个方面的条件：

一是要具备足够的支付能力。收入水平的高低，决定了一个人能否实现旅游需求，也决定了其旅游消费水平的高低。

二是要拥有足够的闲暇时间。闲暇时间不仅决定了一个人能否实现外出旅游的意愿，而且影响其对旅游目的地的选择以及在目的地逗留时间的长短。

三是要有外出旅游的动机。旅游动机规定了旅游行为的方向，指导着人们开展旅游活动的心理过程。

其中，前两个是客观条件，后一个是主观条件。旅行社只有了解了这三个条件，才能设计出符合旅游者需求的旅行社产品。

认知拓展

国内游新兴细分市场主要包括以下几类：

（一）国内修学旅游市场

修学旅游市场是近几年来的新兴项目，从小学生到大学生甚至到老年人，他们都需要学习和体验；机关、事业单位的官员与学者也由过去的出国考察旅游转变为学习培训，这样可以提高学习的含金量和增强旅游的文化氛围。

（二）农业旅游市场

随着绿色旅游、生态旅游的兴起，人们回归自然、亲近自然的兴趣越来越浓，城市居民向往农村的新鲜空气、绿色的农产品，这使得农业旅游日渐火爆。

（三）工业旅游市场

工业旅游是伴随着人们对旅游资源理解的拓展而产生的一种旅游新概念和产品新形式。工业旅游在发达国家由来已久，特别是一些大企业，其利用自己的品牌效应吸引游客，同时也使自己的产品家喻户晓。在我国，已经有越来越多的现代化企业进军工业旅游市场。例如，青岛海尔、上海宝钢、广东美的等公司相继向游人开放，许多项目还受到了政府的高度重视。

（四）自驾旅游市场

随着私家车数量的增多，以及现代人生活方式自由性、自主性的增强，自驾旅游已经成为时尚。

拓展学习 2-2

老弄堂玩出
文旅融合
"新名堂"

思政园地 2-1

基础设施建
设为旅游业
强筋健骨

项目实训

实训项目2-1：国内游市场分析实践

实训地点： 多功能实训室、资料室、网络实训室、校外实训基地（合作旅行社）。

实训内容： 选择一家合作旅行社进行考察，在一定范围内分析国内游市场环境、国内游市场需求。

实训目的： 在本地游项目训练的基础上，以国内游为载体进行有针对性的市场分析，为设计、销售产品等计调与营销活动奠定基础。

实训组织：

1.每6人组成1个小组，同一省的学生或熟悉该省的同学可自由组合成一组。

2.老师可对学生的分组进行调整。

3.在老师的指导下，由组长负责。

验收成果： 课堂讨论，师生评价。

项目测评

📢 **不定项选择题**

1.旅游目的地的自然环境会直接影响到组团社的产品设计、发团数量、旅游质量，这些因素包括：（　　　）。

A.恐怖袭击事件　　　　　　　　B.地震

C.海啸　　　　　　　　　　　　D.流行病

2.为促进旅游业的快速发展而采取的有效刺激措施包括（　　　）。

A.我国的"黄金周"制度　　　　　B.杭州市政府发放杭州旅游消费券

C.政府严禁公费旅游　　　　　　D.娱乐消费税

3.出于身心健康动机的需要选择的旅游项目有（　　　）。

A.风景名胜　　　　　　　　　　B.结交朋友

C.温泉洗浴　　　　　　　　　　D.洽谈贸易

4.我国的主要节假日有（　　　）。

A.元旦　　　　B.春节　　　　C.清明节　　　　D.劳动节

E.端午节　　　F.中秋节　　　G.国庆节　　　　H.圣诞节

5.国内旅游资源分区不同，特色也各不相同，请将下列大区代码填入对应的括号中：

A.首都文明、古都文明等人文旅游资源为其特色（　　　）

B.冬季冰雪、夏季避暑、关东文化为其特色（　　　）

C.古都文明、名山名水为其特色（　　　）

随堂测验2-1

项目8

D.峡谷巨川、巴蜀与楚文化为其特色（　　）

E.南国侨乡、岭南文化为其特色（　　）

F.山水神秀、吴越文化为其特色（　　）

G.建筑文化、民俗风情为其特色（　　）

H.特殊自然环境、民俗风情为其特色（　　）

I.石林洞乡、少数民族农业文化为其特色（　　）

①东北旅游区 ②京津冀旅游区 ③黄河中下游旅游区 ④长江中上游旅游区 ⑤长江下游旅游区⑥东南沿海旅游区 ⑦西南旅游区 ⑧蒙新藏旅游区 ⑨港澳台旅游区

◀ 思考题

1.描述一个你所了解的旅游目的地的旅游资源特点。

2.举例说明自然环境对旅游业的影响。

3.针对某一地区的游客，分析其对国内旅游市场的需求。

项目 9　**国内游产品设计**

◎　**项目目标**

在本地游产品设计能力训练的基础上，以国内游计调与营销活动为载体，通过本项目的学习与训练：

1. 能够掌握国内游产品设计与开发操作。
2. 能够掌握国内游产品设计的要素。
3. 能够了解国内游常规线路。
4. 能够设计特色国内游产品。
5. 具备创新思维和以游客为本的产品设计理念，增强文旅融合意识，厚植家国情怀。

项目知识

国内游产品设计主要是指组团旅行社产品的设计与开发。国内游产品设计的步骤与本地游产品设计的步骤基本一致。

一、国内游产品设计分析

目前，国内绝大部分旅行社从业者认为，新产品的开发需要耗费大量的时间和精力开展消费者市场调研、产品设计、产品要素采购、产品试销等工作。如果市场推广不能取得理想的效果，则会遭受很大的损失；如果销售效果好，又会被同行以更低的价格、更强大的广告攻势抢占市场。所以，大部分旅行社更愿意选择成为市场的跟随者。但是，中国旅游业的发展需要创新产品和服务，旅行社只有不断开辟自己的市场，开发自己的主题产品，才能实现更快、更好的发展。

拓展学习 2-3

"露营热"解锁景区新玩法——三亚旅企纷纷"抢跑"露营赛道

二、国内游产品设计与开发操作

（一）旅行社自己设计与开发

目前，国内各大城市的大型旅行社都已经具备自己设计与开发产品的能力。大型旅行社通过及时把握区域市场的消费特点，依据对当地旅游市场消费趋向的调查，确定主要旅游目的地，与旅游目的地的主要接待社协商并获得其支持，同时利用自己多年来在当地旅游要素市场积累的优势，与航空公司、铁路运输部门、巴士公司等交通运输部门签订包机、包专列、包车合同，以大批量采购获得各项要素的价格优势，将采购的接待产品和交通服务进行有机结合，这样就完成了国内游产品的设计与开发。

由于采用包机、包专列等交通方式可以取得较好的社会效益，因此许多旅游目的地的旅游主管部门都制定了一定的奖励政策和广告支持政策。

（二）从批发商处获得产品分销权

中小型旅行社自身没有产品开发能力，通常从批发商（大型组团社的产品分销机构、接待旅行社在当地市场的营销服务机构）手中获得旅游产品的分销权，然后以广告形式进行市场推广，最后根据招徕游客人数的多少，从批发商手中获得一定数量的佣金。

需要注意的是，中小型旅行社应选择实力强、经营久、信誉好的批发商进行合作。目前，在客源市场中，一个重要的旅游目的地通常有十几个营销服务机构，它们大多是旅游目的地接待社派驻的。在选择此类产品的供应商时，应重点考察其在当地旅游市场上的信誉、进驻当地的时间、经营业绩、产品的规范化程度、产品销售佣金的额度等。经营时间越长、经营业绩越好的批发商，越珍惜自己的市场地位，一般不会发生恶性事故和重大服务质量问题。中小型旅行社如果过分看重产品销售佣金的额度，一旦选择的批发商携款潜逃，就会带来重大损失。

三、国内游产品设计的要素

（一）大交通

如果乘飞机，要向旅游者说明是哪家航空公司、机型、从客源地到目的地的飞行时间、中间是否经停或转机（如果经停或转机，说明停留的时间及停留期间如何安排）等；如果乘火车，则要向旅游者说明火车车厢的类型（高铁或动车的特等座车厢、一等座车厢、二等座车厢，普通列车的硬座（卧）车厢、软座（卧）车厢等），以及经停几个车站、到达目的地的时间等；如果乘客车，则要说明车型、车况等。

（二）酒店

旅行社应向旅游者说明酒店的名称及位置、星级、周围环境、到机场或车站的距离等情况。如果是针对细分市场的特定需求选择的酒店，则应把有关住宿的各项细节向旅游者详细说明。

（三）餐饮

一般情况下，旅行社应向旅游者说明餐饮的标准，早、中、晚三餐的菜肴数量及菜单，餐厅的等级等情况。如果是特色餐，还应说明餐饮的特色。

（四）景点

旅行社应向旅游者说明景点的数量、等级及特色。普通旅游行程一般都是比较标准的行程，安排的都是旅游目的地最知名的景点，介绍时需配合景点的图片、视频等进行描述，尤其应注意强调该景点在同等级景点中的地位和特色，以及景点的门票、自费项目等。

（五）购物

目前，许多旅行社都把旅游购物作为接待利润的重要来源，为了避免不必要的投诉，旅行社应向旅游者说明旅游目的地的特色商品、行程中包含几个旅游购物商店、旅游购物商店的等级等。

（六）娱乐活动

旅行社应向旅游者说明旅游目的地娱乐活动的特色及收费标准等。目前，在国内旅游市场上，一些旅游目的地已经把旅游者的娱乐消费作为利润的唯一来源，有的旅行社甚至规定旅游者在旅游目的地一定要消费一定金额的娱乐项目。所以，在出团前向旅游者说明娱乐活动的内容，可以提高旅行社的诚信度。

四、国内游产品设计的技巧

国内游产品设计的技巧包括时间安排的合理性、空间安排的科学性、满足差异性的需求、提供便捷舒适的交通工具、提供具有参与性的产品五个方面。

（一）时间安排的合理性

国内游产品设计，首先要考虑时间安排的合理性。有张有弛、衔接紧密的时间安排有利于提高旅行社产品的质量；如果时间安排不当，则会导致误机、误车等事故，使旅游者产生不满。

（二）空间安排的科学性

在旅行社产品的空间安排方面，应科学合理，不能让旅游者在各景点之间疲于奔命，同时景点的选择要有特色、忌重复。

（三）满足差异性的需求

不同职业、文化背景的旅游者对旅行社产品的需求往往存在较大的差异，因此旅行社应根据旅游者需求的差异提供不同的旅行社产品。例如，英美游客喜欢逛北京的胡同、参观居民的四合院、游长城等。

（四）提供便捷舒适的交通工具

选择适当的交通工具既可以节省旅途时间和交通费用，又能带给旅游者安全、便捷和舒适的感受。一些旅行社在设计远程旅游线路时，在交通工具的选择上既安排了适合远距离出行的飞机，又安排了适合中距离出行的火车，还安排了适合短距离出行的汽车，有时甚至会安排适合近距离出行的轮船，使游客在交通工具的变化中体验不同的感觉。选择交通工具时，旅行社应注意尽量不安排单日在途时间超过12小时的火车、汽车，否则旅游者会过于劳累，从而影响旅行社产品的质量。

（五）提供具有参与性的产品

旅行社不仅要使旅游者游得尽兴，而且应尽量让旅游者体验参与的乐趣。例如，"农家乐"产品具有较强的参与性，颇受旅游者的喜爱。

思政园地 2-2

看花海如何
引爆乡村旅游
特色小镇

五、国内游线路范例

以济南、泰山、曲阜双飞四日游为例，其行程见表2-2。

表2-2　　　　　　　　　　　　　济南、泰山、曲阜双飞四日游行程表

日期	交通	行程	用餐	住宿
第1天	大连—济南	从大连乘机赴济南，然后乘大巴赴泰安，导游接站，入住酒店	不含	泰安
第2天	泰安	游览五岳独尊的泰山（游览5~8小时），乘环山旅游车（费用自理）至中天门，步行攀登观十八盘、南天门、月观峰、天街、摩崖石刻、青帝宫、玉皇顶、拱北石（导游讲解结束后自由活动1小时），步行下山至中天门，乘车下山	早餐	泰安
第3天	曲阜	乘车前往历史文化名城、至圣先师孔子的故乡——曲阜（约80千米车程，游览4小时），参观历代祭祀孔子的地方——孔庙、孔子故宅——孔府，游览孔子家族墓地——孔林（导游讲解结束后自由活动半小时）。下午乘车赴泰安（约80千米车程），晚上观看国内视听效果最震撼、以泰山封禅文化为主题的大型山水实景演出——《中华泰山·封禅大典》	早餐	泰安
第4天	济南—大连	乘车赴济南，游览被乾隆皇帝称为"天下第一泉"的趵突泉（1小时）及泉城的标志——泉城广场，观赏素有"小西湖"之称的大明湖（2小时，费用自理）。晚上乘机返回大连，结束愉快的行程	早餐	

服务标准：

1.住宿：入住准三星或指定酒店双人间，单男单女需补房差或安排三人间，本次行程单房差75元/晚

2.用餐： 3 早餐 0 正餐

3.区间用车：空调旅游车

4.门票：行程中除自费景点以外的景点首道门票

5.导游服务：当地导游服务

6.往返大交通：大连—济南往返飞机经济舱（含税）

认知拓展 ···

一、国内常规旅游线路推介

（一）大连—北京故宫、长城、颐和园双飞五日游

第1天：大连—北京。从大连乘飞机赴北京。住宿标准为三星级酒店，餐饮自理。

第2天：天安门广场—故宫—景山—皇城根遗址公园。游天安门广场、毛主席纪念堂（若开放），一睹雄伟的天安门城楼、人民英雄纪念碑、人民大会堂等建筑外

景，参观中国现存最大和最完整的古建筑群——故宫博物院；午餐后游景山、北海、皇城根遗址公园；晚上逛王府井夜市，自费品尝老北京风味小吃。

第 3 天：八达岭长城—定陵—奥运村。早餐后乘车赴闻名中外的八达岭长城，品尝北京土特产，游定陵地下宫殿，参观奥运村外景。

第 4 天：颐和园—中华世纪坛—天坛。早餐后乘车赴北京西郊明清两代的皇家园林——颐和园，途中观中央广播电视塔、中华世纪坛外景，下午游览天坛。

第 5 天：北京—大连。早餐后自由活动，返回大连，结束愉快的旅程。

（二）大连—旅顺—沈阳—长白山—哈尔滨双飞六日游

第 1 天：大连接团，游览建筑艺术殿堂——中山广场、文化中心——友好广场、俄罗斯风情一条街。

第 2 天：早餐后赴旅顺，游览旅顺西炮台，远观举世闻名的旅顺军港、胜利塔、中苏友谊纪念塔、白玉山；午餐后返回大连市内，游览星海公园、星海广场、老虎滩海洋公园；晚餐后，商业街自由活动，入住酒店。

第 3 天：早餐后，乘火车赴沈阳；午餐后，参观沈阳故宫、张氏帅府，然后到中街自由活动；晚上乘火车赴安图。

第 4 天：早上抵达安图，早餐后，乘车赴长白山，观赏世界上独特的树种——美人松；午餐后进山，然后换乘当地环保车游览（如导游带领上山，需付导游上山车费），观因火山喷发而形成的火山口湖——天池，途中体验欧亚大陆从温带到极地四个垂直景观带——针阔混交林带、针叶林带、岳桦林带、高山苔原带。下山后可泡温泉浴，有诗赞曰："天池游罢下群峰，游兴未减倦意浓。更喜温泉池水净，飞尘浴后一身轻。"游览落差达 68 米的长白瀑布，可自费品尝温泉煮鸡蛋，还可观赏水平如镜的小天池（电视剧《雪山飞狐》的外景拍摄地）、药王庙、天然的博物馆——地下森林等，晚餐后入住酒店。

第 5 天：早餐后，游览陨石博物馆、鹿场；午餐后，乘车赴哈尔滨。

第 6 天：早餐后，游览著名的太阳岛风景区；午餐后，游览异国风情的中央大街、圣·索菲亚教堂、防洪胜利纪念塔、斯大林公园。送团，结束愉快的行程，返回温暖的家。

（三）大连—成都—九寨沟—黄龙—乐山—峨眉山四飞七日游

第 1 天：大连周水子国际机场二楼集合，乘飞机赴成都，接机，入住酒店。

第 2 天：早餐后开始自由活动，搭乘中午航班飞抵九黄机场；接机后换乘旅游车出发前往黄龙风景区，翻越雪山，遥观海拔 5 588 米的岷山主峰——雪宝顶，游览黄龙风景区；晚上抵达九寨沟，入住酒店。

第 3 天：早餐后，乘环保观光车游览"童话世界"九寨沟，参观盆景滩、芦苇海、卧龙海、树正群海、诺日朗瀑布、长海、五彩池、五花海、珍珠滩、犀牛海等景点，观彩林，赏叠瀑、雪峰之秀丽，领略原始之雅趣，晚上可自愿自费观看藏羌民族歌舞晚会。

第 4 天：早餐后，乘车前往九黄机场，途中参观藏区土特产生产基地，然后搭乘中午航班返回成都。

第5天：早餐后，乘旅游车至乐山，观乐山大佛，游览凌云寺、海师洞，下九曲栈道，抱佛足，下午赴峨眉山。

第6天：早餐后，换乘当地旅游车至峨眉山景区，参观万年寺（缆车费用自理），游白龙洞及风景秀丽的清音阁，经过一线天，感受峨眉山的清幽、秀美，然后到达全国最大的生态猴区，体验嬉戏峨眉山灵猴之趣，下午返回成都。

第7天：结束愉快的旅程，搭乘早班机返回大连温暖的家。

（四）大连—上海—乌镇—杭州—绍兴—溪口—普陀山双飞五日游

第1天：大连—上海—乌镇—杭州。从大连乘飞机赴上海，然后乘车赴千年水乡、电视剧《似水年华》拍摄地——乌镇，体验江南水乡风情，游览林家铺子、百床馆、茅盾故居等主要景点；乘巴士赴杭州，品鉴龙井茶；晚餐后自由活动，有兴趣的游客可自费游览"给我一天，还你千年"的宋城景区，宋城的《清明上河图》再现了宋代京都的繁华景象。

第2天：杭州—绍兴—宁波。早餐后，漫步风韵万千的西湖，观赏苏堤、三潭印月等美景，游览西湖十景之一的花港观鱼（御碑、红鱼池等）；乘车赴绍兴，游览鲁迅纪念馆、百草园、三味书屋、鲁迅故居等，参观咸亨酒店、孔乙己塑像；乘巴士赴宁波。

第3天：普陀山。早餐后乘巴士赴大榭码头，乘坐快艇前往位于舟山群岛东南部、中国佛教四大名山之一的普陀山，外观朱家尖跨海大桥，抵达后游览普陀山最大的寺庙——普济寺，烧香祈福；游览紫竹林景区，山中岩石呈紫红色，剖视可见竹叶状花纹，十分奇特；游览南海观音露天大佛，佛像高33米，精湛的工艺令人叫绝。

第4天：宁波—上海。乘车赴溪口，游览蒋氏故居，参观丰镐房、玉泰盐铺、小洋房、文昌阁，乘车经杭州湾跨海大桥赴上海；晚餐后自由活动，或在导游的带领下观赏上海夜景。

第5天：上海—大连。漫步中华商业第一街——南京路，游上海老街城隍庙，自费品尝上海特色小吃；乘车穿过上海外滩观光隧道，游览外滩（东方明珠广播电视塔、金茂大厦、APEC会址、上海国际会议中心等）；乘机返回大连温暖的家，结束愉快的旅行！

（五）大连—西安兵马俑—华山豪华双飞四日游

第1天：大连—西安。从大连乘机飞赴美丽的古都——西安，专人接机，沿途欣赏城市风光。

第2天：西安—临潼。早餐后赴临潼，参观唐代封建帝王游幸的别宫、西安事变发生时蒋介石的寝室——华清池（五间厅、贵妃池）；参观被誉为"世界第八大奇迹""人类古代精神文明的瑰宝"的秦始皇兵马俑（1、2、3号坑）。自费景点：临潼博物馆、骊山兵谏亭。

第3天：华山。早餐后赴华山参观，华山有东、西、南、北、中五峰，著名景点多达210余处，如凌空架设的长空栈道、凿于倒坎悬崖上的鹞子翻身，以及千尺幢、百尺峡、老君犁沟、上天梯、苍龙岭等。山上午餐自理，下山后乘车返回西安。

第4天：西安—大连。早餐后，游览中国现存规模最大、保存最完整的古代城垣——明城墙，游览大雁塔水景广场，参观仿古街、钟鼓楼广场。送团，乘机返回大连温暖的家。

（六）大连—厦门鼓浪屿—武夷山—九曲溪—福州三飞五日游

第 1 天：从大连乘飞机赴厦门，接团，入住酒店。

第 2 天：早餐后出发，游览海上花园——鼓浪屿，漫步在美丽的小岛上，耳闻悠扬的音乐，欣赏万国建筑；参观菽庄花园，欣赏钢琴博物馆中收藏的各式珍贵钢琴；远眺日光岩，徜徉于港仔后海滨浴场；前往千年古刹——南普陀寺，体验闽南佛教文化；乘飞机赴武夷山。

第 3 天：早餐后游览天游峰景区，鸟瞰群峰，宛如置身于蓬莱仙境，遨游于天宫琼阁；乘古朴轻巧的竹筏泛舟于武夷之魂——九曲溪，饱览三十六峰的雄姿，触摸碧绿如黛的溪水柔情；品武夷岩茶，游览仿宋古街，参观武夷宫、朱熹纪念馆。

第 4 天：游览一线天景区，参观风洞、神仙楼阁、定命桥，欣赏武夷奇峰竞秀、碧水环山的美丽景色，下午乘火车赴福州。

第 5 天：早餐后乘飞机返回大连温暖的家！

（七）大连—井冈山红色文化研学之旅

第 1 天：大连飞抵吉安机场，到达井冈山风景名胜区。午餐后游览"革命摇篮"：①参观井冈山革命烈士陵园，向烈士献花圈；少先队员或者团员进行宣誓仪式并合影。②参观井冈山博物馆。晚上住宿处开班务会，宣布纪律，整理营房，规范内务，制定"三大纪律，八项注意"。

第 2 天：上午基地训练场致敬红军：①三湾改编，团队风采展示，组建"红小鬼"军团，自己动手设计红色标语，绘制红色漫画，设计工农革命军军旗。②井冈山练兵，练习"稍息、立正停止间转法、跨立、敬礼"等基本的队列动作。下午活动：①穿红军服，重走红军革命前辈走过的路，学习不怕苦、不怕难的革命精神。②学唱红军歌，了解红色历史。③学习编织红军草鞋，体验革命时期的艰苦环境。晚上进行音像教学，观看红色电影《闪闪的红星》或《草原英雄小姐妹》。

第 3 天：上午活动：士兵突击，黄洋界保卫战，真人 CS 枪战，体验红军枪战的"激情岁月"。下午活动：①伤员救护，飞夺泸定桥——夺旗赛。②誓师大会，展望未来；学员代表分享，基地领导总结，合影留念。晚上活动：分享体会——少年强则国强，书写研学日记。

第 4 天：上午活动：①参观黄洋界保卫战旧址。②参观茅坪八角楼。午餐后研学导师做研学总结，布置研学思考题。晚上乘飞机返回大连。

思政园地 2-3

守好红色根
吃上旅游饭
实现美丽蝶变

二、国内游产品开发的趋势

（一）升级换代速度加快

一方面，旅游者的需求不断变化，旅行社必须不断开发新产品，以满足旅游者的需求；另一方面，旅行社之间的竞争进一步趋向白热化，旅行社不得不加快产品开发的速度，以"新"取胜。

例如，游客从观光型转向参与型再转向度假型，旅行社产品的开发也从第一代发展到第二代、第三代。第一代产品是一种低层次的初级产品,以名山名水、古建古迹等自然和人文旅游资源为依托,以一般参观游览为主。第二代产品以资源为凭借,以观光旅游为主,但有一部分参与性活动穿插其中,有较为鲜明的主题,有较高的文化内涵,如孔子文化之旅等。第三代产品以度假、休闲、健身、商务、文化、研修等非观光产品为主,由单项参与型产品向双向和多项参与型产品升级,由"线上"产品转向"点、线、面"结合的综合性产品。

(二)科技含量进一步提高,智慧旅游异军突起

拓展学习2-4

做活"旅游+科技"打造智慧古城

在产品的开发过程中,现代化的声、光、电等高科技手段被广泛应用,从而大大提高了旅行社产品对旅游者的吸引力,也可以更好地服务旅游者,如被高科技灯光点缀得五彩斑斓的秦始皇陵地宫、八达岭长城等。

智慧旅游就是利用云计算、物联网等新技术,通过互联网/移动互联网,借助便携的终端上网设备,主动感知旅游资源、旅游经济、旅游活动、旅游者等方面的信息,并及时发布,让人们能够及时了解这些信息,及时安排和调整工作与旅游计划,从而取得对各类旅游信息智能感知、方便利用的效果。智慧旅游的建设与发展最终将体现在旅游体验、旅游管理、旅游服务和旅游营销四个层面上。

拓展学习2-5

"云旅游"新模式 足不出户游古村

当前,我国正积极推进智慧旅游试点城市建设,18个城市入选首批"国家智慧旅游试点城市",这18个城市分别是:北京、武汉、福州、大连、厦门、洛阳、苏州、成都、南京、黄山、温州、烟台、无锡、常州、南通、扬州、镇江、武夷山。第二批"国家智慧旅游试点城市"包括天津、广州、杭州、青岛、长春、郑州、太原、昆明、贵阳、宁波、秦皇岛、湘潭、牡丹江、铜仁。

案例窗2-4 "数字故宫"小程序2.0发布:更智能、更友好、更简单、更开放

2020年7月,故宫博物院发布了"数字故宫"小程序。在过去的一年中,"数字故宫"小程序与观众一同在文物世界里探索、在古建全景间漫游、在慢直播中走过故宫的四季……有近500万名来自天南海北的观众通过这一全新的渠道触达故宫、了解故宫、走近故宫。科技将旧日的古物转化为新时代的文化力量,通过"数字故宫"传达出中华优秀传统文化在时下重新焕发的无限魅力。

2020年12月21日,由故宫博物院与腾讯携手打造的"数字故宫"小程序首次升级,2.0版本正式上线。除了整体视觉焕然一新外,新版小程序还优化和添加了在线购票、预约观展、院内购物等"实用"版块,进一步完善一站式参观体验。2.0版本整合"智慧开放"理念,新增更加精准的开放区域线路导航、参观舒适度指数等重要开放服务功能,支持用户实时了解故宫各主要开放区域的参观舒适程度,并内置7条有趣的"定制游览路线"。为适应更广泛人群的需求,2.0版本还进行了无障碍功能升级,让视障人群、老年人既能在指尖云游故宫,也能通过小程序享受更多线下景点。

资料来源 赵婉莹."数字故宫"小程序2.0发布:更智能、更友好、更简单、更开放 [EB/OL]. [2021-12-22]. https://www.360kuai.com/pc/9857485df2ee0768c?cota=3&kuai_so=1&tj_url= so_vip&si.

（三）绿色旅游产品更受青睐

自20世纪70年代以来，人们越来越关注环境问题，各国政府相继颁布保护环境的"绿色法律"；在舆论宣传方面，提倡环保、走可持续发展道路的呼声日益高涨，环境管理体系认证等绿色标准的建立为绿色旅游产品的开发指明了方向。破坏环境的旅游产品越来越受到游客抵制，绿色旅游产品方兴未艾，畅销旅游市场。

绿色旅游产品几乎涵盖了旅游消费的所有方面：绿色旅游线路和绿色景点，如生态旅游线路等；绿色旅游交通，如景区为保护环境使用环保专用车；绿色饭店，如绿色客房、绿色餐饮等；绿色旅游商品等。

思政园地2-4

最美"千年鸟道"——江西遂川侯鸟的生态文明建设

项目实训

实训项目2-2：国内游产品设计实践

实训地点：多功能实训室、资料室、网络实训室、校外实训基地（合作旅行社）。

实训内容：选择一家合作旅行社进行考察，在一定范围内分析设计国内游产品。

实训目的：在本地游项目训练的基础上，从组团社的角度，以国内游产品设计为载体进行有针对性的产品设计，能够针对其产品分析各组合要素，为国内游计调与营销综合能力的训练奠定基础。

实训组织：

1.每6人组成1个小组，同一省的学生或熟悉该省的同学可自由组合成一组。

2.老师可对学生的分组进行调整。

3.在老师的指导下，由组长负责。

验收成果：国内游线路设计（大交通、住宿、餐饮、景点、购物、娱乐等），遵循线路设计的原则。课堂讨论其可行性，师生评价。

项目测评

随堂测验2-2

项目9

◀ 不定项选择题

旅行社自己设计、销售国内游产品时，考虑的组合要素包括（   ）。

A.区域市场的消费特点　　　　　　　　B.与交通运输部门的长期合作优势

C.各地接社报价　　　　　　　　　　　D.各地营销机构的声誉

◀ 思考题

1.目前，旅行社在产品设计方面存在的问题有哪些？

2.国内游产品是由哪些要素组成的？

3.国内游新产品开发的趋势是什么？

4.请你推介一个国内游产品，并分析其各组成要素。

项目 10　国内游产品销售

◎ **项目目标**

在已经形成了本地游产品销售系统能力的基础上，以国内游产品销售为载体，通过本项目的学习与训练：

1. 能够对国内游产品进行合理的定价和报价。
2. 能够模拟销售洽谈。
3. 能够正确引导游客签订旅游合同。
4. 养成诚实守信、开拓创新的职业品格和坚持不懈的职业精神，树立合法竞争意识。

项目知识

一、销售洽谈

销售洽谈是旅行社计调与营销工作的主要内容之一，是指旅行社计调与营销人员与旅游者进行业务联系、商讨交易条件等，最终达成令双方都满意的协议的过程。销售洽谈一般有两种形式，即面对面洽谈和利用通信工具洽谈。无论采用哪种洽谈形式，其目的都是建立业务关系或就某种产品达成购买意向，从而促进产品的销售。

（一）洽谈前的准备

1. 形象准备

计调与营销人员的形象设计很重要。一方面，良好的形象有助于建立良好的人际关系；另一方面，计调与营销人员代表的是企业形象、产品形象、服务形象，在跨文化交往中还代表了地方形象、民族形象和国家形象。

（1）服饰。服饰是个人审美情趣和企业规范的一种形象体现。在商务交往中，一方面，服饰应符合本人的身份与地位（商务人士要穿西装）；另一方面，要学会不同服饰的搭配方法，从而给人一种和谐的美感。

（2）仪表，即外表，重点是头部和手部，鼻毛不能露出鼻孔，不能有头屑，身上不能有怪味。

（3）表情。表情是人类的第二语言。通常来说，表情要自然，不要假模假样；表情要友善，不要有敌意。

（4）举止。举止要优雅，优雅的举止实际上是充满自信、有良好文化内涵的体现。举止要文明，不能当众随意整理服饰，不能乱扔垃圾；举止要规范，应站有站姿，坐有坐相。

（5）待人接物。待人接物，即为人处世的态度，这里有三点必须注意：第一，诚信为本；第二，遵纪守法；第三，遵时守约。

2.语言准备

第一，要注意音量，声音过大显得没有修养。说话声音略低一些有两个好处：一是符合规范；二是比较悦耳动听。第二，慎选内容，言为心声。讨论的问题应是你的所思所想，要知道该谈什么，不该谈什么。第三，礼貌用语的使用也是很重要的。

3.心理准备

洽谈不仅是实力的较量，也是心理的抗衡。计调与营销人员在洽谈前首先应有自信心，这样才能给游客以可信赖的感觉。

4.知识准备

（1）了解旅行社。计调与营销人员应熟悉旅行社的基本情况，以便在洽谈中宣传旅行社，提升旅行社的知名度。

（2）了解旅行社产品。计调与营销人员应了解旅行社产品的特色、产品能给旅游者带来的利益、产品的价格、售后服务等。只有充分了解产品，才能流畅地推介产品。

（3）熟悉旅游者。只有做到知己知彼，才能在洽谈过程中掌握主动权。因此，计调与营销人员应了解旅游者的经历、消费能力、权限、偏好、惯用策略、与旅行社竞争对手的合作情况等。

（二）洽谈的程序

1.寻找客户

计调与营销人员可以采用直接访问、老客户介绍、产品展示等方式寻找客户。寻找客户必须掌握的原则是随时随地进行，妥善运用所有人脉资源。

2.访问客户

找到客户以后，就应该与其进行直接交流。首先，预约洽谈时间，以表示对客户的礼貌和尊重，从而给客户留下良好的印象，有利于进一步洽谈；其次，预约洽谈地点；最后，正式洽谈。

3.正式洽谈

在洽谈的过程中，计调与营销人员应当以协商性语气为主，适当运用礼貌用语，具体体现在洽谈中就是提问、应答和拒绝的技巧。

（1）提问技巧。首先，要注意提问的时机，提问前应先征得对方的同意，或是在对方发言的间隙，或是在对方发言的前后。如果要提一些敏感性问题，应先说明提问的理由，以示对对方的尊重。其次，提问时应彬彬有礼、温文尔雅，避免使用威胁性、讽刺性、盘问式或审问式的语气。最后，可以采取多种提问方式。第一，引导式，即采用对答案具有强烈暗示性的问句，以此引导对方赞同自己的观点，一般以反义疑问句的形式出现。第二，澄清式，即针对对方的回答重新措辞，使对方的回答得到进一步证实，从而表现出提问者对对方回答的重视，或要求对方进行更确切的回答。第三，封闭式，即能带出一定答复的问句，多用于提问者想获得特定的结果或确切答案的场合，往往具有一定的强迫性。

（2）应答技巧。由于洽谈有很强的竞争性，因此冷场、对抗时常会发生，这时就需要计调与营销人员运用一些幽默风趣的语言来融洽气氛，适时转移话题。此外，应答时，计调与营销人员应先弄清对方的真正意图，如果只需要部分作答，则无须和盘托出；如果是一些不值得回答或不便回答的问题，计调与营销人员也应回答，但可以"顾左右而言他"，或用一些行得通的原因作借口。

（3）拒绝技巧。洽谈免不了拒绝，但计调与营销人员应根据不同的情况采用不同的拒绝方法。当对方的要求过分时，可采用提问拒绝法；当面对过去合作不愉快但现在纠缠不休的客人时，可采用借口拒绝法；当不能接受对方的全部条件时，可采用赞赏拒绝法。总之，拒绝时不可使用教训、挖苦、嘲弄的语气，尽量不使用批判性的词语，更不能勃然大怒。

（三）洽谈的内容

1.宣传推销产品

计调与营销人员应先将所设计的旅行社产品向对方进行详细介绍，并就对方提出的问题做出细致的解答，使对方能够在较短的时间内熟悉产品的内容、特色、旅游价值和可能创造的精神价值、服务水平、各种保障、与同类产品相比所具有的优势等。

2.报价

报价是洽谈的主要组成部分。报价可以在面谈时提出，也可以通过函件、电话、传真等通信工具传递。报价的内容主要包括餐费、房费、交通费和其他费用。

（1）餐费。餐费是指旅行社为旅游者提供的早餐及正餐（中餐、晚餐）的费用。许多酒店会为住店客人提供免费早餐，因此旅行社报价时含的餐费多指正餐的费用。餐费中均不含酒水费，如果旅游者需要，则费用自理。

（2）房费。房费一般是指双人标准间的费用。酒店给旅行社的房价分为散客价和团队价。一般15人以上（或5间房）称为团队，15人以下称为散客，团队价和散客价的差别很大。旺季价和淡季价的差别也很大。计调与营销人员必须熟悉业务，充分了解每个城市及地区酒店的房价；否则，报价偏高会导致旅行社失去竞争力，报价偏低会导致旅行社亏损。

（3）交通费。交通费包括从出发城市到目的地城市以及目的地城市内的交通费用。由于使用的交通工具不同、座位等级不同、出行人数不同，因此交通费用可能存在较大差异。

（4）其他费用。其他费用主要包括景点超出的公里费、特殊门票费、游江游湖费、保险费等。由于每个城市的景点不一样，因此这部分费用并不相同。

需要注意的是，计调与营销人员在接到旅游者的询价后，应根据旅游者的具体要求，准确测算产品的成本和毛利，形成报价，并快速将报价反馈给旅游者。及时、准确的报价是提高旅行社竞争能力的重要手段。

3.付款方式

对方确认报价或收到确认报价函后，计调与营销人员还应确定付款方式，并表示谢意。

4.编写、下发接待计划

旅行社产品销售成功后，计调与营销人员应立即按线路及日程安排、服务等级、旅游团人数、团队要求编写接待计划，并下发给旅行社相关部门，以便着手采购和准备接待。

（四）洽谈常用的通信工具

洽谈常用的通信工具包括：

1.电话

电话是旅行社计调与营销人员最常用的通信工具，然而电话只能作为一般联系和口头洽谈之用，最后达成协议时还要用传真、函件确认。由于用电话联系不能留下书面凭证，因此所谈内容容易出现漏记、错记，可能会引起不必要的麻烦。

2.传真机

传真机具有自动接收和发送功能，不需要专人守候。传真机是一种既迅速又方便可靠的通信工具，也是旅行社计调与营销人员进行业务联系和交易确认的最主要工具。传真件的格式根据文件内容的不同而存在较大差异。

3.电子文函

电子文函有很多种（如询价函电、委托代办函电等），旅行社计调与营销人员应处理和管理好各类文函。

4.微信、QQ

微信、QQ等应用程序通过网络能够快速发送语音、视频、图片和文字，大大提高了旅行社计调与营销人员的工作效率。

二、组团社的计价和报价

组团社计价和报价的操作步骤如下：

（一）组团社计价

组团社可以根据地接社的报价及本社发生的相关费用来计价。

案例窗2-5　　　　　厦门、永定土楼、湄洲岛、鼓浪屿五日游（15人）

第1天：大连—厦门，航班CZ5027，8：05—12：50，接团后，游览陈嘉庚先生故里——集美，参观集美区标志性建筑南薰楼、嘉庚公园、归来堂（约2小时）。

第2天：乘车赴永定土楼（车程约3.5小时），中午品尝特色的客家风味餐，游览土楼民俗文化村（约1小时），参观"土楼王子"——振成楼、府第式土楼——福裕楼、最小的袖珍圆楼——如升楼、布达拉宫式的土楼——奎聚楼；然后赴厦门，晚餐后，入住酒店。

第3天：早上，前往莆田，抵达后前往文甲码头，乘轮渡赴以海碧、岛美、滩多、礁丽、石奇等闻名于世且有"东方麦加"之称的湄洲岛，欣赏海滨风光，随后游览妈祖庙（圣旨门、太子殿、天后宫、朝天阁、升天楼等）、妈祖公园（妈祖石雕巨像、妈祖故事群雕、妈祖碑林、妈祖文化展览馆等），然后返回厦门。

第4天：早餐后，赴有"海上花园"之称的鼓浪屿，远眺日光岩，参观菽庄花园、钢琴博物馆，以及充满南洋风情的别墅和万国建筑群，免费品尝鼓浪屿馅饼，然后乘游艇观金门岛；参观茶博士家，欣赏闽南茶艺表演，或者现场观摩咖啡制作工艺，并免费品尝怡然咖啡（约50分钟）。

第5天：游览闽南千年古寺——南普陀寺（约1小时）；外观厦门大学，游环岛路（约40分钟）。午餐后，乘航班返回大连，结束愉快的厦门之旅。

上述案例中，各项服务的报价如下：

1.地接社报价构成（以下报价中均含利润）

（1）景点门票费：300元/人。

（2）车费：200元/人。

（3）餐费：8正餐，240元/人。

（4）住宿费：600元/人。

（5）导游服务费：500元/团，33元/人。

（6）自费景点：海天堂构60元/人，金门80元/人，海底世界117元/人。

以上合计：1 373元/人。

2.组团社计价构成

（1）厦门地接费用：1 373元/人。

（2）机票：1 380元/人。

（3）全陪费用：92元/人（1 380÷15）。

（4）人身意外保险费：20元/人。

（5）旅游帽：5元/人。

（6）核算成本：2 870元/人（1 373+1 380+92+20+5）。

（二）组团社对外报价

1.对外报价的原则

旅行社对外报价要坚持按质论价、分等论价、薄利多销、随行就市的原则。

2.对外报价

组团社制定的销售价格以成本为依据，还要加上一定的利润。

（1）核算成本：2 870元/人。

（2）加上10%的利润：2 870+2 870×10%=3 157（元/人）。

（3）产品最终报价：3 157元/人。

3.服务标准

（1）交通：往返飞机、空调旅游客车。

（2）住宿：四星级或同级标准酒店。

（3）导游服务：全程优秀导游服务。

（4）用餐：4早8正。

（5）门票：行程内第一道景点门票。

三、签订合同

（一）签订国内旅游合同

组团旅行社一旦销售成功，就需要和客户签订旅游合同。旅游合同是当事人之间为实现一定的经济目的，明确相互之间权利和义务关系而签订的契约，是用来调整经济关系的一种法律形式，具有法律约束力。在签订国内旅游合同时，一切都应按法律程序办理。

我国在广泛征求多家旅行社意见的基础上，起草了《团队境内旅游合同（示范文本）》，供旅行社参照使用。各地旅行社可以根据实际情况增加附加条款，进一步明确双方的权利和义务。

拓展学习2-6

团队境内旅游合同（示范文本）

（二）国内旅游合同的主要内容

1.旅游时间

2.旅游费用和支付时间

3.有关事项的约定

（1）游览景点。

（2）住宿标准。

（3）购物次数。

（4）交通工具及标准。

（5）自费项目。

（6）餐费标准。

（7）导游服务内容等。

4.甲方（旅游者）的权利与义务

5.乙方（组团社）的权利与义务

6.合同的变更与转让

7.违约责任

8.其他约定

9.争议的处理

10.合同效力

11.附件：旅游行程单

认知拓展

旅游营销沟通，即在计划中对不同的沟通形式，如一般性广告、直接反应广告、销售促进、公共关系等的战略地位做出估计，并通过对分散的信息加以综合，将以上形式结合起来，从而实现最有效的沟通。这种沟通方式可以给旅游行社带来更多的信息及取得更好的销售效果，有助于旅行社在适当的时间、地点把适当的信息提供给适当的客户。

一、明确目标受众

明确目标受众，即要解决与谁沟通、对谁促销的问题。沟通者必须明确目标受众，这样才有可能发送有针对性的旅游营销信息，才能取得预期沟通效果。沟通者要思考的问题主要有：

（一）说什么

说什么要因目标受众而异、因地而异，如可对关注旅游产品质量的旅游者说"质量一流"。

（二）如何说

如何说，即要怎样说，如旅行社针对海南旅游资源的独特性，宣传"椰风海韵醉游人"。

（三）什么时候说

什么时候说，即在什么时候发布信息为宜，如推出中秋赏月宴，应在中秋节到来前15~20天进行宣传促销。

（四）向谁说

向潜在旅游者和对购买决策者影响最大的组织和个人说效果最佳。

二、拟定旅游营销信息

（一）旅游营销信息的内容

旅游营销信息的内容也被称为诉求，是指沟通者应该向目标受众表达什么。诉求可分为以下三种类型：

1.理性诉求

理性诉求主要说明某项产品会给目标受众带来什么样的利益，如产品品质优良、经济价值高等。例如，某旅行社为消除游客对购物"宰客"的担忧，推出"纯玩"旅游线路（即没有购物安排），并将这一信息在旅游市场上进行传播，一段时间后旅行社发现，该旅游线路颇受旅游者的欢迎。

2.情感诉求

沟通者可以激发目标受众的某种内心情感以促其购买。例如，某旅行社推出一条新旅游线路，以"荒野、刺激"为主题，很受年轻人的欢迎。需要注意的是，有的旅行社对情感诉求的重要性认识不足，诉求主题过于标新立异，往往令游客非常反感。

3.道义诉求

沟通者可以借助社会规范，劝导旅游者宜做什么，不宜做什么。例如，某海滨浴场曾有一段时间因游人乱丢果皮、纸张等废弃物而受到污染，导致环境质量下降。为了引导游客文明旅游，该海滨浴场打出了以"除了留下美好的感觉，什么也别留下——请把杂物扔到垃圾箱中"为内容的道义诉求广告，收效很好。

（二）旅游营销信息的结构

旅游营销信息的结构会影响沟通效果。旅游营销信息的结构一般有以下三种：

1.导论式

沟通者只把客观现象描述清楚，由受众自己去判断并得出结论（当然是沟通者所希望的结论）。这种方式避免了说教式的宣传，因此较容易被受众认同。

2.正面论证式

沟通者以正面方式介绍和宣传旅行社产品的优点与特点。由于当下虚假旅游信息充斥旅游市场，诚信缺失问题较为严重，因此不少旅游者对正面宣传往往持怀疑态度。

3.正反面对比式

沟通者既宣传旅行社产品的优点，又以"白璧微瑕"的方式自揭其短。例如，某乡村小酒店的宣传语："没有电话，没有高尔夫球场，没有游泳池……只有乡间清新的空气；没有被污染的果蔬……"，正反对比十分强烈，令游客十分向往。

三、沟通通路的选择

（一）人员通路

发布旅游信息的营销人员与旅游者直接沟通叫提倡者通路；聘请在旅游知识或消费知识等方面有专门见解的人士对目标受众发表意见、进行独立的评述叫专家通路；由社会大众口头传播影响目标受众的通路叫消费者通路。一般来说，旅游者的亲朋好友等相关群体对旅行社产品及旅行社的评论，往往会对旅游者的购买决策产生较大的影响。

（二）非人员通路

这是指运用媒体如广播、电视、报刊等与目标受众进行沟通，或者通过特定环境氛围的营造或特定事件，向目标受众传递相关信息。

四、编制沟通预算

旅游营销信息沟通需要一定的投入，为了使有限的费用更有效地发挥作用，编制科学的沟通预算是十分必要的。旅行社编制沟通预算的方法主要有以下四种：

（一）量入为出法

这是旅行社重点确定可以拿出多少资金用于沟通的方法。它的优点是简便易行，不会超出旅行社所能承受的范围。它的不足之处是没有与旅行社产品的销售额挂钩，没有考虑竞争因素，没有与所要达成的目标挂钩。

（二）销售百分比法

这是旅行社把销售额或销售价格的一定百分比作为沟通费用的方法。它的优点是简便易行，既考虑了沟通成本与销售量、销售利润的关系，还会因销售额、销售价格的变化而具有弹性。它的缺点是没有考虑竞争因素，预算编制的科学依据不足；没有考虑到其他市场机会，可能会因为沟通经费投入不足而丧失市场机会。

（三）竞争对策法

这是指旅行社在争夺市场时为了超越主要竞争对手，至少不亚于竞争对手，参照主要竞争对手的沟通预算来编制本企业的沟通预算的方法。它的优点是有利于与竞争对手在争夺目标受众方面在同一平台上进行对话。它的不足之处是过于看重沟通费用支出竞争而忽视其他方面的竞争；没有考虑到自身的承受能力，可能带来较大的风险。

（四）目标任务法

这是指旅行社首先明确所要达到的目标以及为此而必须完成的任务，在此基础上测算所需要的费用的方法。

五、旅游营销沟通的管理

旅游营销沟通是一项涉及企业内外部多方面因素的复杂工作，如果缺乏有效的计划、组织、监控、协调等管理手段，就会得不偿失。例如，有的旅行社每年投入数十万元的沟通费用，但营销效果并不理想，有的旅行社投入了同样多的沟通费用，营销效果却非常好，这就是管理在起作用。旅游营销沟通管理的主要任务是根据旅行社总体战略及阶段性目标编制沟通计划并付诸实施，在人员、机制上予以保证，并对沟通的全过程实行监控，及时纠偏、不断改进，防止出现大的疏漏，树立良好的产品形象和企业形象。

项目实训

实训项目2-3：国内游产品销售实践

实训地点：多功能实训室、资料室、网络实训室、校外实训基地（合作旅行社）。

实训内容：模拟销售洽谈，同时为前期设计的国内游产品制定恰当的销售策略。

实训目的：

1.训练学生销售谈判的能力。

2.锻炼学生产品促销的能力。

实训组织：

1.每6人组成1个小组。

2.在老师的指导下，由组长负责。

3.每个小组选1名代表，把现场同学当成旅游者，展示并推销自己前期设计的产品。

4.同学们针对产品进行提问，该推销同学解答同学们的问题。

验收成果：模拟销售洽谈过程，促销产品。销售过程配合本小组策划的促销方案同时进行。模拟销售完毕后，同学们进行讨论，师生评价。

项目测评

不定项选择题

1.旅行社对外报价要坚持（   ）的原则。

A.按质论价   B.分等论价

C.薄利多销   D.随行就市

2.旅行社在组团报价时，一定要明码标价，清楚表明（   ）。

A.具体行程   B.大交通价格

C.接待标准   D.游览项目

3.计调与营销人员在进行业务洽谈时，要注意（   ）等方面的准备。

A.应答技巧   B.形象

C.语言   D.拒绝技巧

随堂测验 2-3

项目 10

思考题

1.举例说明组团社的计价方式。

2.旅行社计调与营销人员销售洽谈成功的关键在哪里？

3.组团社计调与营销人员在与客户进行销售洽谈时，主要洽谈的内容是什么？

4.签订旅游合同在旅游过程中的意义是什么？

项目 11　国内游产品采购

◎　**项目目标**

在已经形成了本地游计调采购系统能力的基础上，以国内游计调采购为载体，通过本项目的学习与训练：

1. 能够完成飞机票、火车票的采购。
2. 能够正确评价地接社。
3. 能够正确选择地接社。
4. 具备良好的人际沟通能力和谈判能力，养成遵纪守法、诚实守信的职业品格。

项目知识

国内游产品采购主要涉及国内大交通的采购，即航空服务采购和铁路服务采购，以及国内地接社服务的采购。

一、国内大交通的采购

（一）航空服务采购

航空服务采购是指旅行社根据旅游团队的旅行计划或散客的委托，为旅游团队或散客及全程陪同导游代购旅游途中所需的飞机票。负责航空服务采购的旅行社采购人员必须具备航空服务的相关知识，这些知识包括航空公司使用的各种设施设备、提供的各种服务项目、各种机票的价格、国家关于民航运输的有关法律和规定，以及航空公司的各种相关规定等。

1. 定期航班飞机票的采购

定期航班飞机票的采购业务包括飞机票的预订、购买、确认、退订与退购四项内容。

（1）飞机票的预订。航空服务采购始于飞机票的预订。旅行社采购人员在预订飞机票之前，必须了解乘坐飞机的旅游者和提供这种服务的航空公司两方的信息，这样才可能顺利预订到旅游者要求乘坐的飞机航班及相应的座位。

旅行社采购人员在向航空公司提出预订要求前，必须掌握有关旅游者的以下信息：

①旅游者的姓名。如果旅游者是居住在中国境内的中国公民，应该核对旅游者的身份证，记录下身份证上的姓名、年龄、性别、家庭住址和身份证号码；如果旅游者是海外入境旅游者，则应该核对旅游者所持的护照，记录下护照上的姓名、年龄、性

别、国籍、家庭住址和护照号码，并检查护照及签证是否有效。

②同行人的有关信息。同行人的有关信息除了姓名、年龄、性别、国籍、家庭住址和身份证号码（或护照号码）之外，还包括同行的人数，有无儿童随行。如果有儿童随行，则应核实儿童的年龄并记录下来。

③旅游者的联系电话。这包括旅游者的个人电话和工作单位电话。

④旅游目的地。这包括旅游者前往的目的地、是否按照原路线返回等。

⑤日期。旅游者要求的乘机日期和具体时间。

⑥支付方式。旅游者采用何种支付方式，如现金、支票、信用卡等。

⑦特殊要求。特殊要求包括旅游者对座位的要求（如头等舱或经济舱、靠近窗口或过道等）、对飞机上用餐的要求（如清真）等。

旅行社采购人员在预订飞机票前，除了需要掌握旅游者的信息之外，还必须掌握航空公司的以下信息：

①飞行设施设备方面的信息。这包括航空公司名称和航班号、飞机机型、能够容纳旅客的最大数量、所提供的服务种类、所使用的机场、飞机起飞和抵达目的地的具体时间。

②机票价格方面的信息。这包括正常票价和特殊优惠票价、预订机票的最后期限、退订或改订机票的处罚等。

③其他服务信息。这包括航空公司关于行李托运和手提行李携带方面的规定；因航空公司方面的原因出现飞机推迟起飞、航班取消等情况时，航空公司对旅客在住宿、餐饮等方面安排的规定等。

（2）飞机票的购买。旅行社采购人员在掌握了全部所需信息后，便可以向有关航空公司提出预订和购买飞机票的要求。预订时，旅行社采购人员应将填好的"飞机票预订单"按照航空公司规定的日期送至航空公司的售票处。购票时，旅行社采购人员应持现金或支票及乘机人的有效身份证件或旅行社出具的带有乘机人护照号码或身份证号码的乘机人名单。取票时，旅行社采购人员应认真核对机票上的乘机人姓名、航班、起飞时间、票价、前往目的地等内容。

根据旅行社的经营业务，旅行社采购的飞机票主要有国内客票和国际客票两种，国内游主要采购国内客票。国内客票是指旅游者乘坐国内航班旅行的客票，有效期为1年。定期客票自旅客开始旅行之日起计算，不定期客票自填开客票的次日零时起计算。客票只限票上所列姓名的旅客本人使用，不得转让和涂改；否则，客票无效，票款不退。

国内客票又可分为成人客票和儿童客票。成人客票的价格为全额价格，儿童客票的价格根据儿童年龄的不同按照成人客票价格的一定比例计算。已满2周岁未满12周岁的儿童，按同一航班成人普通票价的50%付费，提供座位；不满2周岁的婴儿按成人全票价的10%付费，不单独占一个座位，每位成人旅客只能有一个婴儿享受这种票价；年满12周岁的少年，按成人全票价付费。

（3）飞机票的确认。有时候，旅游者已经事先自行购买了飞机票。对于这种旅游者，旅行社提供的服务则变成代旅游者确认飞机上的座位。我国民航部门规定：在国内旅行中，凡持有订妥座位的联程或来回程客票的旅游者，如在联程或回程地点的停留时间超过72小时，须在该联程或回程航班离站前两天的中午12时以前办理座位再证实手续，否则原订机座不予保留。

（4）飞机票的退订与退购。旅行社采购人员在为旅游团队或散客预订或购买飞机票后，有时会遇到因旅游计划变更造成旅游团队的人数减少或散客（团队）取消旅行计划等情况。遇到此类情况时，旅行社采购人员应及时办理退订或退票手续，以减少损失。

旅行社退订飞机票，一般应按照旅行社事先同航空公司达成的协议或口头谅解所规定的程序办理。

旅行社退购飞机票，应按照民航部门的规定办理。我国民航部门规定：因承运人原因，旅客退票，票款全部退还。因旅客原因，申请退票，在航班规定起飞时间24小时以前，应支付原票款10%的退票费；24小时以内、2小时以前，应支付原票款20%的退票费；2小时以内，应支付原票款30%的退票费；误机，应支付原票款50%的退票费。

2.旅游包机的预订

旅游包机是旅行社因无法满足旅游者乘坐正常航班抵达目的地的要求而采取的一种弥补措施。这种情况多发生在旅游旺季的旅游热点地区或航班较少的地区。此外，旅行社在接待过程中发生误机事故后，也会采取包机的方式将旅游者尽快送达目的地。

当出现需要包机的情况时，旅行社采购人员应立即设法同旅游包机公司或其他航空公司联系，通报乘机的人数、日期、前往地点等情况，并询问租赁飞机的费用、所能提供的飞机机型、起飞和降落的地点等信息。一旦条件合适，采购人员应该立即向旅行社有关领导请示，经批准后向所选择的旅游包机公司或其他航空公司提出包机申请。当包机申请被接受后，采购人员应该立即同对方签订包机协议。

（二）铁路服务采购

火车具有票价便宜、可以沿途欣赏风光等特点，在包价产品中十分具有竞争力。近年来，我国铁路部门加大力度改善交通环境，使火车运输具有显著的优势。目前，国内多数近距离旅游者仍选择火车作为出游的首选交通工具。旅行社采购铁路服务，主要是按照旅游接待计划订购火车票，确保团队顺利出行。此外，旅行社采购人员还负责代旅游团队或散客办理因旅行计划变更造成的增购或退订火车票的业务。

铁路服务采购业务包括火车票的预订与购买、退票、车票改签和变更到站。

1.火车票的预订与购买

旅行社采购人员在采购铁路服务时，首先应向铁路售票处提出预订计划，包括预订车票的数量和种类、抵达车站名称、车次等，然后持现金或支票到售票处购票。

2.退票

当旅游者的旅行计划变更或取消时，旅行社采购人员应根据铁路部门的规定办理退票手续，并交纳退票费。

3.车票改签

旅游者不能按票面指定的乘车站、日期、车次乘车时，可到车站办理一次提前或推迟乘车签证，简称改签。在有运输能力的前提下，开车前48小时（不含）以上，可改签预售期内的其他列车；开车前48小时以内，可改签开车前的其他列车，也可改签开车后至票面日期当日24：00之间的其他列车，不办理票面日期次日及以后的改签；开车之后，仍可改签当日其他列车，但只能在票面发站办理改签，且开车后改签的车票不能退票。

4.变更到站

旅游者购票后，可根据行程变化选择新的目的地，在车票预售期内变更到站。已取得纸质车票的，须在车站指定售票窗口办理；未换取纸质车票的，也可在中国铁路12306网站办理。办理"变更到站"不收取手续费。"变更到站"只能办理一次。已经办理"变更到站"的车票，不再办理改签；对已改签车票、团体票及通票暂不提供此项服务。

原车票使用现金购买的，新车票票价高于原车票票价时，补收差额；新车票票价低于原车票票价时，退还差额，对差额部分核收退票费并执行现行退票费标准（均为现金）。

原车票在铁路售票窗口使用银行卡购买，或者在中国铁路12306网站使用在线支付工具购票的，按发卡银行或在线支付工具的相关规定，新车票票价高于原车票票价时，使用银行卡支付新车票全额票款，原车票票款在规定时间退回原购票时所使用的银行卡或在线支付工具；新车票票价低于原车票票价时，退还差额，对差额部分核收退票费并执行现行退票费标准，应退票款在规定时间退回原购票时所使用的银行卡或在线支付工具。

（三）大交通服务采购注意事项

1.注意票价

订票时应注意，通常火车、汽车、轮船的票价相对稳定；因线路、季节的不同，机票价格波动较大。此外，还要注意儿童票价优惠的百分比。在订火车票时，要注意火车票硬卧、软卧的差价，还有上、中、下铺的差价等。

2.注意证件

在取票时，千万别忘了带齐相关证件（国内团要带身份证等证件）。

3.与交通部门的结算付款方式

二、国内地接社服务的采购

（一）地接社的职能及与组团社的关系

旅行社接待服务采购是指组团旅行社向旅游目的地旅行社采购接待服务的业务。组团旅行社应根据旅游客源市场的需求及发展趋势，有针对性地在各旅游目的地旅行社之间进行挑选和比较，选择适当的旅行社作为接待社。接待旅行社有如下特点：数量众多，我国大部分旅行社以接团为主要业务；规模较小，接团相对于组团而言，对旅行社的实力要求较低；分布范围较广泛，接团旅行社可以在周边很大范围的区域内接受旅游预订。

1.地接社的主要职能

地接社的主要职能是根据组团社的预订，向当地旅游服务供应商采购有关服务，如酒店、餐饮、汽车、景点门票、文娱门票以及赴下一站的机（车、船）票等，将它们组合成包价旅游产品并在制定价格后预售给组团社。在旅游者到达本地后，地接社向旅游者提供上述已销售出去各项服务，组织安排旅游者在本地旅游，并在事先或事后与组团社结算。

2.组团社与地接社的关系

（1）隶属关系。旅行社产品的生产者在向旅游者转移其产品的过程中，不涉及任何中间环节。组团社与地接社可能是同一家旅行社或是一家旅行社及其分社。例如，中国国旅与其在各地的分社可以互为组团社和地接社。实力比较雄厚的旅行社在旅游目的地尚无合作伙伴时，可以建立本旅行社的分部或办事处作为接待社。在这种关系下，组团社不需要与其他旅行社分享利润，但成本较高。

（2）单一的合作关系。如果组团社在一定时间和地区内只找一家旅游中间商作为自己的独家代理，那么组团社与地接社之间就是单一的合作关系。这种关系同样适用于开发新市场，或销售某些客源分布不广泛的特殊旅游产品。例如，某家旅行社接受了一些专门前往某地区进行内部访问的旅游团的预订，由于业务量不大且属于有特殊要求的旅游团，因此很适合只选择一家接待社，建立单一的合作关系。这种合作关系的优点是彼此的利害关系比较一致，合作关系比较稳定；缺点是只依靠一家接待社，如果出现服务质量问题，可能较难立即解决。

（3）松散的合作关系。组团社通过旅游批发商把产品广泛分派给各个零售商，以满足旅游者的需要。由于产品数量较多，因此组团社与地接社之间的关系比较松散。这种合作关系的优点在于可以针对不同的地接社进行比较，满足不同旅游者的不同需要，在扩大、发展市场时适用；缺点是合作关系过于松散，有时地接社会马虎对待。

（4）稳定的合作关系。组团社对旅游中间商的情况进行评估之后，保留一些服务质量好、合作关系稳定、与自己对口的地接社，终止与那些信誉差、接待量有限、服务差的地接社合作。此时，组团社与地接社之间的合作关系就比较稳定了。

（二）选择地接社的标准

组团社要想找到理想的地接社，必须对地接社进行考察和筛选。具体而言，选择标准有以下几个方面：

1.选择合法的地接社

选择合法的地接社是旅游者的利益和组团社声誉的基本保障。合法指的是有国家核发的旅行社业务经营许可证，通过了企业年审，足额缴纳了旅行社质量保证金，有相对稳定的持证导游等。

2.考察地接社的规模和经营管理模式

规模庞大且人力、物力、财力雄厚的地接社，是理想的合作伙伴。对于那些规模小或短期挂靠承包的门市部，因其更注重短期效益，常常随意增加旅游项目和购物点，所以尽管报价很低，也应该避而远之。

3.考察地接社的声誉

声誉不好的地接社会给组团社带来很大的负面影响。一个声誉好的地接社应该管理有序、操作规范，在旅游者心目中有较好的信誉，在业界有良好的口碑，很少发生恶性投诉事件或债务纠纷，无不良信用记录。那些在旅行过程中忘了接机、不按合同提供相应的服务、随意乱收费的接待社，都应该被排除在外。

4.审核地接社的报价是否合理

旅行社产品价格不仅关系着旅游者的切身利益，也关系着组团社的收益，因此在选择地接社时，报价也是一个需要重点考察的因素。在考察价格因素时，组团社要注意不能只看一个总报价，还要仔细研究各分项的报价，也不能光凭哪个价格低就做决定。例如，去同一个目的地旅游，甲旅行社报价 1 500 元，乙旅行社报价 1 600 元，实际情况可能是乙旅行社的报价中多了一个景点的门票，而单独购买这项服务是 100元。在这种情况下，组团社就应根据自己的实际需要来选择地接社。

5.考察地接社的发展潜力

组团社在选择地接社时，还应考察其发展潜力，以追求长期的最大经济效益为目标。有的地接社最初并不能十分出色地完成接待任务，但它既有合作诚意，又有发展潜力，因此也可以考虑将其培养为合作伙伴。有的地接社虽然名气较小，但有合作诚意，重视接待质量，关注长远利益，与这样的地接社合作也会有较好的前景。

（三）选择地接社的途径

组团社选择地接社的途径主要有：

1.在旅游行业组织中选择

参加旅游行业组织，建立广泛的合作网络。组团社应积极参加旅游行业组织，如中国旅行社协会、中国旅游协会等，以获取全面、可靠的信息，结识更多的旅行社和相关的旅游企业，形成了广泛的合作网络。

2.在旅游博览会中选择

组团社应积极参加国内旅游博览会，如上海世界旅游博览会、中国旅游产业博览会等，结识更多的合作伙伴，结交更多的朋友。

3.实地考察

组团社可以委派本社经验丰富、资历较深的工作人员赴目的地进行实地考察，走访当地的接待社，进行比较分析，最终挑选出合适的接待社建立合作关系。

4.发团考察

发团考察是一种很实际的考察方式。组团社通过与地接社的实际合作，可以获得切身感受和可靠的第一手资料。组团社通过业务联系，可以得知地接社的办事效率、人员素质；通过本社的全陪导游，可以了解地接社的服务水平、接待用车和用餐情况、导游素质等。组团社还可以组织专门的考察团，对地接社各方面的情况进行详细了解。

（四）地接社的调整

组团社通过各种渠道选择好地接社后，应将地接社的资料进行存档，在建立合作关系之后，还应按时记录地接社的接团情况，一旦出现问题，应及时对地接社进行调整。

一方面，对地接社的资料进行分析，研究其业绩，对于经常遭到客户投诉、效率不高、成本偏高的地接社，应及时终止合作关系，另外选择新的合作伙伴；另一方面，随着客源的增多、新旅游目的地的开发，组团社也必须寻找新的合作伙伴。

总之，地接社的选择与调整是一个连续不断的动态过程。

认知拓展 ⋯⋯⋯⋯⋯⋯⋯⋯⋯⋯⋯⋯⋯⋯⋯⋯⋯⋯⋯⋯⋯⋯⋯⋯⋯⋯⋯⋯⋯⋯⋯•

一、航空服务采购常识

（一）航班及航班号

航班是指飞机航行的班期。在国内航线上飞行的航班称为国内航班，在国际航线上飞行的航班称为国际航班。航班号也有国内航班号和国际航班号之分。

国内航班号由航空公司的二字代码加四位数字组成。国内部分航空公司的二字代码见表2-3。随着新兴航空公司和航班越来越多，许多航班号已无法套用原来的规律。虽然航班号不再有严格的规律可循，但单双数结尾的规律仍然不变。也就是说，航班号最后两位数字表示航班的序号，单数表示由基地出发向外飞的航班，双数表示飞回基地的回程航班。

表2-3　　　　　　　　　　　　　国内部分航空公司的二字代码表

航空公司名称	二字代码
中国国际航空股份有限公司	CA
厦门航空有限公司	MF
四川航空股份有限公司	3U
中国南方航空集团有限公司	CZ
多彩贵州航空有限公司	GY
深圳航空有限责任公司	ZH
浙江长龙航空有限公司	GJ
上海吉祥航空股份有限公司	HO
海南航空控股股份有限公司	HU
华夏航空股份有限公司	G5
山东航空股份有限公司	SC
中国东方航空集团有限公司	MU

例如，CA1201北京—西安航班，CA是中国国际航空股份有限公司的代码，后两位数字01为航班序号，末位1是单数，表示该航班由基地出发向外飞。

再如，CZ3151深圳—北京航班，CZ为中国南方航空集团有限公司的代码，后两位数字51为航班序号，单数表示该航班为去程航班。

国际航班号由航空公司代码加三位数字组成。第一位数字表示航空公司，后两位为航班序号，单数为去程，双数为回程。

例如，MU8740东京—北京航班，表示中国东方航空集团有限公司承运的回程航班。

（二）行李

中国民用航空局规定：托运行李的重量每件不能超过50千克，体积为40×60×100厘米。

每位旅客的免费行李额（包括托运和自理行李）：头等舱旅客为40千克，公务舱旅客为30千克，经济舱旅客为20千克。持婴儿票的旅客，无免费行李额。

拓展学习 2-7

中国民用航空局关于行李的规定

二、铁路服务采购常识

（一）火车票

火车票是乘客乘坐火车时出示的票据，票面包含车次、发站与到站、席别、开车时间、票价、有效期、径路等要素。

（二）铁路列车车次常见的等级

1.直达特快旅客列车（Z字头）

Z字母开头的列车即直达特快旅客列车，简称直特，铁路系统标准念法为"直×次"。这类列车多为全程一站直达，也有部分列车会停靠起点站和/或终点站所在路局集团有限公司管内的大站，以及中途必须技术停车的车站。

2.特快旅客列车（T字头）

T字母开头的列车即特快旅客列车，简称特快，铁路系统标准念法为"特×次"。这类列车全程只停省会城市、副省级市和少量主要地级市等特大站或直达。

3.快速旅客列车（K字头）

K字母开头的列车即快速旅客列车，分为直通快速列车和管内快速列车，铁路系统标准念法为"快×次"。这类列车一般停靠市级站和县级大站。

4.临时旅客列车（L字头）

L字母开头的列车即临时旅客列车，简称临客，铁路系统标准念法为"临×次"。这类列车只在需要的时候才运营。

5.临时旅游列车（Y字头）

Y字母开头的列车即临时旅游列车，铁路系统标准念法为"游×次"。

6.普通旅客快车（1001～5998）

普通旅客快车一般停靠县级市和大部分县级中大站点。

7.普通旅客慢车（6001～7598）

普通旅客慢车简称普客，停靠大部分可以停靠的站点。

8.高速动车组列车（G字头）

G字母开头的列车即高速动车组列车，简称高动列车、高速动车、高速动车组，铁路系统标准念法为"高×次"。2009年12月26日，武广高速铁路（全称为京广高速铁路武广段）通车运营，高速动车组列车这种新的列车调度等级首次出现。

9.城际动车组列车（C字头）

2008年8月1日，京津城际铁路正式开通，车次为C+四位数字。铁路系统标准念法为"城×次"。

10.普通动车组列车（D字头）

D字母开头的列车即普通动车组列车，铁路系统标准念法为"动×次"。

项目实训

实训项目2-4：国内游产品采购实践

实训地点：多功能实训室、网络实训室、旅游服务场景（机场、车站等）。

实训内容：

1.实际观摩飞机票的销售过程，模拟实训飞机票的采购。

2.走访合作旅行社，体验地接社的选择。

实训目的：

1.能够完成飞机票的采购，实际感受航空票务人员如何开展电话与门市销售。

2.能够正确评价地接社。

3.能够正确选择地接社。

实训组织：

1.每6人组成1个小组。

2.在老师的指导下，由组长负责。

3.每组选择一家航空公司售票窗口或有航空票务代理资格的旅行社票务中心，观摩其预订、销售、开票、结算收款等业务过程。

4.以小组为单位，模拟飞机票的采购流程，在课堂上交流体会。

验收成果：

1.交流讨论观摩结果。

2.为前期设计的国内游产品选择一家地接社，说明其理由，师生评价。

项目测评

不定项选择题

1.旅客在飞机航班规定的离站时间24小时以内、2小时以前要求退票的，应（　　　）。

A.支付原票款10%的退票费　　　　　　B.支付原票款20%的退票费

C.支付原票款30%的退票费　　　　　　D.支付原票款50%的退票费

2.旅行社采购人员在预订飞机票前，除了需要掌握旅游者的信息之外，还要了解（　　　）。

A.航空公司名称和航班号

B.飞机票的各种折扣价格及其条件

C.航空公司关于行李托运和手提行李携带方面的规定

D.旅游者的特殊要求

3.组团社与接待社的关系主要包括（　　　）。

A.隶属关系　　　　B.独家代理　　　　C.广告零售　　　　D.松散合作

4.在选择接待社时，除了要考察其合法性及经营管理模式之外，还应考察（　　　）等事项。

A.主营线路　　　　B.短期效益　　　　C.接待能力　　　　D.游客评价

E.声誉

5.组团社选择旅游目的地接待社的主要途径和方法有（　　　）。

A.建立广泛合作网络　　　　　　B.稳定合作关系

C.实地考察　　　　　　　　　　D.加强公关

随堂测验2-4

项目11

思考题

1.对组团社而言，选择合适的地接社的作用是什么？

2.定期航班飞机票采购的内容是什么？

3.计划变更时采购调整的原则是什么？

项目 12　　**国内游发团服务**

◎ **项目目标**

在已经形成了本地游接待服务系统能力的基础上，以国内游发团业务为载体，通过本项目的学习与训练：

1.能够制订发团计划。

2.能够自如运用各种交通代码设定团号。

3.能够合理选派全陪。

4.能够按照工作流程操作发团业务。

5.养成认真细致的工作态度，具备统筹协调能力和全局观，增强团队合作意识。

项目知识

发团是指组团社通过各种方式招徕旅游者，与旅游者签订合同后，将旅游团委托给预订的旅游目的地接待社，并由旅游目的地接待社完成合同中所规定的游览活动的过程。在发团服务中，组团社的工作主要包括：

一、编制团号

团号就是旅游团的编号。目前，国内各旅行社对旅游团的编号并没有统一规定，比较杂乱。现参考旅行社计调规范培训专家熊晓敏对团号的编制，进行如下说明：

（一）区域代码在团号中的应用

1.中国旅游区域及其代码

中国旅游区域包括：

（1）东北（DB）：黑龙江省、吉林省、辽宁省、内蒙古自治区东部。

（2）华北（HB）：北京市、天津市、河北省、山西省、内蒙古自治区中部。

（3）华东（HD）：上海市、山东省、江苏省、安徽省、浙江省、江西省、福建省、台湾省。

（4）华中（HZ）：河南省、湖北省、湖南省。

（5）华南（HN）：广东省、广西壮族自治区、海南省、香港特别行政区、澳门特别行政区。

（6）西北（XB）：陕西省、甘肃省、宁夏回族自治区、青海省、新疆维吾尔自治区、内蒙古自治区西部。

拓展学习2-8

国内主要机场城市的三字代码

（7）西南（XN）：重庆市、云南省、贵州省、四川省、西藏自治区。

中国旅游区域代码由大区的两位拼音代码加上一个主要游览城市的拼音首个字母构成，如北京（HBB），或者参照国内主要机场城市的三字代码。

2.国际旅游区域及其代码

拓展学习 2-9

国际旅游区域包括：①东亚及太平洋；②南亚；③中东；④欧洲；⑤美洲；⑥非洲。

国际旅游区域代码可参阅国际主要机场城市的三字代码，如新加坡（SIN）。

国际主要机场城市的三字代码

（二）各种交通代码在团号中的应用

1.火车代码在团号中的应用

铁路硬卧用字母"W"表示，是"卧"的汉语拼音首字母；软卧用字母"RW"表示，是"软卧"的汉语拼音首字母的缩写；硬座用字母"Z"表示，是"座"的汉语拼音首字母；"软座"用字母"RZ"表示，是"软座"的汉语拼音首字母的缩写。例如，往返全程硬卧，称为"双卧"，用"2W"表示；往返全程硬座，称为"双座"，用"2Z"表示。

2.汽车代码在团号中的应用

在规范团号的书写中，旅游汽车以吨位来表示，符号为"T"。例如，参加北京周边短线汽车团一日游，乘空调旅游车往返，在团号中交通代码的设定为"2T"。

3.飞机代码在团号中的应用

飞机用字母"F"表示。例如，往返全程飞机，称为"双飞"，用"2F"表示；去程是火车卧铺，回来乘飞机，称为"一飞一卧"，用"1F1W"表示。

（三）标准团号的组成

标准团号的组成包括：旅游区域三字代码+天数—交通代码+出团日期+出团数的编号。

举例 1："北京双飞五日游"，出团日期为 8 月 20 日，出团数为第一个团，则团号为：HBB05—2F0820A。

举例 2："香港双飞五日游"，出团日期为 12 月 26 日，出团数为第五个团，则团号为：HKG05—2F1226E。

举例 3："新马泰双飞七日游"，出团日期为 2 月 14 日，出团数为第二个团，首先将新加坡（SIN）、马来西亚（KUL）、泰国（BKK）三个国家主要机场城市三字代码的首字母组成一个简约代码，则团号为：SKB07—2F0214B。

（四）人数在团号中的表示

人数在团号中应如何书写是一个很严谨的问题，如果太过随意，则可能会带来很大的麻烦。例如，24 个成人、3 个儿童（其中 1 个是不满 2 周岁的婴儿），旅行社还派了 1 个全陪，那么在团号中应该如何书写呢？

很多计调人员在表示人数时喜欢用小数点，写法为：24.3+1 个婴儿+1 个全陪。这种写法其实存在很大的弊端，因为通过传真与接待社确认时，如果传真上的小数点模糊了甚至根本看不见了，"24.3"变成"243"，就会引起很大的麻烦。

规范的人数写法应该是成人有多少，就用相应的阿拉伯数字表示，1 人就是

"1"，10人就是"10"；儿童写为1/2，如3个儿童写为"3/2"；婴儿在旅游核算中通常不产生费用，故用1/0表示，也可写为1/10。因此，24个成人、3个儿童（其中1个是不满2周岁的婴儿）、1个全陪的规范表示方式为：24+2/2+1/10+1。

二、预报出团计划

（一）发出计划

旅游者确认旅行社产品并交付团费后，组团社就可以传真、电话、网络等形式向地接社预报计划，具体内容包括：团号、人数、行程、到达日期、离开日期、食宿要求（宗教信仰、过敏食物）等，特别应标明抵离的交通工具、车次、航班等相关内容，并请地接社确认行程及价格。

（二）等待确认

组团社在发出计划之后，一般会要求地接社尽快给予书面答复。当确认的时间距离发团日期很远时，如果中途出现变化，必须及时更正，并发传真给地接社，以最后发送的传真内容为准。

（三）落实交通

根据出团人数落实好往返的大交通。

三、发送正式计划

团队预报计划经过组团社、地接社的确认之后，组团社应在团队到达第一站前向地接社发送完整、详细的正式计划。正式计划一般包括以下几个方面的内容：

（1）团队行程和各项服务的标准及特殊要求。

（2）团队旅游者的资料，包括姓名、年龄、身份证号码等。

（3）各地接社的名称、联系人及联系电话。

（4）旅游团委托协议书等。

正式计划以正式文件打印并盖公章，地接社在收到文件后给予回复。

组团社发给地接社的发团确认书见表2-4。

表2-4   ×× 旅行社发团确认书

TO：××旅行社	（T）			（F）
FORM：××旅行社	（T）			（F）
现将我社国内旅游中心贵宾团×××团计划发去，请按下列行程接待。请速回传真确认，谢谢合作！				
人数： _____				
用房： _____				
用车： _____				
门票： _____				
用餐： _____				
导游： _____				
其他： _____				

续表

日期	行程安排	游览景点	住宿
19/01	大连—三亚	乘机赴三亚，晚餐后入住酒店	三亚
20/01	三亚	早餐后游览天涯海角景区、南山景区，晚餐后入住酒店	三亚
21/01	三亚	早餐后亚龙湾自由活动，晚餐后入住酒店	三亚
22/01	三亚—大连	早餐后三亚乘机返回大连	

备注：此团为我社重点客户团，请务必以高标准接待，谢谢！

接站牌："欢迎大连××旅行社贵宾"

客人联系电话：××××××××××

请提前告知导游名字及电话。

请确认！

作业人：

签发人：

四、派发出团通知书

组团社根据最终落实的发团计划向游客及全陪导游派发出团通知书。发给游客的出团通知书上应包含团队的行程、出发时间及地点、紧急联系的姓名及电话等信息。如果团队派全陪导游，组团社还应将确认的行程、标准、出发时间及地点、游客名单及电话、接团导游姓名及电话、地接社联系人及电话等信息发给全陪导游，并向全陪导游说明其职责和义务，要求其起到团队监督的作用。

游客出团通知书见表2-5。

表2-5　　　　　　　　　　　游客出团通知书

_____旅游者（单位）

旅游线路			
出发集合时间			
出发集合地点			
全陪导游		联系电话	
旅行社社旗		集合召集人	
地接社名称		联系电话	
地陪导游		联系电话	
备注	要求： 为保证您按时启程，希望您在规定的集合时间之前赶到集合地点，以免误机（船、车），谢谢合作。		
通知人		联系电话	

_____旅行社（盖章）

年　　月　　日

全陪导游带团通知单见表2-6。

表2-6　　　　　　　　　　全陪导游带团通知单

_____（全陪）：

请按社里确定的行程计划做好组织协调，保证行程按计划执行，并按国家标准提供服务。

出团时间			
集合地点			
地接社名称		联系电话	
地陪导游		联系电话	
团队行程			

全陪导游作为旅游团的代表，应自始至终参与旅游团的行程，负责旅游团行程中各个环节的衔接，监督接待计划的实施，协调地陪、司机等各个方面旅游接待人员之间的关系。全陪导游的工作具体安排如下：

（一）熟悉接待计划

全陪导游应认真查阅接待计划及相关资料，全面了解旅游团的情况，掌握该团重点游客的情况和该团的特点。

（二）在旅游团出发前召开说明会

就相关事项进行具体说明，如讲解旅游行程，提出旅游注意事项与要求，与旅游团约定集合时间和地点等。

（三）准备相关物品

全陪导游要做好物品准备，携带必备的证件和有关资料，如本人身份证、导游证、旅游团接待计划、行程表、旅游宣传品、全陪日志及一定数量的现金等。

（四）联络工作

与地接社联络，摘记各地接社的电话号码和传真号码。接团前一天，全陪导游应同地接社取得联系，互通情况，妥善安排相关事宜。

（五）旅游行程

在旅游团出发当天，应严格按照旅游计划，提前到达飞机场（火车站、长途汽车站、码头等），并提前向有关部门询问所乘交通工具有无时间变化。协助旅游者办理乘机、乘车以及行李托运等相关手续。抵达目的地后，主动与地陪导游联系，清点人数；与地陪导游及行李员清点并交接行李；及时与地陪导游核对当地的游览行程表。

（六）结束工作

在整个行程结束时，全陪导游应代表组团旅行社向旅游团表达谢意并告别，及时为地陪导游填写"地陪服务质量回执"，请旅游者填写"全陪服务质量回执"，处理旅游结束阶段的各项工作。

五、跟踪团队、监督控制

虽然旅游团已经交给地接社，但组团社仍然不能放松自己的工作，因为对整个旅游过程的跟踪、监督也是非常重要的。团队操作中的任何一个环节出现差错，都会导致整个发团工作的失败。

组团社对团队的跟踪、监督主要包括两个方面：

（一）全陪导游的监督

全陪导游应对所带领的旅游团的旅游活动负责。一个优秀的全陪导游除了要有丰富的专业知识外，更应该处变不惊，有通观全局的眼光和独立工作的能力，能够真正起到监督、控制旅游全程的作用。

（二）计调人员的跟踪

组团社计调人员应全程跟踪团队状态，在发团前24小时应再次与地接社落实和确认，以防接待社出现疏忽和遗漏。在团队行进过程中，计调人员应与全陪导游、地接社、地陪导游及游客保持联系，掌握团队的行程，发现问题及时沟通和解决。

案例窗 2-6　　　　　　　　　　　　　游三峡

　　3月18日，经成都某旅行社介绍，F先生一行3人（2女1男）从成都来到重庆某旅行社，要求提供考察三峡、经宜昌到武汉住宿一夜、最终返回大连的服务，行程中的考察费、车船费、住宿费、飞机票等费用一并交予重庆某旅行社，3人轻装踏上行程。一路上还算顺利，3月20日晚8：00到达武汉，却不见武汉地接社的人员接站，3人自己找到预订的小天鹅宾馆。这时F先生接到电话，地接社的导游说马上来宾馆。导游到宾馆后却说，小天鹅宾馆没有他们要订的房间了（预订了2个标准间），要转到另一个宾馆（距机场近，距市内远）。由于F先生一行3人第二天还要在市内办事，住远了很不方便，所以没有同意，而导游非常强硬地说："没有办法，那你们跟重庆联系吧。"3人问："换宾馆为什么事前不通知我们？"导游不耐烦地说："我不知道，计调刚刚告诉我的。"僵持一段时间后，导游经过联系，计调也来到宾馆，让3人住在小天鹅宾馆，但不是标准间，是双人床的单人间，房价150元（标准间房价180元），但差价不能退还。F先生一行3人非常气愤，准备投诉武汉的这家旅行社，连带投诉成都、重庆的旅行社，于是F先生不断打电话给成都和重庆的旅行社，导游、计调看到3人如此坚持，最后同意他们住在小天鹅宾馆，要了3个单人间，并答应不增加差价。3人看时间已经是晚上10：00，于是同意住下。

六、旅游结束后的反馈、售后服务

（一）审核报账单据，交财务报账

团队行程结束后，地接社（除个别现付团队外）会传来团队催款单，组团社计调人员应根据团队实际运作情况对相关费用进行审核及结算，将审核无误后的单据附报账单交由主管再度审核、签字，并交由财务部按协议规定准时付清款项。

（二）资料归档

团队行程结束后，组团社计调人员应将所有传真及单据复印件留档，并建立客户档案。

（三）服务反馈，跟踪回访

当旅游者结束行程回到居住地后，组团社应在一周内选择部分旅游者通过打电话或发邮件的方式询问他们对旅游行程的意见和建议，同时感谢他们在旅游过程中的积极合作。在重要节假日，应向重要客户发送祝福信息，并送上旅行社产品的宣传册，以激发旅游者的潜在需求。

（四）对产品进行调整

根据产品销售情况、出团量、团队质量对产品进行适当的调整。对于销售好的产品，可适当增加出团计划；对于销售欠佳的产品，应分析是线路本身吸引力不够，还是服务质量差，对接待单位也要进行斟酌和再选择。

认知拓展

一、旅行社发团管理

旅行社发团管理是指组团旅行社对发团过程的管理，包括旅游计划的制订、与接待社的洽谈、对旅游团行程的质量监督、对旅游费用的控制及旅游行程结束后的总结等。

这里所说的组团社，主要是指客源地组团社（包括批发商和零售商）。它们通过各种招徕方式组团，向游客提供符合游客需要的旅游产品，并就旅行中的有关事项与游客协商后，签订旅游合同。发团过程就是组团社将旅游团委托给旅游目的地接待社的过程，并由接待社代为安排该旅游团的一切旅游活动。组团社对旅游团队的管理和责任贯穿于旅游活动的始终。

二、发团管理在旅行社整体业务中的地位

（一）发团管理是将旅行社产品推向市场、实现销售的重要环节

旅行社通过各种途径招徕游客，然后根据游客的需求提供相应的产品，与游客签订旅游合同，确定出发时间、接待标准，以及旅游目的地接待社等。这些都是发团管理的前期工作，也是发团管理的重要组成部分。旅行社的发团工作，既是旅游活动从

计划到实施的桥梁和纽带，也是旅行社整体业务的基石和重要环节。

（二）发团管理是旅游活动顺利进行的重要保障

组团社通过发团管理来监督和约束地接社的接待活动，使地接社能够按照约定的标准向游客提供服务，从而保障游客的利益。旅行社通过发团管理来衔接旅游行程，及时获得游客的相关信息，有利于帮助地接社处理突发事件，从而保证旅游活动的顺利进行。

（三）发团管理是旅行社日常工作的重要组成部分

发团管理与旅游者的各项活动密不可分，发团管理成功与否，直接影响到游客的满意度以及回头率，也影响到旅行社的信誉和日后的产品销售。

总之，发团管理对旅行社来说是至关重要的，在旅行社整体业务中占有重要的地位。

思政园地2-5

中国西北五省区：推动旅游协同发展

三、组团型计调的信息储备

（1）组团型计调必须了解各条线路的价格、成本、特点、影响因素，以及变化和趋势。初入门的计调最好从全陪做起，并且应时常调阅本社团队的卷宗，了解各条线路和各地接社的信息反馈，多渠道了解游客的信息。

（2）组团型计调必须树立以游客为中心的理念，努力满足游客的需要，并且应成为游客的朋友。

（3）定期查阅传真和信息，在报价前再次落实核准价格、行程、标准、所含内容，在签订合同前提前通知地接社做好准备。

（4）规范确认文件，注意到达时间、行程安排、入住酒店的标准、景点情况、餐费标准、车辆标准、导游要求、可能产生的自费情况，以及可变因素、变化后的程序和责任等。

（5）熟悉导游情况，了解每个导游的年龄、学历、服务质量反馈、性格、工作特点、责任心等，了解社内导游的安排情况，以便针对客户做出最合适的导游安排。

四、旅游团队的十类预警

预警其实就是一种预示行为，是一种对危险的警示。旅游团队的十类预警如下：

（一）线路策划出行预警

很多线路往往从诞生之时起就存在投诉的隐患，预示着危险的存在。下面我们列举几条旅游线路来对比一下。

1.行程对比（见表2-7）

表2-7　　　　　　　　　　　　　　　　丝绸之路A、B线路行程对比表

A常规线路：丝绸之路双飞六日	B特色线路：丝绸之路双飞七日
D1：各地飞兰州，晚卧赴嘉峪关 宿硬卧	D1：各地飞西安或兰州，后乘车前往西宁 宿西宁
D2：早抵嘉峪关，游嘉峪关城楼，乘车抵敦煌，晚游鸣沙山、月牙泉 宿敦煌	D2：游青海湖、日月山、倒淌河 宿德令哈
D3：上午游莫高窟，晚卧赴吐鲁番 宿硬卧	D3：参观德令哈大草原、茶卡盐湖，抵敦煌，游莫高窟 宿敦煌
D4：早抵吐鲁番，游火焰山、葡萄沟、坎儿井、高昌故城，后乘车前往乌鲁木齐 宿乌鲁木齐	D4：上午乘车游览阳关遗址、星星峡，抵哈密，经寒气沟前往巴里坤大草原 宿巴里坤
D5：天山天池一日游 宿乌鲁木齐	D5：登天山，游天山神庙，观班超神像，欣赏巴里坤大草原，下午乘车至楼兰古国遗址 宿吐鲁番
D6：逛巴扎，乘飞机返回各地	D6：游火焰山、葡萄沟、坎儿井、高昌故城，后乘车前往乌鲁木齐 宿乌鲁木齐
	D7：逛巴扎，乘飞机返回各地

2.线路解析

（1）A线路为常规线路：

①全程游览6天，仅有3晚在酒店住宿，洗浴、卫生、休息都无法保证，容易使游客产生疲劳感。

②游览景点少，衔接多，一到旺季，敦煌至吐鲁番的火车票更是"一票难求"。地接社盲目承诺，一旦出现问题，会造成投诉不断，组团社更是无能为力。

③成本过高，因区间采用火车卧铺，会产生汽车空驶费用，所以车费较高。

④游览景点多为沙漠、戈壁，缺乏新鲜感，娱乐性差，容易使人晕车和反感。

⑤饮食单调，面食口味难以满足全部游客的需求。

（2）B线路为特色线路：

①每晚宿高等级酒店，环境舒适，游客旅途的疲惫感能够得到缓解和调整，容易产生兴奋感。

②游览景点多，游青海、甘肃、新疆，一气呵成，每日景观不同，有草原、沙漠、雪域、冰川、湖泊、森林、毡房、神庙、古堡、遗址，尤其是巴里坤大草原，美不胜收，有"天马故乡"之称。

③成本适中，衔接少，易于操作，减少了投诉。

④餐食丰富，天天不同。

3.线路预警

通过上述对比可以看出，A线路与B线路在行程特色、景点安排、交通工具的选择以及住宿、餐食方面都有很大的区别。A线路一旦产生投诉，其实并非操作或接待上的问题，而是此线路从诞生之初，在策划上就已经存在问题。所以，旅行社计调和营销人员在设计线路时就应该考虑到线路的不合理性，从而把隐患杜绝在线路推出之前，这就是线路策划出行预警。

（二）团队交通选择预警

团队交通选择的正确与否，会直接影响到旅游线路的成本与价格、行程的安排及接待质量。平时选择航班、火车、轮船、旅游包车，一般问题不大，即使存在问题也可以及时协调解决。然而一到节假日，由于出游人员集中，航班、车次密度较大，旅游接待质量受交通因素影响，就可能产生问题。例如，某年"十一"国庆节期间，桂林线、华东线很火爆，正常航班很难保证。北京某旅行社在设计华东线路时，扬长避短，采取直飞合肥、上海返回的冷门走法，同时为满足某些游客的需求，也选择了包机直飞南京并且从南京返回的常规航线，这种策划方案保证了交通产品的顺利提供。

1.行程对比（见表2-8）

表2-8　　　　　　　华东五市A、B线路行程对比表

A常规线路：华东五市双飞五日	B特色线路：华东五市双飞五日
D1：北京乘飞机赴南京 宿南京	D1：北京乘飞机赴合肥，乘车3小时抵南京，游中山陵、总统府、夫子庙 宿南京
D2：游中山陵、总统府、夫子庙，下午赴无锡，游太湖 宿无锡	D2：南京赴无锡，游太湖风景区（三国城等），下午赴苏州，游寒山寺、枫桥景区、盘门三景，参观虎丘、婚纱一条街 宿苏州
D3：赴苏州，游寒山寺、枫桥景区、盘门三景，参观虎丘、婚纱一条街、狮子林 宿苏州	D3：上午游狮子林，经乌镇抵杭州，游西湖风景区，晚上自费游宋城 宿杭州
D4：经乌镇抵杭州，游西湖风景区，晚赴上海 宿上海	D4：游西湖风景区，观看丝绸时装表演。抵上海，观上海夜景 宿上海
D5：游上海，下午抵南京，乘飞机返北京	D5：游上海南京路、浦东开发区、东方明珠广播电视塔，后乘飞机返回北京

2.线路解析

（1）A线路为常规线路：

①表面上看是华东双飞五日游，但去程第1天为晚班机，第5天全天赶赴南京乘飞机，实际上只有3天时间游览5个不同的城市，游程紧张，疲于奔波。

②未给地接社导游留有加点、加景的余地，导游赶时间，游览效果自然打折。

③最后一天赴南京乘飞机，很容易出错。曾经有团队从上海赴南京乘飞机，结果受交通影响，汽车堵在高速公路上动弹不得，到达南京机场时，飞机已经飞走了，全体游客都误了机，损失惨重。这就是因交通选择失误导致的差错，在团队还未出发前其实就已经存在预警。

（2）B线路为特色线路：

虽然去程航班直飞合肥，距南京还有3小时车程，但因为时间充裕，游客并不会感觉紧凑和疲劳。行程安排合理，游览轻松，不走回头路。

此外，在交通工具的选择上，还有一个问题需要引起计调人员的足够重视，那就是要严防电子客票诈骗。

目前，电子客票日渐盛行，其特殊形式给旅行社的操作和游客出行都带来了便捷，但是假电子客票诈骗案却呈现高发趋势。电子客票诈骗案有两大陷阱：第一，一些非正规机票代理点提供虚假订票信息，在接受订票后用高清复印机打印出假行程单，实际上游客的订票信息并没有输入电脑。第二，一些非正规机票代理点通过暗中操作，使订购的机票价格与实际价格不符，从中赚取差价。例如，根据订票要求向航空公司订座位，确认机票价格后，在私自印制的另一份"行程单"上打印出更高的机票价格。

鉴于此，计调人员在预订旅游团队机票时，必须做到以下两点：一是必须通过航空公司或正规的机票代理机构预订机票，不要盲目相信小广告、小卡片或上门推销人员提供的信息。与航空公司和正规的机票代理机构建立稳定的合作关系，最好签有协议。二是在收到电子客票行程单后，为安全起见，还必须与航空公司确认，以保证电子客票的真实性与有效性。

（三）合作对象甄选预警

组团社或接待社在甄选合作对象时，往往会将价格低廉、质量有保证视为首要因素，但是要同时满足这两点很难。这里有一些案例值得我们借鉴。

案例窗2-7　　　　　　　　　过分信任合作对象而损失团款

　　王某曾与云南某旅行社经理丁某合作，接待其赴华东的旅游团队。前几批丁某发往华东的团队，在团款结算方面都做到了一团一清。后来，丁某同时发了几批前往南京和上海的团队，要求王某协助一下，等团队回到昆明后立刻结款。出于信任，王某同意垫款，但是团队回到昆明后，丁某竟然失踪了。至今王某还有多批团款未追回，损失较大。

案例窗 2-8　　　　　　　　　　　过分相信朋友的推荐而损失团款

李某经朋友介绍与重庆某旅行社合作。为防止上当，李某特意前往重庆考察了该社的实力和规模，虽然发现了一些问题，但考虑到该社为朋友举荐，不可能出现赖账的问题，于是一边安排计调人员接待该社发过来的团队，一边观察。结果计调人员犯了和李某同样的错误，对方在团队返回后失踪了，团款至今无着落。

（四）计调操作过程中的预警

计调在操作过程中是最容易产生问题的。例如，操作模式不严谨，或者对突发事故和接待能力预计不足等，都会导致对游客的承诺无法履行，从而引起投诉。

案例窗 2-9　　　　　　　　　　　服务质量达不到标准导致投诉

北京某旅行社组织成都、九寨沟、黄龙八日游。在履约过程中，由于恰逢国庆节假期，到九寨沟、黄龙旅游的人数剧增，而景区接待能力有限，因此旅游团在住宿、用餐、交通工具、景点游览等方面都存在服务质量问题，达不到合同约定的标准。最终，游客到法院起诉，要求旅行社赔偿损失。

节假日期间，景区的接待能力受限是客观原因，但追根溯源，计调在操作过程中就应该提前想到这些问题。如果计调能提前与接待社预报计划，确保交通、景区、酒店、餐厅的落实，并能根据预报的计划严谨收客，就可以免遭投诉了。所以，计调的业务能力和计划性是相当重要的，计调在团队操作中应提前想到所有可能发生的状况及解决方案，尽量杜绝投诉隐患。

（五）接待六要素之审核预警

当团队操作完成后，计调还应该对地接社提供的"食、住、行、游、购、娱"六个要素进行审核，检查这六个要素是否符合团队接待标准。

（1）酒店住宿：检查酒店的等级、位置、房况，酒店大堂是否敞亮，是否有电梯等。例如，对于老年团，计调要关注房间内是否有防滑垫，防止老年人在洗浴时滑倒摔伤；是否有电梯，以方便老年人上下楼；房间内是否有床头灯，以免老年人起夜时摔倒。

（2）团队用餐：检查就餐环境和食品卫生是否有保证，餐费标准是多少，几菜几汤，几荤几素。其中，最容易发生变化的是菜的质量和分量。例如，将12寸餐盘改为8寸餐盘。此外，为江浙团、广东团安排川菜，口味偏辣；为西部游客安排江浙菜，口味偏清淡；北方客人饭量大，如果安排的菜品少而小，则客人根本吃不饱等。

（3）行程安排：检查行程安排是否合理，如是否走回头路、衔接太多、松紧不当等。

（4）娱乐设施：检查在自费观看或参与性的活动中，收费项目与娱乐内容是否一致。计调应提前了解这些项目的真实情况。

（5）购物问题：由接待质量引发的投诉一直居高不下，其中购物安排最容易招致游客投诉。鉴于此，文化和旅游部规定：旅游团队的购物项目和购物时间都应明确写进旅游合同，如果擅自变更，旅行社应承担违约和赔偿责任。

（6）游览问题：如果游览过程中出现问题，责任往往在导游。例如，有些导游为了自身购物方便，往往随意变更游览顺序或内容，这也会埋下投诉的隐患。

（六）团队突发事故预警

团队突发事故主要由两大类因素导致，即不可预见性因素和可预见性因素。

不可预见性因素导致的突发事故包括：天气因素导致航班临时取消或晚点；游客隐瞒身体健康状况在游览中突发疾病等。可预见性因素导致的突发事故包括：节假日游人增多，住宿、用餐、游览景点不能得到保证；使用没有运营资质的车队，出现交通意外且无保险赔偿等。

计调人员在操作前就应规避这些风险，遇到问题时不能互相推诿、指责。

（七）随意变更行程预警

随意变更行程在旅游行业的接待中司空见惯。例如，某学校在参加某旅行社组织的云南八日游时，发现旅行社擅自改变了合同的许多内容。本来合同中规定的游览玉龙雪山、云杉坪的八日游项目，到当地就变成了游云杉坪，远观玉龙雪山并不去游览，甚至在去世博园游览时，导游没做任何解说就离开了，大部分游客根本找不到大温室、中国馆等著名景点。随意改变行程却未获得所有游客的签字认同，殊不知"旅行社有权在不减少景点的前提下变更行程"的说法早已违背了合同约定，不具有法律效力。随意变更行程引发的投诉隐患，同样是团队预警中的重要内容。

（八）散客团接站预警

接站是计调进行团队操作的第一步。很多车站、码头、出入境口岸由于进出口多，或标志性建筑物不明显，很容易出现游客误接、漏接、无法联系、走失等情况。这些看似很小的问题引起的后果却很严重。导游在接团时就与游客产生了隔阂和摩擦，日后带团肯定更难了。散客团接站预警是计调在派遣导游的过程中就可以规避的问题，计调应在派导单上写清楚接送的口岸、标志物、准确的抵离时间、游客的联系方式等。

（九）旅游保险意识预警

案例窗2-10　　　　　　　　旅行社的保险意识

吴女士与丈夫于先生参加了北京某旅行社推出的马尔代夫豪华四晚五天自由行。在旅程中，吴女士在酒店边上的海滩潜水时溺水身亡。此后，吴女士的家人起诉该旅行社，认为旅行社没有尽到对危险的告知义务，也没有采取措施避免事故的发生，甚至没有按照国家规定推荐购买旅游意外保险，致使吴女士的家人目前得不到任何赔偿，因此要求旅行社赔偿各项损失共计119.5万元。

由上述案例可知，计调包括前台人员在操作和接待时缺乏保险意识，从而引发了投诉。因此，旅行社在接待时应提醒游客购买旅游意外保险，如果游客拒绝购买保险，应提醒游客在合同上签字备注。同时，旅行社还应告知游客旅行社责任保险和游客人身意外保险的区别，告知游客有关游客人身意外保险的范围。游客人身意外保险规定，被保险人从事潜水、跳伞、攀岩运动、探险活动、武术比赛、摔跤比赛、特技表演、赛马、赛车等高风险运动是在免责条款之外的，游客如果选择参与这些活动，应承担由此引起的意外和风险。

（十）政策法规常识预警

《中华人民共和国旅游法》规定，旅行社组织团队出境旅游或者组织、接待团队入境旅游，应当按照规定安排领队或者导游全程陪同。同时，旅游者在出行前和行程中，一定要熟悉并严格遵守相关国家的政策法规，这样才能规避因违反政策法规而引起的风险。

项目实训

实训项目2-5：国内游发团服务实践

实训地点： 多功能实训室、资料室、网络实训室、校外实训基地（合作旅行社）。

实训内容： 选择一家合作旅行社进行考察，制订发团计划，观摩体验组团计调发团流程。

实训目的： 在本地游接团能力训练的基础上，以国内游为载体进行有针对性的组织发团业务能力的训练，为国内游计调与营销综合能力的训练奠定基础，使学生熟悉计调发团服务流程。

实训组织：

1.每6人组成1个小组，同一省份的学生或熟悉该省的同学可自由组合成一组。

2.老师可对分组进行调整。

3.在老师的指导下，由组长负责。

验收成果： 结合国内游产品设计成果，制订发团计划（要求团名、团号、行程等清晰），师生评价。

项目测评

不定项选择题

1.对组团及发团工作流程排序正确的是（　　　）。

①委派全程陪同

②制订与发出正式组团计划

③结束阶段

④全程跟踪服务

A.①②③④　　　　　　　　　　　　B.②③④①

C.②①④③　　　　　　　　　　　　D.②③①④

随堂测验2-5

项目12

2.某旅游团有25个成人、3个儿童（其中1个是不满2周岁的婴儿）、1个全陪，则规范的写作方式为（　　）。

A.25+2+1+1　　　　　　　　　　B.25+2+1/10+1

C.25+2/2+1/10+1　　　　　　　　D.25+3/10+1

◀ 思考题

1.组团计调在派发全陪导游时，应重点考虑哪些因素？

2.计调与营销人员应采取何种方式进行跟踪回访？

3.你认为除团队的十类预警之外，还有哪些因素可作为团队预警？

4.组团社应如何与地接社保持良好的合作关系？

3

模块三 出境游计调与营销

模块概述

出境游是指旅游者参加组团社组织的前往旅游目的地国家（地区）的旅行和游览活动。中国公民出境游包括出国旅游、边境旅游，港澳台旅游也被视为出境游的一部分。

出境游计调与营销业务主要是指组团社为旅游者提供出境游产品，实施出境游组团及发团服务。本模块在学生掌握了本地游、国内游计调与营销活动系统能力的基础上，以出境游计调与营销活动为载体，采用团队综合能力训练的方式，让学生组成团队，围绕出境游分析市场环境，解析出境产品，完成组织采购、组织发团业务，从而达到培养学生综合能力的目的。

模块结构

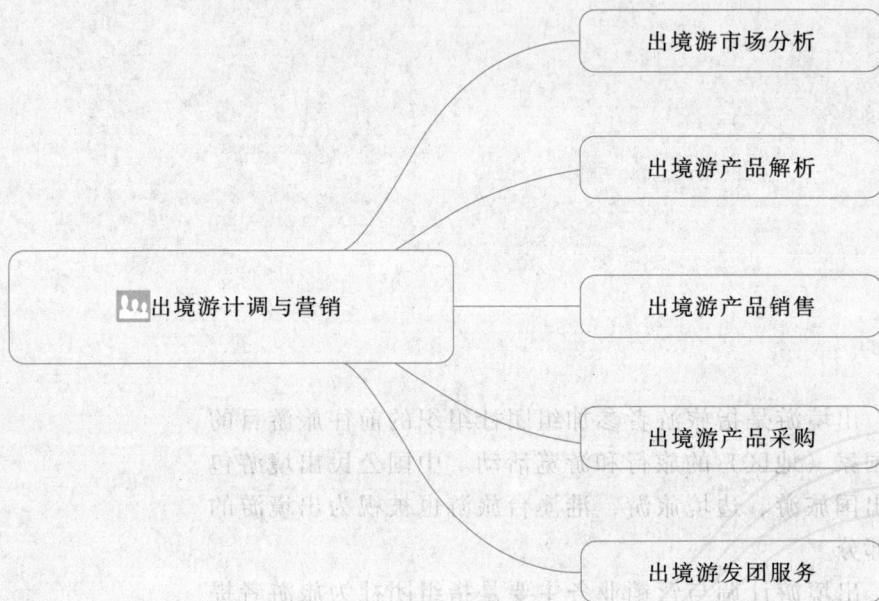

◎ **模块示例**

出境游产品设计

背景分析：

随着人们生活水平的不断提高，人们的出境旅游需求不断增长。事实表明，出境旅游大众化的趋向在加强，不同档次的需求在分化，"自由行"以及出境手续的简化使中国公民的出境旅游活动越来越便利。

出境海岛旅游更是现代人特别是年轻情侣们的时尚选择。如果不想走太远，东南亚的海岛是性价比很高的选择，别具风情的海岛让人可以享受惬意的假期。

大海与生俱来的浪漫气质，令海岛成为情侣出游的必选目的地。我们找到了四处适合情侣出游的海岛，理性选择加上合理规划，小成本照样可以愉快地享受二人海岛时光。

旅行社计调与营销：

大连夏之河旅行社决定推出时尚海岛旅游产品——"海岛风·时尚情"。

一、旅游目的地资源分析

（一）地理位置

巴厘岛是印度尼西亚共和国（简称印度尼西亚）众多岛屿中最耀眼的海岛之一，它位于印度洋赤道南方8度，爪哇岛东部，小巽他群岛西端，大致呈菱形，地势东高西低，主轴为东西走向。岛上东西宽140千米，南北相距80千米，全岛总面积为5 620平方千米，人口约315万。

（二）自然环境

1.地形

巴厘岛北部有一个贯穿东西的火山带，其中最高峰为阿贡火山（Gunung Agung），海拔3 142米。火山带从南向北延伸，为岛上主要生产农作物的肥沃稻田。巴厘岛西部人口稀少，是岛上唯一的非耕种区域，也是巴厘岛国家公园所在地。这里是茂密的树木丛生区域，其中有丰富罕见的植物和鸟类，以及壮观的海底世界。

2.气候

巴厘岛地处赤道，气候炎热而潮湿，是典型的热带海岛型气候。全年平均温度约28℃。湿度根据地区及季节不同而异，平均湿度为60%～100%。一般而言，印度尼西亚分为两个季节：雨季和旱季。东南季风带来干燥的天气（干季），西北季风带来丰沛的雨水（雨季）。每年10月到次年3月为雨季，1月至2月是雨季的最高峰，每天下雨好几个小时。下雨之前，空气中充满湿黏的闷热感，雨后则立刻让人感觉清凉舒畅。其他时间为旱季，是攀登山峰或参观自然保护区的最佳时节。

3.河、湖、生物

最大的湖泊：巴杜尔湖（Danau Batur）。

最主要的两条河流：帕克里桑河（Pakrisan）和贝塔努河（Petanu）。这两条河被人们视为圣河，河的两岸曾经发现过古代帝国的遗迹。

国家森林保护区：西部的珍巴拉纳（Jembrana）仍居住着熊、野猪和鹿等生物，是一个热带丛林。

（三）风俗民情

岛上居民大多信仰印度教，岛上的庙宇、神龛、横梁、石基上随处可见神像、飞禽走兽、奇花异草等浮雕。

在巴厘岛，几乎家家供奉神龛。有的神龛直接建在庭院前后的地面上，有的则高高竖立在一根根石柱之上。神龛一般是用当地黑色的火山石雕凿而成，大小不一，尖顶之下四面透空，以供朝拜的信徒供放花盒或香火。

巴厘岛有"千寺之岛"之称，最著名的有海神庙、圣泉寺等，每个寺庙都有自己的节日。

二、市场分析

（一）客源分析

正值"五一"国际劳动节假期，人们外出踏青的愿望强烈，并且具备出行时间。人们希望利用假期放松心情，感受春天的美景。总之，此项目具有广阔的市场前景。

（二）项目分析

巴厘岛一年四季草木青翠、山花烂漫，拥有迷人的海滩及众多庙宇，素有"花之岛""诗之岛""天堂岛"等美称，每年都吸引着无数来自世界各地的游客。

三、产品设计

（一）行程安排

第1天：大连—仁川—巴厘岛。仁川与北京的时差为1小时，巴厘岛与中国无时差。到达巴厘岛后，前往酒店入住休息。

第2天：在酒店享用丰盛的早餐后，前往巴厘岛的标志——世界闻名的海神庙（停留时间约60分钟）。海神庙是巴厘岛最重要的海边庙宇之一，坐落在海边一块巨大的岩石上。每逢潮涨之时，岩石被海水包围，整座寺庙与陆地隔绝，巍然屹立在海水中。游客也可以在庙下的圣洞里祈求万事平安、家道兴隆。游览充满神话色彩的乌鲁瓦度（停留时间约45分钟），在这里可以观赏独一无二的断崖海景，沿途也可以参观栖息于此的顽皮猴群。途中来到金麒麟咖啡加工厂（停留时间约50分钟），参观黄金咖啡的生产流程。

第3天：早餐后，全天自由活动。

第4天：早餐后，全天自由活动。

第5天：早餐后，前往参观神圣的圣泉庙（停留时间约30分钟）。圣泉庙建筑规模宏大、完整，在这里可以领略整个"千庙之岛"的风采。接下来参观印度尼西亚独特的木雕村（停留时间约30分钟）。稍后，游客可以带上更换的衣服，参加刺激的阿勇河激流泛舟（约60分钟）。该漂流经过的河谷两岸景色壮丽又不乏幽静，游客们时而经过山洞，时而经过飞流而下的瀑布。之后到乌布享用印度尼西亚的田园脆鸭特色套餐。午餐后，参观乌布皇宫，逛乌布集市（停留时间约60分钟）。乌布皇宫古色古香，给人的感觉就像一座百花盛开的大花园，众多艺术装饰品和家具点缀其间，好像在提醒游客这座皇宫的高贵与独特。乌布集市热闹非凡，途中经过土特产商店，游客可以购买喜欢的物品。之后前往巴厘岛闻名的库塔区（停留时间约60分钟）。巴厘岛库塔区也是游客最喜欢的景点之一。这里既有繁华的商业景象，也有美丽的海滩。晚上，来到金巴兰海滩品尝著名的夕阳海鲜餐。别忘记找个好位置，点好美食和饮料来欣赏日落。最后由专车专人陪同到机场，办理离境手续后搭乘豪华班机离开，结束这次悠闲而精彩的巴厘岛之旅。

第6天：巴厘岛—仁川—大连。上午抵达大连周水子国际机场，结束此次令人难忘的巴厘岛之旅！

（二）产品特色

（1）两晚五星级酒店住宿。

（2）团队游览+自由行，逍遥行程，轻松愉快。

（3）推出特色餐饮，满足美食需求。

（三）服务标准

国际往返机票，全程酒店住宿（当地五星级度假酒店+别墅），酒店提供免费早餐，行程内所标注的午、晚餐，行程内所标注的游览景点，中文导游，机场酒店往返接送车，旅行社责任保险。

四、温馨提示

1.电压

电压220V，多为圆脚双孔插座，建议游客自备转换器。

2.饮用水

印度尼西亚的水中常含有霍乱弧菌及其他病菌，因此绝对不可喝生水或来路不明的水，较安全的是罐装或杯装水及饮料。

3.小费

大部分酒店和餐厅都会在账单上另加11%的政府税和10%的服务费，不必另付小费。

4.时差

巴厘岛当地时间与北京时间是相同的，没有时差，但印度尼西亚首都雅加达的当地时间则比北京时间晚1小时。

5.服装

印度尼西亚的平均气温为24～32℃。全年可穿简单夏天服装，以清爽凉快的服饰为佳。

6.语言

以印度尼西亚语、英语为主。

7.礼仪与禁忌

当地居民都很友好，但旅游者必须注意一些风俗，以免引起误会。例如：

（1）不要用左手握手，不要用左手抓取食品或用左手触摸别人。

（2）不要用弯曲手指的方式请别人过来。

（3）头部是神圣的，千万不要拍别人的头部，即使对方是小孩子。

8.入境须知

（1）旅游者可免税携带以下商品入境：逗留1个星期者最多可携带2瓶酒、适当数量的香水、50支雪茄、200支香烟或200克烟草；逗留2个星期及以上者可携带3倍于以上数量的物品。

（2）对旅游者带入境的外币数量没有限制。

（3）鸟（除了鹦鹉和长尾鹦鹉）、猫、狗等动物必须具备运输5天前颁发的2份卫生证明，证明它们至少在装货前5天没有经过疫病传染区，并且现在没有任何疾病。

（4）新鲜水果、植物和植物材料必须申报检查。

（5）旅游者一律不得携带武器、枪械、弹药、毒品和色情资料等违禁品进出印度尼西亚国境。

五、营销推广

（一）方式

报纸：大连市内主要报纸、旅游信息报、校园报纸等。

网络媒体：旅行社网站、旅游网站、微信公众号等。

宣传单：在人流集中区域派发宣传单。

广告：公交车内的移动电视广告、出租车的字幕广告等。

杂志：旅游杂志等。

（二）营销对象

大连市20～40岁的青年。

六、产品采购

大连夏之河旅行社为了满足"海岛风·时尚情"旅游项目的服务供应需求，完成了以下采购任务：

（1）选择信誉度高的地接社，多年的合作使我们相信其能够保质、保量地完成"海岛风·时尚情"这个旅游项目。

（2）根据预订旅客的数量开展旅游服务采购活动。

（3）预订往返机票及旅游途中空调大巴。

（4）选派优秀的领队跟随团队，为游客全心全意地服务。

（5）旅行社投保责任险，提倡游客投保旅游意外伤害保险。

七、报价

参考价：6 980元人民币/人。

（一）报价包含项目

①国际机票；②境外两晚五星级酒店双人标准间+2晚别墅双人标准间；③行程内景点门票、当地空调旅游车、行程内用餐；④境外中文导游服务；⑤旅行社责任保险。

特别声明：观光项目以当地旅行社的安排顺序为准，我公司根据实际情况的变化，有对该行程及价格进行适当调整的权利。

（二）报价不含项目

①护照费；②印度尼西亚落地签证费；③个人消费；④行程以外景点的费用，因交通延阻、罢工及其他人力不可抗拒的因素导致的额外费用；⑤离境税；⑥小费。

（三）自费项目（见表3-1）

表3-1　　　　　　　　　　　　　　自费项目

编号	自费项目	价格
1	海上游（一天游）	530元起
2	海上黄昏游	280元起
3	香薰疗法2小时	220元起
4	热石疗法2小时	250元起
5	精油按摩	220元起
6	水疗法2小时	280元起

八、顾客投诉

（1）建立健全游客投诉机制，认真对待游客反映的问题。

（2）成立专门的投诉部门，设立投诉热线，安排工作人员接听热线。

（3）对游客的投诉要认真调查、严格处理、迅速回复，并保存投诉档案。

（4）安排相关人员进行跟踪回访，及时掌握游客对服务质量的态度。

（5）可通过电话、电子邮件等方式进行回复。

项目 13 　　出境游市场分析

◎　**项目目标**

在本地游、国内游市场分析能力训练的基础上，以出境游计调与营销活动为载体，通过本项目的学习与训练：

1. 能够客观分析出境旅游目的地国家（地区）的主要旅游环境。
2. 能够掌握旅游目的地国家（地区）的旅游资源。
3. 能够分析旅游者出境游的需求。
4. 能够分析出境旅游的发展趋势。
5. 具备严谨的数据分析能力和良好的信息素养，坚定大国文化自信。

项目知识

一、出境旅游的特点

与国内游相比，出境旅游具有以下特点：

（1）在地域方面，旅游者要跨越国家或者地区边界，到异国或者地区游览。这一特点将使出境旅游者的消费行为必然受到他国或地区法律法规、政治环境以及民族习惯的影响。

（2）在时间方面，由于出境旅游的距离较远，持续时间较长，因此在客观上要求旅游者应具备比较充足的闲暇时间。

（3）在消费水平方面，出境旅游者花费的交通、旅游和购物费用较高，从而使出境旅游市场受居民收入水平的影响较大。同时，汇率的变化等因素也会对居民的出境旅游行为产生实质影响。

（4）在宏观经济方面，中国公民在境外消费属于外汇净流出，国家根据外汇储备情况而实施的外汇管制政策，也会对居民的出境旅游行为产生影响。

出境旅游的这些特点是我们分析出境旅游目的地环境的理论出发点。

二、出境旅游目的地环境分析

（一）政治与法律环境

出境旅游是一种必须跨越国界或者地区边界的特殊消费行为，不管旅游者的收入和支付能力有多高，如果旅游者所在国家不向旅游者期望前往的国家（地区）开放市场，这种消费也无法实现。此外，即使旅游者所在国家对目的地国家（地区）开放了公民旅游市场，但是如果对方因各种原因（如非典）不希望你进入，那么这种消费同样无法实现。

旅行社所在国与目的地国之间关系的好坏，会对旅行社市场产生直接影响。例如，如果两国关系友好，则可获得关税减免、出入境手续简化、信誉担保等方面的政策优惠，进而刺激旅游消费高速增长；当两国关系恶化时，两国之间的旅游往来就会大大减少，进而抑制旅游消费行为。

此外，为了保护本国的利益，各国政府会制定一系列法律和规范，这些法律和规范在旅行社的控制范围之外，对旅行社的市场行为具有直接影响。与旅行社市场营销直接相关的法律有旅游法、环境保护法、投资法、专利法、商标法和广告法等。

总之，旅行社的经营活动必定要受到政治与法律环境的约束，出境旅游的发展不仅与本国的政治和法律环境相关，与目的地国的政治和法律环境也密切相关。

（二）经济环境

出境旅游要求旅游者具有较高的收入水平，而旅游者收入水平的高低，从宏观上看，是由一个国家或地区的经济活力和经济增长力所决定的。因此，分析一个国家或地区居民出境旅游的经济环境，必须首先从该国或地区的宏观经济背景出发。

此外，由于出境旅游涉及跨境消费问题，因此政府的货币管理政策以及国际市场上的汇率变化等因素对各国公民的出境旅游行为同样会产生较大的影响。

（三）治安环境

1.目的地政局的稳定性

政局稳定是旅行社顺利开展出境旅游市场营销活动的关键因素。长期稳定的政局可以为国际旅游创造良好的环境。20世纪90年代以来，我国入境旅游人数和旅游外汇收入迅速增长，这与我国改革开放以来政治局势的稳定密切相关。如果一个国家的政局动荡不安、瞬息万变，必然会给旅行社市场营销活动带来较大的风险。旅行社计调与营销部门应时刻关注国际形势，了解国际关系，把握世界政局发展大趋势，尽量避免因目的地政局动荡而遭受重大经济损失。

思政园地3-1

弘扬北京冬奥精神 推进国际旅游交流合作"一起向未来"

案例窗3-1   俄乌冲突使利沃夫市旅游业遇冷

旅游业是利沃夫最重要的经济支柱。2022年2月俄乌冲突发生后，当地旅游业一落千丈。

往年的4月，是利沃夫旅游旺季的开端。今年的利沃夫，街头依旧人头攒动，但是旅游业整体并不景气。维塔利是利沃夫的一名导游，现在大部分时间都在做志愿者。"现在利沃夫有很多难民。有些人把家人送到利沃夫，就回前线作战了，我们免费为这些家属导游。"

利沃夫有9万名旅游业从业者，像维塔利这样处于半失业状态的人不在少数。除了导游，酒店业也正在经历巨大的变化。克里斯蒂娜是利沃夫市中心的一家旅馆和餐馆的经理。俄乌冲突发生后，大量难民涌入利沃夫。她决定推出一些优惠措施，如不收儿童的房费，提供免费早餐等，帮助难民渡过难关。

利沃夫老城是世界文化遗产，每年吸引200多万游客来访，其中60%以上是外国游客。俄乌冲突发生后，这里的外国游客寥寥无几。目前利沃夫的酒店入住率很高，但大都是乌克兰本国民众。对利沃夫来说，最大的损失是外国游客带来的外汇收入。

克里斯蒂娜表示：现在的旅游业和冲突前有很大的不同，现在的游客大都是从乌克兰东部来的，如基辅、哈尔科夫、顿涅茨克等地，还有一类游客是媒体记者。利沃夫市区的一家啤酒剧院则成为媒体记者必去的打卡地点，每天都有乌克兰官员和专家在这里介绍俄乌冲突的最新形势。

资料来源　余鹏. 俄乌冲突使利沃夫市旅游业遇冷［EB/OL］.［2022-04-12］. https：// baijiahao.baidu.com/s?id=1729891932400597571&wfr=spider&for=pc.

2.恐怖袭击事件

从20世纪60年代中期开始，恐怖主义（包括对恐怖主义的恐惧）逐渐对跨国旅游构成威胁。例如，2017年8月17日，西班牙旅游胜地巴塞罗那发生货车冲撞人群事件，该事件造成13人死亡，100人受伤。2017年10月1日，美国拉斯维加斯曼德勒海湾酒店赌场一个场外的音乐节发生枪击事件，这是美国历史上最为惨烈的枪击案件。恐怖袭击发生后，一些潜在旅游者可能会望而却步，从而使该地的旅游业遭遇寒冬。因此，恐怖袭击发生后，旅行社应立即采取应对措施，如取消与发生恐怖袭击地区有关的行程或更换线路。

（四）自然环境

对自然环境的分析，出境旅游与国内旅游相似，主要包括以下两个方面：

1.有利环境

丰富的自然资源是旅游业得以长足发展的重要支柱，也是旅行社开展国际市场营销活动的主要依托。例如，西班牙气候温和、山清水秀、阳光明媚、风景绮丽，被誉为"旅游王国"，西班牙也是最早"向世界出售海滩和阳光的国家"。

2.有害环境

有害环境包括地质灾害、气候灾害、流行性疾病等，旅行社计调与营销部门必须提前制订应急计划，以减少灾害带来的损失。

案例窗3-2　　　　　　文旅部：暂勿前往新冠肺炎疫情严重的国家旅游

新冠肺炎疫情暴发以来，为遏制疫情蔓延，文化和旅游部于2020年1月24日发布紧急通知暂停旅游企业经营活动，全国旅行社及在线旅游企业暂停经营团队旅游及机票+酒店旅游产品，出入境旅游处于停滞状态。

文化和旅游部产业发展司司长高政在国务院联防联控机制召开的新闻发布会上表示，外防输入已成为当前我国疫情防控的重中之重，文旅部将密切关注其他国家新冠肺炎疫情形势，实时与在线旅游企业和平台、旅行社等联络，采取适当的、必要的措施，阻止疫情跨国扩散。

高政介绍说，文旅部发布了针对部分疫情严重国家的旅游提醒，请中国游客及时关注境外疫情形势，提高安全防范意识，充分评估出国旅游引发的感染风险，暂勿前往意大利、西班牙、法国、德国、美国、瑞士、英国、荷兰、瑞典、挪威、丹麦、奥地利、比利时、伊朗、韩国等高风险国家旅游。

资料来源　佚名. 文旅部：暂勿前往新冠肺炎疫情严重的国家旅游［EB/OL］.［2020-03-19］. http://health.yunnan.cn/system/2020/03/19/030621181.shtml.

（五）社会文化环境

旅游目的地的社会文化环境包括价值观念、风俗习惯、宗教信仰等。旅行社在开展入境旅游业务时，一定要注意不同民族、不同国家或地区的旅游者的价值观念、风俗习惯、宗教信仰的差异，进行差异性营销，"入境而问禁，入国而问俗，入门而问讳"。

认知拓展

中国出境旅游的发展趋势表现在以下几个方面：

（一）出境旅游活动日益"平民化"和"大众化"

自 2002 年 7 月 1 日《中国公民出国旅游管理办法》实施以来，出境旅游的限制在逐步减少。同时，现代航空技术的进步降低了旅行的交通成本，激烈的市场竞争使旅游者可以享受较低的出游价格，这些都将推动出境旅游的"平民化"和"大众化"。

拓展学习 3-1

《中国公民出国旅游管理办法》（2017年修订）

（二）出境旅游动机日益多元化

早期，公民出境旅游的目的一般是探亲访友、公务和商务活动。随着人们生活水平的提高以及出境旅游目的地的不断增加，人们出境旅游的动机日益多元化，以观光和休闲度假为目的的出境旅游已超过公务与商务旅游。

（三）出境旅游需求日益个性化

1.专线旅游与特种旅游的比例将进一步增大

随着人们支付能力的提高、消费心理的成熟和对个性的追求，以"个人喜好"为出发点的专项旅游和特种旅游将成为中国出境旅游市场的亮点，如参加海外节庆活动、观看外国著名体育比赛、参加国际电影展等。

2.出境自由行逐渐成为时尚

携程的统计数据显示，从出境旅游方式上来看，跟团游与自由行各占一半。虽然中国公民依然热衷跟团游，但出境自由行增长是大势所趋。同时，越来越多的旅游者更愿意到自己喜欢的地方多逗留几天，而不是一口气跑好几个国家。

（四）出境旅游市场日益深化和完善

随着经济的发展、人们生活水平的提高，以及全球化进程的加快，出境旅游目的地会大幅度增加。在这种趋势下，一些旅行社会走出去，在中国公民出境旅游的主要目的地设立自己的分公司，提供一条龙式的出境旅游服务，而那些看好中国旅游市场的外国旅行社也将进军中国，采取独资或合资的形式经营中国公民出境旅游业务，因

此出境旅游市场将不断深化和完善。

（五）"一带一路"沿线国家将成为出境旅游的新热点

"一带一路"倡议的提出点燃了人们出境旅游的热情。目前，中国已经与46个"一带一路"沿线国家和地区缔结了各类互免签证协定，19个沿线国家和地区给予中国公民落地签便利，从而给出境旅游带来了更多的发展机会。

项目实训

实训项目3-1：出境游市场分析实践

实训地点：多功能实训室、资料室、网络实训室、校外实训基地（合作旅行社）。

实训内容：选择一家合作旅行社进行考察，分析出境游的市场环境。

实训目的：

1.能够客观分析旅游目的地国家（地区）的旅游环境。

2.能够掌握旅游目的地国家（地区）的旅游资源。

3.能够分析旅游者出境旅游的需求。

4.能够分析出境旅游的发展趋势。

实训组织：

1.每6人组成1个小组。

2.老师可对分组情况进行调整。

3.在老师的指导下，由组长负责。

4.每个小组选择一条出境旅游线路进行市场分析。

验收成果：课堂讨论，师生评价。

项目测评

不定项选择题

1.出境游的特点主要表现为（　　　）。

A.出境游已成为大众消费活动

B.受旅游目的地所在国（地区）政治、法律等环境的影响

C.政府货币政策和国际市场汇率能调节游客的流向

D.旅游安全因素更加突出

2."入境而问禁，入国而问俗，入门而问讳"，这是在考虑（　　　）环境时，旅行社所采取的营销策略。

A.自然　　　　　　　B.文化　　　　　　　C.经济　　　　　　　D.政治与法律

3.我国出境旅游的发展趋势包括（　　　）。

A.出境旅游动机日益多元化

B.出境旅游需求日益个性化

随堂测验 3-1

C.出境旅游活动日益"平民化"和"大众化"

D.出境旅游市场日益深化和完善

项目 13

E."一带一路"沿线国家将成为出境旅游的新热点

4.我国游客在出境旅游过程中普遍担心的问题是（　　　）。

A.人身安全　　　　　　B.花费过高　　　　　　C.语言障碍　　　　　　D.文化差异

◀️ 思考题

1.目前中国居民出境旅游的特点是什么？

2.举例分析目的地政局稳定与否对出境旅游的影响。

3.举例分析自然灾害对出境旅游的影响。

4.分析目前中国出境旅游者的特点。

项目 14　　出境游产品解析

◎ **项目目标**

在已经形成了本地游、国内游产品设计系统能力的基础上，通过本项目的学习与训练：

1. 能够客观分析出境游产品组合要素。

2. 能够遵循线路设计原则，按照目的地国家（地区）旅游资源的特点和市场需求，结合自己的实际需要评价产品。

3. 能够选择一条出境游线路，解析行程特色，并结合旅行社市场调研和自己所掌握的知识对线路进行调整。

4. 正确认识和评价中西方文化差异，增强民族自信心和自豪感，树立尚和合、求大同的思想观，自觉弘扬中华民族优秀传统文化。

项目知识

一、出境旅游产品存在的问题

旅行社应根据游客的需求或市场调研结果，结合旅游目的地国家（地区）的资源状况和服务供应状况设计旅行社产品，或在批发商产品的基础上，对卖点进行提炼，然后将产品推向旅游市场。目前，我国出境旅游产品存在如下问题：

（一）产品以多目的地连线的观光产品为主

目前，我国的出境旅游产品以多目的地连线的观光产品为主。这种产品在有限的时间里安排了大量的参观景点，如"欧洲八国十五日精华游"等。这种产品可以让游客在尽量短的时间里，游览更多国家和地区的特色景区和历史文化，充分满足了游客"到此一游"的基本愿望，但是这种走马观花式的旅游留给游客的印象并不深刻，真正用来游览的时间很少，所到之处皆是匆匆照相留念，然后急忙赶往下一个景点。

（二）产品设计细节考虑不够

我国大多数出境旅游产品的设计都以地接社提供的行程为基本依据，组团社将国外的接待行程与大交通简单衔接起来，便将产品拿到市场上去销售，并没有对地接社的产品进行实地考察。因此，产品设计没有考虑到中国游客的特殊需求，服务细节考虑不周，从而难以为游客提供优质服务。

（三）产品包装不规范和不人性化

目前，我国出境旅游产品的广告与其他行业产品的广告相比，仍显得稚嫩。出现这种现象的原因主要有：一是旅行社缺少专业的产品设计人员；二是产品设计的成本投入少；三是对旅游目的地文化背景的了解不够；四是工作人员的文化素质和审美能力偏低。

二、出境旅游产品的发展趋势

（一）休闲游、深度游引领潮流

目前，许多经营出境旅游产品的旅行社已经开始针对细分市场的需求，结合旅游目的地旅游资源的特点，对产品进行主体化包装，受到了旅游市场的欢迎。这也反映出了出境旅游产品设计的一种趋势。

"休闲时代"已经悄然来临，休闲观念也逐渐被人们所接受，充裕的休闲时间使得人们想摆脱快节奏生活方式的愿望越来越强烈；同时，不断完善的休闲环境也使得人们的休闲活动日益多样化。为满足人们日益增长的休闲旅游需求，近年来，一些旅行社推出了只去一个国家的深度游产品，如瑞士七日游、澳大利亚九日游、西班牙八日激情之旅等，更加重视产品的品质、精神享受和休闲度假，深受旅游者的欢迎。

拓展学习 3-2

擦亮"离岛免税"金招牌　中旅助力构建"双循环"新发展格局

（二）小包价旅游产品深受游客欢迎

参加小包价旅游的游客在日程安排、游览选择上有很多的自主性。旅行社通常为游客安排往返机票、酒店房间、接送服务等项目，在目的地城市游览景点、观看演出、品尝风味等活动则以自助形式和零星委托形式进行。小包价旅游克服了团队旅游的诸多弊端，又具有团队旅游的诸多益处，且价格较低、形式机动灵活，因此深受出境旅游者的欢迎。

三、出境游线路范例

以日本豪华全景六日游为例，其行程见表 3-2。

表 3-2　　　　　　　　　　　　　　日本豪华全景六日游行程

日期	行程	用餐	交通	酒店
第1天	大连—大阪 大连周水子国际机场2楼国际出发口集合，搭乘国际航班抵达大阪。晚餐后入住酒店休息	晚	飞机 汽车	四星 酒店
第2天	大阪—京都 大阪自古就是日本的商业之都。游览大阪城公园（40～50分钟）、心斋桥（约60分钟）；自费体验新干线（260元人民币，车费+导游服务费）。 乘车赶往京都。人们称京都是将日本城市与自然最完美地融合在一起的城市。在这里，时间似乎已经停止在静静的回忆中，美丽的传统文化守卫着一切。游览西阵织和服会馆（约15分钟），观赏传统风雅的和服表演；游览世界文化遗产鹿苑寺（40～50分钟）	早 午 晚	汽车	四星 酒店

续表

日期	行程	用餐	交通	酒店
第3天	富士山 乘车游览富士山五合目（约90分钟，赠送项目），如果天气不允许登山，改为游览忍野八海和富士山资料馆；游览大涌谷（约60分钟），之后乘坐芦之湖游船（约15分钟）	早午晚	汽车	四星酒店
第4天	横滨—东京 早餐后，游览横滨中华街、横滨港未来21（约50分钟） 前往日本首都东京，游览浅草寺和仲见世商业街（60～75分钟）、银座（约60分钟）、新宿歌舞伎町（约30分钟）、东京都厅（约40分钟）	早午晚	汽车	四星酒店
第5天	东京 早餐后，游览皇居外苑（约50分钟）、秋叶原TOKIS免税店（约60分钟）。自费前往东京迪士尼乐园（约6小时），或自费乘东京游船（约5小时），或新宿购物（约5小时）	早	汽车	四星酒店
第6天	东京—大连 早餐后，搭乘国际航班回国，结束愉快的日本之旅，回到温馨的家园大连	早	汽车飞机	
行程特色				

1.赠送游览富士山五合目项目，登上富士山，充分领略富士山的风采。

2.全程四星酒店，包括两晚温泉酒店，全身心体验日本火山温泉。

3.船游芦之湖，乘坐海盗船欣赏美丽的芦之湖畔

认知拓展

出境游常规线路推介如下：

（一）亚洲旅游产品——泰国、新加坡、马来西亚品质十一日精彩游

具体行程安排如下：

第1天：大连—上海—曼谷。大连周水子国际机场集合，乘飞机飞往上海，由上海乘飞机飞往曼谷，入住酒店休息。

第2天：曼谷—芭提雅。游湄南河、玉佛寺、郑皇庙、大皇宫，参观世界上独一无二的柚木建筑——五世皇柚木行宫；参观马车博物馆、观光局指定珠宝展示中心、外销皮件展示中心；前往享有"东方夏威夷"美誉的芭提雅，游览英式花园、美军舰队基地、太平洋观光塔。

第3天：芭提雅。乘快艇前往珊瑚岛、金沙岛，可参加水上自费活动，享用泰国皇室三宝之一的皇帝餐；随后参观九世皇庙和七珍佛山、将军山、三仙宫、舍利塔、

蜡像馆；晚上观看人妖表演。

第 4 天：芭提雅。游东芭乐园，看灵猿摘椰，参观金佛寺，观赏兰花园、蝴蝶园，到猴子学校欣赏猴子的精彩表演，在森林里骑国兽大象，观看泰国著名的泰拳表演、国兽大象表演及其他泰国民俗表演，逛逛泰国干鲜果品市场，晚上亲身体验泰国皇室三宝之一的古式按摩。

第 5 天：芭提雅—曼谷。参观皇家毒蛇研究中心、特产中药专卖店、四面佛。

第 6 天：曼谷—新加坡。游览伊丽莎白公园，参观狮身鱼尾像、珠宝店、花芭山、圣淘沙岛、国会大厦、牛车水。

第 7 天：新加坡—马六甲。早餐后参观圣保罗教堂、葡萄牙古城门、荷兰广场。

第 8 天：马六甲—云顶。参观锡器工厂、珠宝店、云顶赌场，晚餐后入住酒店。

第 9 天：云顶—吉隆坡。早餐后，下山前往吉隆坡黑风洞，参观英雄纪念碑、燕窝店、手表店、议会大厦、独立广场、首相官邸、水上清真寺、双子星塔，晚餐后入住酒店。

第 10、11 天：新加坡—上海—大连。新加坡乘飞机飞往上海，由上海乘飞机飞往大连，结束快乐的旅行！

（二）大洋洲旅游产品——澳大利亚八日游

具体行程安排如下：

第 1 天：大连—北京—香港—凯恩斯。乘飞机经香港前往棕榈树环绕的优美城市——凯恩斯，开始澳大利亚之行！

第 2 天：凯恩斯。游览凯恩斯市，这里背倚壮丽高山，茂密雨林遍及四周，现代化的城市风格与大堡礁的自然奇景相映成趣。乘车前往库兰达热带雨林公园（单程车程约 45 分钟，入内约 45 分钟），游客可以乘坐水陆两用车进入雨林深处，感受异国风情，并观看精彩的土著歌舞表演。

第 3 天：凯恩斯。乘车前往大堡礁船队码头，乘坐"大猫号"游轮前往大堡礁的绿岛。大堡礁是世界上最大的珊瑚礁群，它绵延 2 000 多千米，包括上千个珊瑚岛礁和沙洲。大堡礁所处的水域得天独厚，海水的温度、深度、含盐度和透明度都非常适合珊瑚的生长。大堡礁也是一座巨大的天然海洋生物博物馆，这里栖息着 400 多种海洋软体动物和 1 500 多种鱼类，其中很多都是世界濒危物种。游客可以乘坐玻璃底船观看色彩斑斓的海底世界，之后可以自费进行各式各样的水上活动，如海底漫步、潜水、乘坐直升机等。

第 4 天：凯恩斯—布里斯班—黄金海岸。乘机飞往昆士兰州首府——布里斯班，抵达后在市区游览。游览南岸公园（约 15 分钟），南岸公园是 1988 年世界博览会的举办地，建有人工沙滩、淡水游泳湖、步行小路和自行车道。随后游览袋鼠角（约 5 分钟）和故事桥（途经）。下午前往天堂农庄参观，在这里可以领略真正的澳大利亚农庄生活，亲近可爱的考拉和袋鼠，欣赏具有澳大利亚特色的剪羊毛表演，还可以亲自抱着考拉与其合影留念（自费，入内约 1 小时）。

第 5 天：黄金海岸。早餐后，前往华纳兄弟电影世界，这是一座占地 1.68 平方千米的主题公园，园内除了有令人大呼过瘾的过山车之外，还展现了各种电影场景，用真实的剧场环境让游客领略不同影片的制作过程。此外，高超的特技表演以及众多稀奇古怪的动画片人物，也会给游客留下深刻的印象（入内约3小时）。

第6天：黄金海岸—悉尼。乘机飞往澳大利亚第一大城市——悉尼。抵达后，前往奥林匹克村参观（外景，约10分钟）；之后驱车前往澳大利亚最有名的海滩——邦迪海滩（约20分钟），滩岸呈新月形，环境优美，水色碧蓝；返回市区途中可欣赏美丽的玫瑰湾（途经）。

第7天：悉尼—香港。早餐后，游览麦考利夫人角（约10分钟），然后前往世界著名的表演艺术中心、悉尼市的标志性建筑——悉尼歌剧院（外景，约10分钟）；乘豪华游船游览著名的情人港，远观悉尼海港大桥，这座大桥像一道长虹横跨杰克逊港，与悉尼歌剧院隔海相望，还可以在船上享用丰盛的自助餐（约1小时）；最后游览风景秀丽的海德公园（约10分钟）、圣玛丽大教堂（外景，约5分钟）。晚上乘飞机赴香港。

第8天：香港—北京—大连。抵达香港后转机返回北京，乘飞机返回大连，结束此次澳大利亚之旅，返回温馨的家园！

（三）非洲旅游产品——埃及、红海八日奢华度假之旅

具体行程安排如下：

第1天：大连—北京—多哈—卢克索。大连周水子国际机场乘机赴北京，在北京首都国际机场搭乘国际航班，经多哈转机飞往埃及历史名城卢克索。

第2天：卢克索。抵达后专人接机，游览矗立在尼罗河西岸和国王谷之间原野上的孟农巨像和哈特谢普苏特陵庙。孟农巨像又名"会唱歌的石头"，颇具神秘色彩；哈特谢普苏特陵庙是古代建筑与自然景观充分结合的典范建筑。之后入住酒店休息，调整时差。

第3天：卢克索—红海。游览气势恢宏的卢克索神庙和卡纳克神庙。在卢克索神庙，可以见到举世闻名的拉美西斯二世巨型石像，随后参观卢克索古迹中规模最大、保存最完整的建筑群——卡纳克神庙，其建筑之宏伟、工艺之精湛、构思之巧妙，令人叹为观止。午餐后，乘车前往著名的度假胜地——红海，抵达后入住酒店休息。

第4天：红海—开罗。早餐后，尽情享受红海美丽的自然风光，以及具有红海特色的"3S"——阳光、大海、沙滩。午餐后乘车来到开罗（约6小时），抵达后入住酒店休息。

第5天：开罗。游览古都开罗。首先游览开罗国家博物馆，这里陈列着图坦卡蒙陵墓中所发掘的稀世珍宝，黄金内棺和金箔王座更是不容错过；然后乘车前往开罗近郊——吉萨参观游览。这里有著名的古埃及三大金字塔、狮身人面像。晚上可自费乘尼罗河游船欣赏尼罗河两岸的迷人夜景，欣赏埃及肚皮舞及民间歌舞，享用西式自助晚餐。

第6天：开罗—亚历山大—开罗。早餐后，乘车前往亚历山大（约3.5小时），它是埃及第二大城市，被人们称为"地中海的新娘"。抵达后，参观庞贝神柱、亚历山

大灯塔遗址、蒙塔扎宫。傍晚返回开罗，入住酒店休息。

第7天：开罗—多哈—北京。早餐后，游览埃及老城、清真寺，逛埃及最大的市场——哈里里市场，自由选购埃及特色纪念品。午餐后，专人送机前往机场，乘机经多哈转机的航班飞往北京。

第8天：北京—大连。抵达北京后结束愉快的行程，返回大连。

（四）欧洲旅游产品——法国、瑞士、意大利十一日游

具体行程安排如下：

第1天：大连—北京—巴黎。大连周水子国际机场乘飞机赴北京，在北京首都国际机场集合，搭乘国际航班飞往巴黎。经过长途的飞行后，安排专车接机，送往酒店休息，调整时差，准备迎接精彩的旅程。

第2天：巴黎—罗马—梵蒂冈—佛罗伦萨。早餐后，前往拥有悠久历史和辉煌古代文明的城市——罗马。罗马至今仍保留着丰富的古迹，被称为"永恒之城"。斗兽场位于罗马市中心，是古罗马时期最大的圆形角斗场（不入内参观）；旁边是公元315年修建的君士坦丁凯旋门，现今仍保存着当初的完美造型。之后参观威尼斯广场，这是罗马的交通中枢地带。最后来到全球领土面积最小、人口最少的国家——梵蒂冈，参观世界上最大的教堂——圣彼得大教堂，大教堂内外的雕刻、彩石马赛克壁画等无一不是艺术的结晶，1870年以来的重要宗教仪式均在此举行。记得要在巴洛克建筑风格的圣彼得广场留下照片当做纪念。之后乘车前往佛罗伦萨。

第3天：佛罗伦萨—威尼斯。早餐后，游览意大利文艺复兴运动的发源地——佛罗伦萨，不论是漫步在佛罗伦萨的大街小巷，还是来到博物馆、美术馆或教堂参观，都会感受到佛罗伦萨古城那浓郁的文化氛围，凝结着人类艺术天赋的经典之作处处可见。花之圣母大教堂（外观）是佛罗伦萨最重要的地标，由大教堂、洗礼堂、钟塔组成。市政厅广场上有一座建于13世纪的碉堡式旧宫（现为市政厅），侧翼的走廊连同整个广场成为一座露天雕塑博物馆，各种石雕和铜像作品栩栩如生。游客也可自费前往比萨观赏著名的比萨斜塔。之后乘车前往水城——威尼斯。

第4天：威尼斯—米兰。早餐后，搭公共汽船前往水上都市威尼斯参观。环抱威尼斯湾的威尼斯不仅是充满梦想与魔力的艺术城市，更是世人眼中浪漫的化身。搭船抵达威尼斯后，参观圣马可广场和集拜占庭建筑之大成的圣马可教堂（外观）、道奇宫、叹息桥等，参观闻名古今的水晶玻璃工厂，目睹精美玻璃品的制作过程。闲余时间可以在岛上自由活动，体会威尼斯多姿多彩的浪漫情调。游客可以自费选择乘坐威尼斯最具特色的交通工具——贡多拉（六人一船），长形的凤尾船穿梭在拱桥水渠、古巷之间，能够给人带来无比浪漫的心灵感受。晚饭后乘车去米兰。

第5天：米兰—摩纳哥—戛纳。早餐后，前往素有"赌国"之称的摩纳哥，参观富丽堂皇的蒙特卡洛大赌场（外观），赌场周围停靠着各式各样令人称羡的世界顶级汽车。之后乘车前往戛纳。戛纳是地中海沿岸一座风景秀丽的小城，漫步城中，白色的楼房、蔚蓝的大海，以及一排排高大翠绿的棕榈树相互映衬，构成了一幅美丽的自然风光。戛纳国际电影节是世界上最大、最重要的电影节之一。

第6天：戛纳—卢塞恩。早餐后，前往瑞士最具代表性的城市——卢塞恩。中世纪的教堂、塔楼，文艺复兴时期的宫廷、宅邸以及百年老店、长街古巷，比比皆是。参观为了纪念在法国大革命时期为保护法国国王路易十六及玛丽王后而战死的瑞士雇佣兵而修建的狮子纪念碑，途经卢塞恩市的精神象征——卡佩尔廊桥、17世纪初建成的文艺复兴式建筑——市政厅。美丽的卢塞恩湖、阿尔卑斯山与中世纪的建筑互相映衬，如诗如画的美景令人沉醉。

第7天：卢塞恩—日内瓦。早餐后，可参加自费项目登瑞士雪山，游客在此能把瑞士阿尔卑斯山区的奇妙景象尽收眼底。之后前往瑞士第二大城市——日内瓦，参观老城区的标志性建筑物——圣皮埃尔大教堂，这里是欣赏日内瓦风景的制高点。参观联合国欧洲总部和国际红十字会（外观），远观位于日内瓦湖上、喷射高度达140米的人工喷泉，欣赏位于日内瓦湖畔总保持着鲜艳和芳香的花钟。

第8天：日内瓦—巴黎。早餐后，前往令人向往的浪漫之都——巴黎，沿途欣赏美丽的欧洲风光。抵达后在市区游览。凯旋门是现今世界上最大的一座圆拱门，位于巴黎市中心戴高乐广场中央的环岛上面。环绕着凯旋门有12条街道，它们呈放射状，就像明星发出的灿烂光芒，映射着这座城市。香榭丽舍大道横贯巴黎的东西主干道，是世界三大繁华中心大街之一。游客可自费乘坐塞纳河游船。

第9天：巴黎。早餐后，在市区游览。埃菲尔铁塔建成于1889年，是为了庆祝法国大革命胜利100周年和再次举办世博会而修建，现已成为巴黎城标建筑。登巴黎市区唯一的摩天大楼——蒙帕纳斯大厦，乘欧洲最快的升降梯只需38秒，就可以来到距地面196米的高空，在这里可以将巴黎的绚丽美景尽收眼底。闲暇之余，游客可以在巴黎的免税店里购买自己喜欢的香水，还可以自费乘车前往位于巴黎西南约18千米的凡尔赛镇，参观驰名世界的凡尔赛宫。夜晚可自费夜游巴黎，别有一番滋味。

第10天：巴黎—北京。早餐后，参观世界三大博物馆之一的卢浮宫博物馆（含门票和专业讲解，参观时间约120分钟）。卢浮宫博物馆坐落在塞纳河北岸，以收藏丰富的古典绘画和雕刻而闻名于世，在这里可以欣赏到镇馆三宝：达·芬奇的蒙娜丽莎画像、爱神维纳斯雕像和胜利女神像。之后乘车前往机场，乘机返回北京。

第11天：北京—大连。抵达北京首都国际机场，乘机赴大连，满载欧洲的精彩记忆回到温馨的家。

（五）美洲旅游产品——美国十四天浪漫游

具体行程安排如下：

第1天：北京—首尔—夏威夷。在大连周水子国际机场集合，搭乘国际航班经首尔转机飞往夏威夷。抵达后，前往美国唯一的皇室官邸——依兰尼皇宫（途经），参观披着金黄色外袍的卡美哈梅哈国王铜像（下车参观）、夏威夷近代政治权力的象征——州议会大厦（途经）、被浓密树荫包围的白色建筑物——夏威夷州长官邸（途经）。参观举世闻名的珍珠港（下车参观），珍珠港是美国海军的基地和造船基地，也是北太平洋岛屿中最大最好的安全停泊港口之一。午餐后，入住酒店休息（约4小时）。晚餐后，参观DFS环球免税店，这里集聚了世界上最著名、最受欢迎的名牌精品，是国际旅行者的购物天堂。

第 2 天：夏威夷。上午小环岛精华游：游览钻石头山（途经）、高级住宅区（途经）、恐龙湾（下车参观）、喷泉洞（下车参观）、大风口（下车参观）。随后前往当地珠宝店（购物时间约 1 小时），下午自由活动或自愿参加自费活动。游客可自费乘船游览太平洋，在船上边用餐边欣赏夏威夷歌舞表演，观赏海上落日，遥望夏威夷夜景；也可以自费参加喜来登草裙舞夜总会的活动，或自费乘坐潜水艇欣赏海底风光。

第 3 天：夏威夷—圣弗朗西斯科。乘坐航班飞往世界著名旅游胜地——圣弗朗西斯科，抵达后在市区观光，游览仿照梵蒂冈圣彼得大教堂而建的市政厅（下车参观）、九曲花街（下车参观）、罗马艺术宫（下车参观）、位于金门海峡之上的金门大桥（下车参观，不过桥）。渔人码头（下车参观）是游客必到的地方，可光顾售卖海鲜小吃的大小摊档，购买特色纪念品或观看街头卖艺者表演杂耍和演奏各种乐器。随后前往当地保健品、首饰品店，自由选购商品（购物时间约 1.5 小时）。晚餐后入住酒店休息。

第 4 天：圣弗朗西斯科—洛杉矶。搭乘航班前往美国第二大城市洛杉矶，洛杉矶位于加利福尼亚州，拥有全世界最丰富的娱乐资源。

第 5 天：洛杉矶。全天自由活动，游客可选择以下活动来丰富行程：

选择一：自费游览好莱坞星光大道（下车参观）、中国戏院（下车参观）、举办奥斯卡颁奖典礼的杜比剧院（下车参观）。下午游玩好莱坞环球影城，在影城内乘电动游览车参观好莱坞拍片工厂，观看惊险刺激的 4D 电影等。随后前往当地购物店，自由选购商品。

选择二：自费游览位于洛杉矶市区东南部的迪士尼乐园。洛杉矶迪士尼乐园是世界上第一个迪士尼主题乐园，主要有米老鼠卡通城、动物天地、新奥尔良广场、明日世界、美国大街、边域世界、幻想世界、探险世界等项目。走在迪士尼乐园里，还会经常碰到一些演员扮成的米老鼠、唐老鸭、白雪公主和七个小矮人等，仿佛走进了童话世界。随后前往当地的购物店，自由选购商品。

第 6 天：洛杉矶—圣地亚哥—洛杉矶。早餐后，参观加利福尼亚州第二大城市圣地亚哥。参观圣地亚哥军港外观，这是美国太平洋舰队最大的军港（下车参观），眺望航空母舰、战列舰、巡洋舰等。跨越海湾大桥（途经），参观美丽的科罗拉多半岛（下车参观）、美国第一家五星级酒店——科罗拉多酒店（大发明家爱迪生曾亲自监督酒店照明设备的设计和安装）。随后返回洛杉矶，晚餐后入住酒店休息。

第 7 天：洛杉矶—拉斯维加斯。早餐后，乘车前往拉斯维加斯，穿越莫哈维沙漠，中途用午餐。抵达后，用晚餐，入住酒店休息。晚上可自费观赏沙漠赌城拉斯维加斯的绚丽夜景。

第 8 天：拉斯维加斯。全天自由活动。晚餐后入住酒店休息。游客可选择以下活动来丰富行程：

选择一：自行参观各大酒店。拉斯维加斯有世界一流的酒店，游客可以把这些酒店当作最美的建筑来欣赏。

选择二：自费参加西峡谷、玻璃桥一日游。

第9天：拉斯维加斯—华盛顿。搭乘美国国内航班抵达华盛顿。

第10天：华盛顿。早餐后，游览著名的白宫外观（下车参观）、华盛顿纪念碑（下车参观）、杰斐逊纪念堂（下车参观）、林肯纪念堂（下车参观）、国会大厦外观（下车参观）、航空博物馆（下车参观）。随后前往当地保健品、首饰品店，自由选购商品。晚餐后入住酒店休息。

第11天：华盛顿—费城—纽约。早餐后，乘车前往纽约。途经费城，费城隶属于宾夕法尼亚州，在华盛顿建市前曾是美国的首都，因此其在美国历史上具有非常重要的地位。费城市内观光项目包括独立宫外观（下车参观）、自由钟（下车参观）。晚餐后，入住酒店休息。

第12天：纽约。早餐后，搭乘游船参观自由女神像。自由女神像是法国为庆贺美国独立100周年而赠送给美国的礼物，自由女神穿着古希腊风格的服装，头戴光芒四射的冠冕，右手高举象征自由的火炬，左手捧着《独立宣言》（1776年7月4日），表达了美国人民争取民主、自由的理想。参观华尔街（下车参观）、联合国总部大楼（下车参观）、时代广场（下车参观）、第五大道和洛克菲勒广场（自由活动时间约1.5小时）。晚餐后入住酒店休息。

第13天：纽约—首尔。在纽约肯尼迪国际机场搭乘大韩航空公司的国际航班抵达首尔。

第14天：首尔—大连。乘坐国际航班抵达大连，结束令人难忘的美国之旅。

项目实训

实训项目3-2：出境游产品解析实践

实训地点： 多功能实训室、资料室、网络实训室、校外实训基地（合作旅行社）。

实训内容： 选择一家合作旅行社进行考察，选择一条出境游线路，解析行程特色，根据自己所掌握的知识，给予一定的评价或调整。

实训目的：

1.能够客观分析出境游产品的组合要素。

2.能够遵循线路设计的原则，按照目的地国家（地区）旅游资源的特点和市场需求，结合实际评价产品。

3.能够选择一条出境游线路，解析行程特色，根据自己所掌握的知识，对线路进行评价或调整。

实训组织：

1.每6人组成1个小组。

2.老师可对分组情况进行调整。

3.在老师的指导下，由组长负责。

4.每个小组选择一条出境游线路进行解析。

验收成果： 解析线路行程，提炼行程特色，向老师和同学展示，师生评价。

项目测评

不定项选择题

1.我国出境旅游产品存在的问题包括（　　）。

A.产品推广前缺少实地考察

B.产品设计细节考虑不够

C.产品包装不规范和不人性化

D.产品以多目的地连线的观光产品为主

2.旅行社产品包装缺少人性化的主要原因是（　　）。

A.旅行社缺少专业的产品设计人员

B.产品设计的成本投入少

C.对旅游目的地文化背景的了解不够

D.工作人员的文化素质和审美能力低

随堂测验 3-2

项目 14

思考题

1.分析出境游产品的现状与问题，并提出改进意见。

2.出境旅游产品的发展趋势是什么？

3.为什么我国公民出境旅游正由观光游向度假游转变？

项目 15　　出境游产品销售

◎　**项目目标**

在已经形成了本地游产品销售、国内游产品销售洽谈系统能力的基础上，以出境游产品的销售为载体，通过本项目的学习与训练：

1. 能够分析出境游产品价格的组成要素。
2. 能够分析影响出境游产品价格的因素。
3. 能够结合产品特点进行促销。
4. 能够正确引导游客签订出境旅游合同。
5. 养成诚实守信、开拓创新的职业品格和坚持不懈的职业精神，树立合法竞争意识。

项目知识

一、出境游产品的价格

（一）出境游产品价格的构成

出境游产品的价格一般包括从客源国（或地区）到目的地国家（或地区）之间的往返交通费、境外地接社的地接费、一些手续费（如签证费等）及利润等。随着出境游产品的日益成熟，越来越多的旅游者开始选择半包价产品和小包价产品，有的旅游者甚至只预订往返机票，从而使出境游产品的价格呈现多种形式并存的局面。出境游产品的价格也可分为单项价格、包价及部分包价三种类型。

（二）汇率变动与价格策略

1.人民币汇率上升时的价格策略

人民币汇率上升意味着人民币升值，会使出境游产品的成本降低，销售利润增加。此时，旅行社既可以选择用人民币来报价以提高收入，也可以通过降低产品的销售价格来吸引更多的游客。

2.人民币汇率下跌时的价格策略

人民币汇率下跌意味着人民币贬值，会使旅游产品的成本提高，这时旅行社可以用外币来报价，以吸引更多的游客。

（三）出境游产品价格的制定

旅行社通常根据出境旅游团的人数、等级、线路、时间来制定产品价格。

1.境外地接社价格

（1）综合服务费：①餐饮费（一日三餐费用，包括饮料、水果的费用等）；②基本汽车费（市内交通费、行李运输费等）；③杂费（2元以下游览点门票、文娱票、行李搬运费等）；④地陪费（地方翻译导游劳务费）。

（2）住宿费。旅行社按照与酒店签订的协议价格向游客收费。

（3）景点门票费。各游览景点门票。

（4）境外城市间交通费。

（5）专项服务费，包括汽车超公里费、游江游湖费、特殊游览点门票费、风味餐费、专项活动费、不可预见费、加收文娱费等。

2.国际大交通价格

从客源国（或地区）到目的地国家（或地区）之间的往返交通费。

3.其他费用

（1）领队费，包括全陪劳务费，以及陪同旅游期间城市交通费、住宿费、共餐费。

（2）签证费。这项费用在不同的国家有不同的规定，有些国家实行免签证，有些国家实行落地签证，落地签证费用有时由境外地接社支付。

二、出境游产品的销售

出境游产品的销售策略与本地游产品的销售策略相同，也包括广告促销、营业推广、公共关系、人员推销等，下面重点介绍一下AIDA法则、出境游产品广告促销中存在的问题。

（一）AIDA法则

AIDA法则的含义是：一个成功的推销员必须把顾客的注意力吸引到产品上，使顾客对推销员所推销的产品产生兴趣，这样顾客的占有欲就随之产生了，然后促使顾客做出购买行为，达成交易。

具体来说，AIDA法则的销售步骤包括四个阶段：

（1）引起注意（Attention）：通过有效的方式吸引游客，引起游客的注意。

（2）诱发兴趣（Interest）：在引起游客注意后，努力使游客对产品产生浓厚的兴趣。

（3）促进占有欲（Desire）：在游客产生兴趣之后，进一步促使游客形成占有该产品的欲望。

（4）产生行动（Action）：在游客形成占有该产品的欲望后，进一步促成游客做出购买决策，并迅速做出购买行为。

（二）出境游产品广告促销中存在的问题

1.名称不当

一些旅行社业务人员在不了解旅游线路产品的情况下，就匆匆为产品定名。例如，在"葡萄牙拉美风情八日游"中，葡萄牙与拉美没有必然联系，这不是吸引游客的亮点，只能暴露出旅行社业务人员知识的不足。

2.广告用词不规范

例如，某旅行社推出了"琴海之旅"线路，令人大惑不解。作为一个完整的名词，"爱琴海"不能省略为"琴海"，"琴海"一词的发明不但不会吸引游客，而且会令游客感到困惑。

3.没有反映旅游目的地的本色

如果旅行社计调与营销人员对旅游目的地的文化背景不了解，产品主题设计不恰当，则很难使游客对旅游产品产生兴趣。此外，旅行社计调与营销人员应注意，最能吸引游客的是旅游目的地的原生态文化，而不是变异了的文化。

三、签订合同

（一）出境游客的权利

1.享有自主选择旅行社的权利

我国出境旅游实行特许经营制度，因此，游客有权要求旅行社出示"旅行社业务经营许可证（出境旅游）"，并与旅行社协商签订旅游合同，约定双方的权利和义务。

2.享有熟知旅行社服务的真实情况的权利

游客有权要求旅行社向其提供行程时间表和赴有关国家（地区）的旅行须知，提供旅行社服务价格、住宿标准、餐饮标准、交通标准等旅游服务标准，以及接待旅行社的名称等有关信息。

3.享有人身、财物不受损害的权利

游客有权要求旅行社提供符合保障人身、财物安全要求的旅行服务，有权要求旅行社为其办理符合旅游行政管理部门规定的出境旅游意外伤害保险。

4.享有要求旅行社提供约定服务的权利

游客有权要求旅行社按照合同约定和行程时间表安排行程，有权要求旅行社为旅行团委派领队或者导游全程陪同，有权要求领队或导游代表旅行社安排境外旅游活动及协调处理旅游事宜。

5.享有自主购物和公平交易的权利

境外购物纯属自愿，购物务必谨慎。游客有权要求旅行社带团到旅游目的地旅游管理当局指定的商店购物，有权拒绝超计划购物、非指定商店购物以及旅行社的强迫购物要求。

6.享有自主选择自费项目的权利

游客有权拒绝旅行社、导游或领队推荐的各种形式的自费项目，有权拒绝自费风味餐等。参加自费项目纯属个人自愿。

7.享有依法获得赔偿的权利

在出境旅游活动中，如果旅行社未经旅行团同意，擅自变更、取消、减少或增加旅游项目，强迫游客购物、参加自费项目，因未履行合同义务而给游客的合法权益造成损害，则游客有权向旅游行政管理部门投诉或向人民法院起诉，并依法获得赔偿。

8.享有人格尊严与民族风俗习惯获得尊重的权利

旅游者的人格尊严不受损害，民族风俗习惯应当得到尊重，这是我国法律的规定。游客在选择旅行社和进行出境旅游活动时，如果人格尊严和民族风俗习惯受到损害，则游客有权受到法律的保护。

9.享有对旅行社服务进行监督的权利

游客有权检举、控告旅行社侵害自身权益的行为，有权对旅行社的工作提出批评和建议，有权将组团社发的征求意见表寄给组团社所在地的省级文化和旅游部门，如有必要也可以直接寄给文化和旅游部旅游质量监督管理所。

（二）出境游客的义务

1.维护祖国的安全、荣誉和利益的义务

在出境旅游活动中，游客不得做出危害祖国安全、荣誉和利益的行为。

2.不得损害他人合法权益的义务

游客在行使权利的时候，不得损害其他旅游者的合法权益。

3.遵守规章制度的义务

游客必须遵守国家的法律、法规，在出境旅游活动中，应保守国家秘密，遵守公共秩序，遵守社会公德；服从旅行社的安排，不得擅自离团活动，不得非法滞留不归。

4.遵守合同约定、自觉履行合同的义务

非经旅行社同意，游客不得单方变更、解除旅游合同，但法律、法规另有规定的除外。

5.尊重当地民族风俗习惯的义务

游客应当尊重旅游目的地国家（地区）的民族风俗习惯，不得做损害两国友好关系的事情。

6.自尊自爱的义务

游客应当自尊、自重、自爱，不得做损害国格、人格的事情，不得涉足不健康的场所。

7.保存各种票据的义务

游客应保存好旅游行程中的有关票据、证明和资料，以便当自身合法权益受到侵害时，作为投诉凭据和索赔证明。

8.携带的货币、物品符合国家法律规定的义务

游客出入境时，每人每次携带的货币不得超出我国法律规定的数量；不准携带违禁物品出入境。

（三）出境旅游合同的主要内容

出境旅游合同的主要内容包括合同的订立、合同双方的权利和义务、合同的变更与转让、合同的解除、违约责任、协议条款等。

拓展学习 3-3

中国公民出国（境）旅游文明行为指南

拓展学习 3-4

团队出境旅游合同（示范文本）

认知拓展

　　促销是指旅行社通过各种营销宣传手段，向旅游者传递旅行社产品的有关信息，促使旅游者了解和购买本企业的产品，从而达到扩大销售的目的的一系列活动。旅行社促销的作用主要体现为：

（一）传播信息

　　促销活动可以使旅游者了解旅行社产品的有关信息。

（二）刺激需求

　　促销活动可以加深旅游者对旅行社产品的认识，唤起旅游者的消费需求，提示旅游者购买有关产品。

（三）扩大销售

　　促销活动可以使旅游者了解旅行社产品的销售信息，从而指导旅游者购买本旅行社产品。

（四）强化竞争优势

　　促销活动可以使旅游者意识到所宣传的旅行社产品的特殊效用和优势，从而提高旅行社产品的竞争力。

（五）树立良好形象

　　促销活动可以在扩大旅行社产品销售的同时，树立起旅行社和旅行社产品在公众心目中的良好形象，从而为旅行社的长远发展创造有利条件。

项目实训

实训项目3-3：出境游产品销售实践

　　实训地点：多功能实训室、网络实训室、机场、校外实训基地（合作旅行社）。

　　实训内容：选择一家合作旅行社进行考察，选择一条出境游线路，分析其价格制定方法及影响出境游产品价格的因素，能够结合实际采取特色促销方式对出境游产品进行促销。

　　实训目的：

　　1.能够分析出境游产品价格的组成要素。

　　2.能够分析影响出境游产品价格的因素。

　　3.能够结合实际采取特色促销方式对出境游产品进行促销。

　　4.能够说明出境旅游合同的主要内容。

　　实训组织：

　　1.每6人组成1个小组。

　　2.老师可对分组进行调整。

3.在老师的指导下，由组长负责。

4.每个小组选择一条出境游线路进行销售分析。

验收成果：选择一条出境游线路，模拟产品促销，销售过程配合着本小组策划的出境游促销方案同时进行，最后师生对销售过程进行评价。

项目测评

不定项选择题

1.出境游综合服务费项目包括（　　　）。

A.餐饮费　　　　　　　　B.基本汽车费　　　　　　C.杂费

D.地陪费　　　　　　　　E.领队费

2.专项服务费项目包括（　　　）。

A.汽车超公里费　　　　　B.游江游湖费　　　　　　C.特殊游览点门票费

D.风味餐费　　　　　　　E.专项活动费　　　　　　F.旅游保险费

G.各种手续费　　　　　　H.不可预见费　　　　　　I.加收文娱费等

随堂测验3-3

项目 15

思考题

1.出境游产品价格由哪些要素构成？

2.汇率变动对出境客源有什么影响？

3.怎样理解出境旅游合同？

项目 16　　出境游产品采购

◎　**项目目标**

在已经形成了本地游、国内游计调采购系统能力的基础上，以出境游计调采购业务为载体，通过本项目的学习与训练：

1. 能够实施国际航空服务的采购。

2. 能够正确评价境外地接社。

3. 能够实施出境游意外保险的采购。

4. 养成遵纪守法、诚实守信的职业品格，具备良好的人际沟通能力和谈判能力以及境外旅游目的地语言能力。

项目知识

出境游产品采购主要涉及国际旅游大交通的采购（即国际航空服务采购）、境外接待旅行社服务的采购和出境旅游意外保险的采购。

一、国际旅游大交通的采购

拓展学习 3-5

《关于改进民航票务服务工作的通知》

国际旅游大交通的采购主要是指国际客票的采购。国际客票同国内客票一样，也分为成人客票和儿童客票两种，国际客票价格的计算与国内客票相同。

（一）选择航空公司

为保护旅行社和旅游者的合法权益，组团社在采购国际旅游大交通时，应选择有国际航空客运业务经营权的旅行社或票务代理公司。正规的经营航空客运业务的旅行社或票务代理公司应具备以下条件：

（1）具有国际航空运输协会颁发的 IATA 执照号码。

（2）具有民航局颁发的经营国际客运代理业务的许可。

（3）具有固定的经营场所和民航预订终端系统。

（4）具有经过民航局和国际航空运输协会培训合格的票务专业人员。

（二）选择价格

（1）询价时应告知准确的去程、回程日期，并书面确认报价。

（2）航空公司会不时推出促销价格和有关信息，应经常留意最新消息。

（3）很多价格便宜的机票都有限制条件，需要结合旅游团队的实际情况来选择。

（三）证件

（1）注意旅行日期应在签证的有效期内。

（2）注意提供的游客姓名应与护照（身份证）上的拼写相同。

（3）游客中如有儿童或婴儿，应告知出生日期。

（四）行李托运

旅行社应了解国际航班对旅客随身携带物品及行李托运的相关规定，以便告知游客，并随时回答游客的提问。

二、境外接待旅行社服务的采购

境外接待旅行社服务的采购，是指组团旅行社向旅游目的地国家（地区）旅行社采购接待服务的业务。组团旅行社应根据旅游客源市场的需求及发展趋势，有针对性地在境外旅游目的地各旅行社之间进行挑选和比较，最终选择合适的境外旅行社作为接待社。

（一）境外接待旅行社的职能

境外接待旅行社的主要职能是根据组团社的预订，向当地旅游服务供应商预订有关服务，如酒店、餐饮、汽车、景点门票、文娱门票以及赴下一站的机（车、船）票等，将它们组合成包价旅游产品并在制定价格后预售给组团社。境外接待社在游客到达本地后，向游客提供上述已销售出去的各项服务，组织安排游客在本地旅游，并在事先或事后与组团社结算。

（二）组团社与境外接待旅行社的业务程序

（1）组团社将旅游团的人数、游览的国家和地区、接待标准、抵达时间、游览时间等情况通过传真或邮件的形式发送给境外接待旅行社，要求对方报价；组团社收到境外接待旅行社的报价单以后，要对报价进行逐项分析、研究，认真审核报价是否合理，有无含糊不清的地方，发现不合适的地方及时要求对方修改，满意后对价格进行确认，包括分项报价、总报价、付款时间、付款方式等。确认后的报价单是双方结算的依据。

（2）关于服务质量，组团社必须向境外接待旅行社提出明确的要求，在游览、用餐、住宿、娱乐的标准上必须严格遵守协议；在购物佣金方面，双方应本着互惠互利的原则进行处理，避免旅游者在购物方面上当受骗。组团社在发团前，必须与境外接待旅行社签订具有法律效力的旅游合同。境外旅游容易发生服务质量下降和安全问题，如果没有旅游合同约束，当双方发生纠纷时，组团旅行社的利益和旅游者的利益都得不到保障。

（三）境外接待旅行社选择的原则

1.具有合法性

境外接待旅行社应具有合法性。组团社可在旅游目的地国家（地区）旅游主管部门指定的范围内选择境外接待旅行社。

2.信誉和业绩良好

组团社应对境外接待旅行社进行评审，优先选用信誉和业绩优良者，以确保组团社所销售的旅游产品质量的稳定性。

3.报价合理

组团社应选择报价合理的境外接待旅行社，以保障旅游者和组团社自身的利益。

（四）境外接待社选择的途径

组团社选择境外接待旅行社的途径与选择国内地接社的途径一样，包括在旅游行业组织中选择、在旅游博览会中选择、实地考察和发团考察四种，这里不再赘述。

三、出境旅游意外保险的采购

案例窗 3-3　　　　　　　国人出境游热度不减　旅游险跟上了吗？

2018 年 7 月 5 日，两艘游船在泰国普吉岛附近海域突遭特大暴风雨，导致 40 多名中国游客遇难。消息一出，牵动了众多国人的心，悲痛之余，境外旅游安全问题再度引发社会关注。

随着国民生活水平的提高，越来越多的中国家庭选择到境外旅游度假。在出国旅游活动中，意外随时可能出现。语言不通，再加上文化背景、风俗习惯、地理环境的差异，使得发生风险的概率迅速攀升。出境旅游，保险应跟上我们前进的步伐，不要让每一次降临的灾难成为购买保险的"警钟"。

不购买　源于意识淡薄与信任缺失

如果说 10 年前的中国出境旅游市场处于准大众旅游时代，那么如今的中国出境旅游已经相当大众化。但在出境游人数增多的同时，事故发生率也在攀升。安世联合（中国）与北京大学联合发布的《中国居民出境旅游风险报告》显示，2012 年以来，中国游客境外安全事故发生频率逐年提高，每年增长 2～3 个百分点。

尽管出险率一直在增长，但仍有相当一部分居民在出国旅游前没有购买保险的意识。国外权威机构的统计数据显示，发达国家境外旅游险渗透率在 65% 以上，而我国北京、上海、广州等一线城市境外旅游险的渗透率也仅为 10%～20%。

中国游客不购买旅游保险的原因有很多，如"对旅游保险没有信心""理赔过程太过复杂""保障范围不够全面""不了解有哪些保障范围"等，这也是保险为何始终无法跟上人们旅游步伐的原因。

多期许　深化旅游险服务势在必行

对于境外旅游保险，消费者依然存在很多期许。

在对保险消费者的调查中可以发现，中国旅游消费者的首要保障需求与医疗救助或人身安全相关，如"旅途受伤或健康问题""恐怖袭击""旅途紧急医疗事故护送回国"等，其次是财物损失问题，如"银行卡或现金丢失或失窃""护照或其他旅行文件丢失或失窃""行李失窃"等。此外，消费者还希望境外旅游保险可以提供附加的风险管理和保险服务。

中国的旅游市场很大，由此带来的新增出境游相关保险需求会对境外旅游保险市场的持续稳定增长起到推动作用。但是，出境旅游投保率的增长归根结底还要取决于保险供给能否解决中国出境旅游消费者最关切的问题，即如何通过简化理赔、拓宽保障范围、提升服务等方式建立消费信心。

对此，中国保险行业协会发布的《互联网旅游保险市场研究报告》中指出，应将旅游保险服务延伸到旅游产业的各个环节，深化现有产品之间的互补性，形成系统的旅游保险链，从而为游客提供全面保障。针对消费者普遍反映的选险难、购险难、理赔难的问题，应通过提升客户画像和分类能力，做好承保和理赔的客户甄别工作，拓宽旅游保险销售渠道，不断优化全流程服务体验。

资料来源　戴梦希. 国人出境游热度不减　旅游险跟上了吗？［N］. 金融时报，2018-07-25（11）.

在旅行社经营过程中，旅行社责任保险是国家要求旅行社必须购买的保险，这里主要介绍旅行社为游客代购的旅游意外险。

（一）出境旅游可能遇到的风险

出境旅游可能遇到的风险分为人身安全风险和财产安全风险两种。其中，人身安全风险及其涉及的费用分为以下几种：

（1）一般的意外伤害，如步行或登山导致的皮肉伤害，涉及普通门诊医药费用。

（2）在国外首次发生的疾病，涉及普通门诊医药费用。

（3）严重的意外伤害，如交通意外导致的骨折、严重碰撞导致的昏迷、严重烧伤等，需立即入院治疗或回国医治，涉及运送到有医疗条件的医疗机构或送回国内医疗机构的护送费用，以及高昂的医疗费用。

（4）意外或突发疾病导致的死亡，涉及的费用有遗体防腐处理费、遗体或骨灰送返至其永久居留地的费用和丧葬费。

（二）旅游意外险的含义

旅游意外险即人身意外伤害保险，是指被保险人在保险期限内，在出差或旅游的途中因意外事故导致死亡或伤残，保险人按合同规定给付保险金的一种保险。该保险是由旅行社推荐、游客自主决定购买的保险。按照旅行社的业务操作规范，旅行社必须向游客推荐旅游意外险，若游客不购买，则应要求游客在合同上签字，以确认游客自愿不参加投保。游客也可根据自己的需要投保多份旅游意外险，买得越多，理赔时得到的赔偿也越多。

旅游意外险属于人身保险，应建立在游客自愿的基础上，投保与否以及投保多少，都应由游客自主决定。

（三）出境旅游意外险的采购流程

（1）认真阅读中华人民共和国文化和旅游部关于旅游保险的相关规定和保险公司的有关规定。

（2）与保险公司就游客的旅游保险事宜签订协议书。

（3）对协议书上的有关内容进行整理打印，分发给相关部门并通知其要额外收取保险费。

（4）将每一个投保旅游者（团）的信息及时发传真给保险公司，请保险公司及时确认并回复，以此作为投保依据。

（5）注意接收保险公司的"承保确认书"。

（6）根据投保的准确人数向保险公司交纳保险费。

（7）当旅游途中发生意外事故或遇到自然灾害时，必须及时向第一线的导游了解情况，必要时可去现场考察并以最快的速度通知保险公司，在保险协议规定的期限内向保险公司呈报书面材料，包括"旅行社游客旅游保险事故通知书"和"旅行社游客旅游保险索赔申请书"。

（8）索赔时，应向保险公司提供相关证明，如医院开具的"死亡医学证明书"（经司法机关判定）、民航或铁路部门开具的"行李丢失证明"、酒店开具的"被盗证明信"等。

认知拓展

一、旅行社责任保险的含义

旅行社责任保险是指以旅行社因其组织的旅游活动对旅游者和受其委派并为旅游者提供服务的导游或者领队人员依法应当承担的赔偿责任为保险标的的保险，是国家规定所有旅行社必须购买的险种。

旅行社责任保险的投保人、被保险人、受益人均为旅行社，一旦因旅行社责任使游客遭受人身和财产损失，保险公司代表旅行社承担赔偿责任，从而起到了既能对游客的人身伤害和财产损失进行赔偿，保障了游客的权益，又能使旅行社的责任风险得以转嫁的双重作用。

二、旅行社责任保险的保险责任

旅行社责任保险的保险责任，应当包括旅行社在组织旅游活动的过程中依法对旅游者的人身伤亡、财产损失承担的赔偿责任和依法对受旅行社委派并为旅游者提供服务的导游或者领队人员的人身伤亡承担的赔偿责任。具体包括下列情形：

（1）因旅行社疏忽或过失应当承担赔偿责任的。

（2）因发生意外事故旅行社应当承担赔偿责任的。

（3）文化和旅游部会同中国银行保险监督管理委员会规定的其他情形。

三、不属于旅行社责任保险赔偿范围的情形

以下情形不属于旅行社责任保险的赔偿范围：

（1）旅游者参加旅行社组织的旅游活动，应保证自身身体条件能够完成旅游活动。旅游者在旅游行程中，由自身疾病引起的各种损失或损害，旅行社不承担赔偿责任。

（2）旅游者参加旅行社组织的旅游活动，应当服从导游或领队的安排，在行程中要注意保护自身和随行未成年人的安全，妥善保管所携带的行李和物品。由于旅游者

个人过错导致的人身伤亡和财产损失，以及由此导致需支出的各种费用，旅行社不承担赔偿责任。

（3）旅游者在不参加双方约定的活动而自行活动的时候发生的人身、财产损害，旅行社不承担赔偿责任。

四、旅行社责任保险的保险期间

旅行社责任保险的保险期间为1年，旅行社应当在保险合同期满前及时续保。

项目实训

实训项目3-4：出境游产品采购实践

实训地点：多功能实训室、资料室、网络实训室、机场、校外实训基地（合作旅行社）。

实训内容：

1.实际观摩国际机票的销售过程，模拟机票的采购。

2.走访合作旅行社，体验境外接待旅行社的选择。

实训目的：

1.能够完成国际飞机票的采购任务，实际感受航空票务人员如何开展电话与门市销售。

2.能够正确评价和选择境外接待旅行社。

3.能够正确实施采购旅行社意外保险的业务。

实训组织：

1.每6人组成1个小组。

2.在老师的指导下，由组长负责。

3.以小组为单位，模拟机票的采购，在课堂上交流体会。

4.走访合作旅行社，以案例形式分析境外接待旅行社，并做出客观的评价。

5.走访合作旅行社，感受出境旅游意外保险服务的采购过程。

验收成果：分析讨论，畅谈体会，师生共同评价。

项目测评

不定项选择题

1.旅游意外保险是旅行社向游客推荐并代为办理的保险，对其含义表述正确的是（　　）。

A.游客自愿购买　　　　　　　B.被保险人和受益人是游客

C.旅行社投保可以免责　　　　D.对同时出险的游客财产一并赔偿

2.旅行社责任保险的投保人、被保险人、受益人是（　　　）。

A.游客 　　　　　　　　　　　　　B.旅行社

C.游客和旅行社 　　　　　　　　　D.旅行社指定的受益人

3.旅游意外险和旅行社责任保险的投保方式是（　　　）。

A.均为自愿投保 　　　　　　　　　B.均为强制投保

C.旅游意外险是游客自愿投保 　　　D.旅行社责任保险是国家强制投保

4.出境游组团社应在旅游目的地国家（地区）旅游主管部门指定的范围内，选择（　　　）的旅行社。

随堂测验 3-4

项目 16

A.具有合法性 　　　　　　　　　　B.信誉和业绩良好

C.报价合理 　　　　　　　　　　　D.安排游览项目多

5.出境游组团社应将国际航班的行李托运携带规定告知游客，具体内容包括（　　　）。

A.免费行李件数、重量限制及体积规格

B.随身携带行李的要求

C.行李赔偿规定

D.声明行李价值

◀ 思考题

1.什么是国际客票？购买国际客票的注意事项有哪些？

2.为什么在出境游活动中，境外接待旅行社的选择至关重要？

3.出境旅游者为什么需要购买出境旅游意外保险？

4.旅行社责任保险承担游客的哪些责任？

项目 17　　出境游发团服务

◎　**项目目标**

在已经形成了本地游接待服务、国内游发团服务系统能力的基础上，以出境游发团业务为载体，通过本项目的学习与训练：

1. 能够制订出境游发团计划。
2. 能够合理选派领队。
3. 能够模拟召开出境旅游行前说明会。
4. 能够按照工作流程模拟操作出境发团业务。
5. 拓展国际文化交流视野，树立环保意识、安全意识和文明旅游观，弘扬中华民族优秀传统文化，坚定大国文化自信。

项目知识

旅行社计调与营销人员通过与旅游者进行价格和服务方面的谈判，最终达成一致，签订出境旅游合同，出境旅游团正式形成。出境组团计调和国内组团计调的操作流程大致相同，但由于出境游操作存在语言和通信上的差异，因此应格外细致严谨，并且要防止上当受骗。

一、制订出团计划

出境旅游往往需要较长的时间，并且涉及多个国家和地区，各地的安排和各地间的衔接十分复杂。这就要求旅行社计调人员必须认真做好每一项工作，特别是在接站的安排方面，不能存在任何疏漏。

二、确定境外接待旅行社

我国旅行社组织的出境旅游团队大多由境外国家（地区）的旅行社负责接待，因此选择一个信誉良好、质量有保证且能长期合作的境外接待旅行社，对我国组团社来说至关重要。有些国家（地区）的旅游主管部门也会向我国推荐当地的优秀旅行社，这些旅行社应该成为国内组团社的首选合作伙伴。

关于境外接待旅行社选择的原则和途径，在项目 16"出境游产品采购"中已经陈述，这里不再赘述。

三、办理各种手续

出境旅游需要办理的手续比较繁杂，有些需要旅游者自己办理，有些则需要旅行社代为办理。

（一）办理护照或通行证

旅游者的护照或通行证由本人在出入境管理部门办理。办理护照所需材料一般包括：①申请人居民身份证和户口簿的原件及复印件（复印在同一张 A4 纸上）；②2 张 2 寸免冠彩色照片；③中国公民出入境证件申请表。办理通行证所需材料与办理护照所需材料类似。

国家移民管理局决定：自 2019 年 4 月 1 日起，中华人民共和国普通护照、往来港澳通行证、往来台湾通行证等出入境证件实行"全国通办"，即内地居民可在全国任一出入境管理窗口申请办理上述出入境证件，申办手续与户籍地一致。

（二）办理签证

旅游团前往无互免签证协议的国家时，需要先办妥对方国家的入境签证。入境签证由组团社计调人员凭借外方确认函电或根据国外接待单位签证函电统一向该国驻华使领馆办理。

（三）办理保险

出境旅游组团社计调人员应在国内为旅游者办理境外旅游意外险，并要求境外接待社按有关国家的规定为中国旅游者投保。

（四）填报"中国公民自费出国旅游团队名单表"

出境旅游团队形成后，组团社须如实填写"中国公民自费出国旅游团队名单表"，交文化和旅游部或省级旅游行政管理部门审验并加盖审验章。此表一式三联，出境时，第一联和第二联交边防检查站核查，情况不符合者不得放行，完全符合者加盖验讫章后留存第一联；第二联暂由团队领队或导游保管，在团队入境时，交边防检查站核查收存；第三联由组团社在团队回国后交负责审核的旅游行政管理部门备案。

四、委派领队或导游

（一）领队人员的职责

领队人员应当履行下列职责：

（1）自觉维护国家利益和民族尊严。

（2）遵守职业道德，维护职业形象，文明诚信服务。

（3）按照旅游合同提供导游服务，讲解自然和人文资源知识、风俗习惯、宗教禁忌、法律法规和有关注意事项。

（4）尊重旅游者的人格尊严、宗教信仰、民族风俗和生活习惯。

（5）向旅游者告知和解释文明行为规范、不文明行为可能产生的后果，引导旅游者健康、文明旅游，劝阻旅游者违反法律法规、社会公德、文明礼仪规范的行为。

（6）对可能危及旅游者人身、财产安全的事项，向旅游者做出真实的说明和明确的警示，并采取防止危害发生的必要措施。

（二）领队日志

1.领队日志的作用

领队犹如战斗在前线的战士，最了解前线的情况，拥有第一手资料，组团旅行社的领队往往通过领队日志来了解旅游目的地国家（地区）旅游业的发展状况、旅游服务水平、导游人员的业务水平、旅游设施水准等，以便采取必要的措施。因此，领队应重视领队日志的填写工作。

2.领队日志的主要内容

（1）旅游团名称与编号、人数、出入境时间、全程路线、各地接待旅行社名称、全陪和地陪姓名及联系方式等。

（2）游客表现及对旅游活动的意见反馈。

（3）接待社导游人员的知识水平、服务水平、服务态度、处理问题的能力与表现。

（4）接待社落实旅游接待计划的状况及存在的主要问题，包括酒店（如等级、实际用房数）、交通（含车、船状况）、餐饮、景点、娱乐场所等旅游设施状况及接待水准。

（5）与接待社导游人员的合作情况及存在的主要问题。

（6）旅游过程中出现问题或事故的原因、处理经过和结果，以及游客的反应等。

（7）带团过程中的成功经验和体会、工作中的不足之处、改进建议等。

出境旅游团领队日志见表3-3。

表3-3　　　　　　　　　　出境旅游团领队日志

领队姓名		团号		人数		目的地	
出境时间/口岸			入境时间/口岸				
境外接待单位	公司形象	导游工作情况	导游服务态度		行程安排		其他
┇							
┇							
日期	导游	游览景点	自费项目	酒店		餐饮	车辆
第1天							
第2天							
第3天							
┇							

五、召开出境旅游行前说明会

在办理好护照、签证、交通票据、名单表等出入境有关手续后，旅行社应召集本团游客举行一次出境旅游行前说明会。为了体现旅行社对旅游团队的重视和关心，出境旅游行前的说明会最好由出境旅游部经理主持，重要的团队可邀请旅行社总经理参加并讲话。

（一）出境旅游行前说明会的主要内容

1.代表旅行社致欢迎词

欢迎词的内容包括：表示欢迎，自我介绍，表明为大家服务的意愿，感谢大家对本旅行社的信任，感谢大家选择本旅行社，并请大家对领队工作予以配合和监督。

2.对旅游行程进行说明

按行程表逐一介绍，要强调行程表上的游览顺序有可能因交通等原因发生变化，同时说明哪些属于自费项目，游客可以选择参加，也可以选择不参加。

3.介绍在旅游目的地国家（地区）应注意的事项

介绍旅游目的地国家（地区）的情况及风俗习惯等，提出入乡随俗的要求并明确注意事项。

4.通知集合时间、地点

一般来说，若乘坐飞机或轮船，应提前2个小时在机场或港口的指定位置集合；若乘坐火车或汽车，应在发车前1个小时到达指定集合地点。对每位游客提出要求：注意统一活动，强化时间观念及相互之间的团结友爱。

5.提醒游客带好物品

提醒游客带好洗漱用品、拖鞋、衣物、常用药品等。

6.提醒游客注意人身和财产安全

提醒游客注意人身安全，特别是在海滨附近或自由活动时。提醒游客不要把贵重物品放在车上，并向游客说明在酒店客房如何保管贵重物品、如何使用酒店提供的保险箱，以及在旅途中托运行李时如何保管贵重和易损坏的物品等。

7.告知其他注意事项

对于首次出境的游客，应逐一介绍旅行中的其他注意事项：

衣——说明当地的气候，建议穿休闲装；

食——吃自助餐时，应勤拿少取；

住——使用酒店设备时应爱护，特别说明收费电视节目和收费日用品等问题；

行——说明飞机上耳机的使用方法，乘机（车、船）的注意事项；

游——服从指挥，听从并牢记集合时间，务必先听介绍再拍照；

娱——参加自费项目或自由活动时应结伴而行；

购——自行考虑，适当带一些日用品，境外物品价格比国内贵。

（二）出境旅游行前说明会上应落实的项目

（1）落实分房名单。

（2）国内段返程票的票款。

（3）是否有单项服务等特殊要求。

（4）是否有清真素食要求等。

出境旅游团队名单及分房表见表 3-4。

表 3-4　　　　　　　　　　　出境旅游团队名单及分房表

编号	姓名	性别	年龄	籍贯	护照号码	客房分配号码	附注
1							
2							
3							
4							
⋮							

六、跟踪团队、全程服务

领队应负责旅游团在境外的一切活动，包括与境外接待社的接洽、处理意外事件，监督接待社的计划执行情况，维护旅游者和本企业的利益等。同时，组团社计调应随时对团队进行监控，发现问题及时沟通和解决。

七、结清团款、资料归档、服务反馈

旅游活动结束后，计调人员应根据旅游合同的规定，与境外接待旅行社结清团款。

领队回国后，应将出境游客的意见反馈给旅行社，并上交领队日志和工作总结；计调人员对团队资料进行归档，并对参团游客进行回访。

组团社应对游客的反馈意见进行分析，确定出现问题的原因，并采取改进措施，从而提高出境旅游的服务质量。

认知拓展

一、领队必须具备的基本素质

领队主要是指海外领队，是经国家旅游行政管理部门批准、国际旅行社委派的出国旅游团队的专职服务人员，代表该旅行社全权负责旅游团在境外的旅游活动。

（一）良好的思想品德

1.热爱祖国

热爱祖国是出境游领队应具备的基本素质。在境外旅游时，领队除了要尊重所在国的法律和风俗习惯，还要维护祖国的尊严。因此，领队应具有爱国主义精神，在任何环境中，都不要忘记自己的祖国，并且应经常提醒游客维护国家的尊严，斥责崇洋媚外和非法滞留的行为。

2.品行端正

领队在工作中需要与各种人打交道，有诱惑，也有威胁。因此，领队必须端正自己的品行，维护游客的合法权益，这样才能顺利完成旅游行程。

3.敬业奉献

领队带团期间，面对的事情琐碎繁杂，但又一点儿都不能疏忽，否则就有可能造成难以估量的损失。因此，领队必须具有高度的责任心和很强的敬业精神，热爱本职工作，无论事情大小，都要认真对待。

4.遵纪守法

带团出境旅游在某种程度上也属于涉外工作，因此领队不但自己要做到遵守法律和外事纪律，严守国家机密，而且要提醒和要求游客做到，不但要遵守我国的法律，而且要熟悉和遵守所在国的法律。

（二）良好的业务素质

1.语言能力

外语水平是衡量领队业务能力的一个重要方面。团队在境外参观，虽然有当地的中文导游讲解，但很多情况下仍需要领队出面协调和处理一些事宜，如果外语能力差，就不能胜任这项工作。

2.知识结构

领队从事的是一项知识密集型工作，因此领队须具有良好的知识结构，不但要了解旅游目的地国家的地理、历史、政治、经济、社会文化和交通情况，而且要熟悉这些国家的主要旅游城市、旅游资源的基本情况。

3.旅行常识

游客出境旅游会遇到各种各样的问题，包括生活、安全、卫生、外汇、海关、通信等各个方面。对初次出境旅游的人员来说，旅行常识更为重要。因此，领队必须具有丰富的旅行常识，在出境前的说明会上或在旅行途中介绍给游客，当好游客的参谋。

（三）较强的工作能力

1.组织能力

在出入国境、海关及交通中转时，领队应做好团队的组织工作，保证每位团员顺利通过；在到达目的地后，领队应及时与境外地接社导游接洽，安排好游客的房间和饮食，并按照行程计划组织好参观游览活动。面对一个临时组成的团体，较强的组织能力更是领队必不可少的技能。

2.应变能力

在境外旅游很可能会遇到一些意想不到的事情，如安全事故、交通延误、证件或行李丢失、滞留不归等，这时候就要求领队有较强的应变能力，能够及时、妥善地处理这些突发事件，以减少损失并尽可能地不影响团队行程。

3.分析与处理问题的能力

遇事不慌、沉着冷静是领队的处事原则。对于旅行中出现的问题，特别是一些非正常情况（如受到刁难等），领队在处理时要有分寸，做到有理、有利、有节。因此，领队还应有一定的分析与处理问题的能力。

（四）身心健康

1.身体健康

领队工作对身体素质的要求较高。领队每天都要随团活动，当游客休息时，领队可能仍然有许多事情要处理，因此领队需具备较强的身体素质。

2.心理健康

心理健康是指精神、活动正常，心理素质好。心理健康的人能给自己和他人带来快乐，能积极面对生活和工作中的各种困难。因此，领队须具有健康的心理，积极面对旅途中的各种突发事件，这样才能带领旅游团队顺利完成旅游活动。

二、领队服务要求

（一）出团前的准备

出团前，领队应认真核对检查计调人员提供的资料。

这些资料通常包括团队名单表、出入境登记卡、海关申报单、旅游证件、交通票据、接待计划书、联络簿等。

（二）出入境服务

领队应告知并向游客发放通关时应向口岸的边检机关（移民机关）出示（提交）的旅游证件和通关资料（如出入境登记卡、海关申报单等），引导团队依次通关。

领队应向口岸的边检机关（移民机关）提交必要的团队资料（如团队名单、团体签证等），并办理必要的手续。

领队应为游客办妥乘机和行李托运的有关手续，并引导团队登机。在飞行途中，领队应协助机组人员向游客提供必要的帮助和服务。

（三）游览服务

领队应按照合同规定的内容和标准为游客提供服务，并督促境外接待旅行社及其导游按约定履行旅游合同。

（四）特殊情况的处理

组团社应建立健全出境旅游应急处理程序和制度，对于游客在旅游过程中出现的特殊情况，如事故伤亡、行程受阻、财物丢失或被抢被盗、疾病救护等，领队应积极做出有效的处理，以维护游客的合法权益。必要时，领队应向我国驻当地使领馆报告，请求帮助。

项目实训

实训项目3-5：出境游发团服务实践

实训地点：学院多功能实训室、资料室、网络实训室、校外实训基地（合作旅行社）。

实训内容：选择一家合作旅行社进行考察，体验出境游发团业务。

实训目的：在国内游发团业务训练的基础上，以出境游为载体进行有针对性的组织出境游发团业务能力的训练，熟悉出境游发团服务流程，为出境游计调与营销综合能力的训练奠定基础，使学生将所学内容与实践相结合。

实训组织：

1.每6人组成1个小组。

2.老师可对分组进行调整。

3.在老师的指导下，由组长负责。

验收成果：观摩体验出境游发团业务流程，实训老师指导，师生评价。

项目测评

不定项选择题

1.出境游的组团流程为（　　　）。

①委派领队或导游　　　　　②办理出境游所需的手续

③跟踪团队、全程服务　　　④召开出境旅游行前说明会

⑤结清团款、资料归档、服务反馈

A.②①④③⑤　　　　　　　B.①④②③⑤

C.③⑤①④②　　　　　　　D.④②③⑤①

2.出境领队的职责包括（　　　）。

A.维护国家利益和民族尊严

B.引导旅游者健康、文明旅游

C.讲解自然和人文资源知识

D.对可能危及旅游者人身、财产安全的事项，向旅游者做出真实的说明和明确的警示

思考题

1.简述出境游发团业务流程。

2.选派出境游领队应考虑哪些因素？

3.为什么要召开出境旅游行前说明会？

4.怎样才能成为一名优秀的领队？

随堂测验3-5

项目17

主要参考文献与网址

［1］梁智. 旅行社运行与管理［M］. 7版. 大连：东北财经大学出版社，2021.

［2］李娟文. 中国旅游地理［M］. 7版. 大连：东北财经大学出版社，2021.

［3］王瑜. 旅游景区服务与管理［M］. 5版. 大连：东北财经大学出版社，2021.

［4］陈乾康，彭传章，庄剑梅. 旅行社计调与外联实务［M］. 北京：中国人民大学出版社，2018.

［5］中国旅游研究院. 中国出境旅游发展年度报告［M］. 北京：旅游教育出版社，2017.

［6］纪俊超. 旅行社经营管理［M］. 广州：华南理工大学出版社，2016.

［7］毛慧媛. 旅行社经营管理［M］. 北京：清华大学出版社，2016.

［8］周晓梅. 计调部操作实务［M］. 北京：旅游教育出版社，2016.

［9］吴国清. 旅游线路设计［M］. 3版. 北京：旅游教育出版社，2015.

［10］张道顺. 旅游产品设计与操作手册［M］. 4版. 北京：旅游教育出版社，2015.

［11］马勇. 旅游市场营销［M］. 5版. 大连：东北财经出版社，2015.

［12］马晓红，邓许红. 旅行社经营管理——理论、方法与案例［M］. 北京：中国经济出版社，2014.

［13］杨晨晖. 外联部操作实务［M］. 3版. 北京：旅游教育出版社，2014.

［14］邢夫敏. 现代酒店管理与服务案例［M］. 北京：北京大学出版社，2012.

［15］朴松爱，吴鸣岐. 旅行社管理［M］. 2版. 北京：中国旅游出版社，2011.

［16］周晓梅. 领队实务手册［M］. 2版. 北京：旅游教育出版社，2010.

［17］熊晓敏. 旅行社OP计调手册［M］. 北京：中国旅游出版社，2007.

［18］周晓梅. 计调部实操手册［M］. 北京：旅游教育出版社，2007.

［19］吴高飞. 现代市场营销策略［M］. 北京：高等教育出版社，2002.

［20］中国国家地理网，http://www.dili360.com

［21］中华人民共和国文化和旅游部，http://www.cnta.com

［22］乐途旅游网，http://www.lotour.com

［23］携程旅行网，http://www.ctrip.com

［24］中国旅游新闻网，http://www.ctnews.com.cn

[25] 中国旅游网，http://www.cntour.cn

[26] 学习强国，https://www.xuexi.cn

[27] 中国研学旅行网，http://tiyan.org.cn